古典文獻研究輯刊

三二編

潘美月・杜潔祥 主編

第 34 冊

《國語》單穆公、伶州鳩論樂二章彙證(下)

郭 萬 青 著

國家圖書館出版品預行編目資料

《國語》單穆公、伶州鳩論樂二章彙證（下）／郭萬青　著 --
初版 -- 新北市：花木蘭文化事業有限公司，2021〔民 110〕
目 2+228 面；19×26 公分
（古典文獻研究輯刊 三二編；第 34 冊）
ISBN 978-986-518-415-5（精裝）
1. 國語 2. 研究考訂
011.08　　　　　　　　　　　　　　　　　110000615

ISBN-978-986-518-415-5

9 789865 184155

古典文獻研究輯刊
三二編　第三四冊　　　　　　　　ISBN：978-986-518-415-5

《國語》單穆公、伶州鳩論樂二章彙證（下）

作　　者　郭萬青
主　　編　潘美月、杜潔祥
總 編 輯　杜潔祥
副總編輯　楊嘉樂
編　　輯　許郁翎、張雅淋　美術編輯　陳逸婷
出　　版　花木蘭文化事業有限公司
發 行 人　高小娟
聯絡地址　235 新北市中和區中安街七二號十三樓
　　　　　電話：02-2923-1455／傳真：02-2923-1452
網　　址　http://www.huamulan.tw 信箱 service@huamulans.com
印　　刷　普羅文化出版廣告事業
初　　版　2021 年 3 月
全書字數　390299 字
定　　價　三二編 47 冊（精裝）台幣 120,000 元

《國語》單穆公、伶州鳩論樂二章彙證（下）

郭萬青 著

目次

「王將鑄無射問律於伶州鳩」彙證

【篇題】

　　○萬青案：孫琮《國語選》篇題作「問律於伶州鳩」。《國語鈔評》不錄本篇，鄭以厚本、道春點本無篇題。上古本、薛安勤等、鄔國義等、李維琦、黃永堂、趙望秦等、來可泓、曹建國等、李德山、梁谷整理本、陳桐生作「景王問鍾律於伶州鳩」，汪濟民等作「景王問鍾律」，董立章作「伶州鳩論鍾律」。「伶州鳩論律」最合概括本篇篇意。

　　王將鑄無射，

【音義】

　　○沈鎔曰（《國語詳注》第三，頁九）：讀如字。

【匯校】

　　○孔廣栻曰（《國語解訂譌》）：《左傳・昭二十年》疏引「王」上有「景」字，餘並同此原文。

　　○萬青案：姜恩本本章別行另起。

【集解】

　　○韋昭曰（《國語》卷三，頁二〇）：王，景王也。〖校勘〗○萬青案：姜恩本注「景」前無「王」字。

　　○秦鼎曰（《國語定本》卷三，頁二一）：「鑄無射」章，按此注誤寫最多。今以明道本改之，其所改不一一標出書名。明本所誤，更依諸本正之，又不一一標出書名。若夫援據論辯則否。

　　○萬青案：秦鼎總論此章注文，因為本章主要牽涉到黃鐘、大呂的具體

數字，各本數字差別較大，故秦鼎有是言。

　　問律於伶州鳩。

【彙校】

　　○陶望齡曰：一本無「州」字。

　　○孔廣栻曰（《國語解訂譌》）：問，《詩‧簡兮》疏引作「而問」。州，《周禮‧地官‧大司徒》疏引作「周」。

【集解】

　　○韋昭曰（《國語》卷三，頁二〇）：律，鍾律也。

　　○萬青案：本篇與上篇是一件事，只不過上篇進諫主體為單穆公，而此篇為伶州鳩。主體不同，所論也有別，故單獨立篇。

　　對曰：「律所以立均出度也。

【音義】

　　○宋庠曰（《國語補音》卷一，頁二六）：如字。〖校勘〗○萬青案：張一鯤本、李克家本、綠蔭堂本、鄭以厚本、道春點本、千葉玄之本、冢田本、秦鼎本、高木本等不錄《補音》注文。

【彙校】

　　○陳樹華曰（《春秋外傳考正》卷三，頁一三）：賈公彥《周禮‧大司樂》正義及《考工記‧鳧氏》正義引此並無「也」字。（案：鄭氏《大司樂》注引有「也」字，或賈氏以意刪）李善注《張景陽‧七命》引無「出」字。

　　○孔廣栻曰（《國語解訂譌》）：《春官‧大司樂》引「對」上有「鳩」字，「度」字下無「也」字。《考工‧鳧氏》疏同。《七發》注無「出」字。〖校勘〗○萬青案：國家圖書館藏王篆校跋本「七發」作「七啟」。今檢《文選》注所引，實張協《七命》注引無「出」字。

　　○鄭良樹曰（《國語校證（上）》，《幼獅學誌》第七卷第四期，頁1～29）：《楚辭‧惜誓》補注引「律」下有「者」字。

　　○萬青案：「也」字有無，亦各隨語境而或省或留，「者」字亦然。

【集解】

　　○賈逵曰：律謂六律、六呂，以均鍾大小清濁也。〖校勘〗○張以仁曰（《張以仁先秦史論集》，頁二一四）：馬氏以訓下文「度律均鍾」句，非是。

《左傳》此疏引《國語》始於「律所以立均出度也」，而終於「度律均鍾，百官軌儀」，而引賈氏之注亦順序而下，甚為清楚。因從汪氏所繫。鍾，《說文》：「酒器也。」鐘，《說文》：「樂鐘也。」徐灝《說文解字注箋》以為鍾、鐘實本一字，後世歧為二。又馬誤倒「大小」為「小大」。王、蔣則未收此條。

　　○韋昭曰（《國語》卷三，頁二〇）：律，謂六律、六呂也。陽為律，陰為呂。六律，黃鍾、大蔟〔1〕、姑洗、蕤賓、夷則、無射也。六呂，林鍾、中呂〔2〕、夾鍾、大呂、應鍾、南呂也。均者，均鍾，木長七尺，有弦〔3〕繫之以均鍾者，度鍾〔4〕大小清濁也。漢大予樂官有之〔5〕。〖校勘1〗○萬青案：姜恩本注作「律，六律、六呂也。陽為律，陰為呂。均者，均鍾，木長七尺，有絃繫之以均鍾者，度鍾大小清濁也。漢大予樂官有之」。蔟，綠蔭堂本、道春點本、千葉玄之本、冢田本、秦鼎本、董增齡本、高木本等作「簇」。又此處「大」字董增齡本字作「太」。〖校勘2〗○汪遠孫曰（《國語明道本考異》卷一，頁一九～二〇）：「仲」，《補音》作「中」，「中」、「仲」古今字，下同。○萬青案：集賢殿校本、黃刊明道本及其覆刻本、上善堂本、寶善堂本、吳曾祺本、沈鎔本、徐元誥本等字作「仲」。陳奐已校出黃刊明道本與許宗魯本、金李本之異。顧校明本「六呂」之「呂」誤作「律」。陳仁錫本「蕤賓」之「蕤」誤作「一」。〖校勘3〗○萬青案：弦，薈要本、黃刊明道本及其覆刻本、上善堂本、秦鼎本、高木本、寶善堂本、吳曾祺本、沈鎔本、徐元誥本等作「絃」。《儀禮經傳通解》卷一三引注字亦作「絃」。〖校勘4〗○千葉玄之曰（《韋注國語》卷三，頁二七）：「度鍾」之「鍾」一本作「中」。○萬青案：《儀禮經傳通解》引注文「鍾」誤作「謂」。審陳仁錫本「度鍾」之「鍾」誤作「中」，則陳仁錫本或即千葉玄之所謂「一本」。〖校勘5〗○千葉玄之曰（《韋注國語》卷三，頁二八）：「大予樂官」之「官」，盧本作「宮」，是也。「大予」之「予」上聲，《文選》注良云：「大予，樂名。」又按：《東觀漢記》孝明詔曰：「正大樂宮曰大予樂宮。」又按：大予，後漢明帝時樂宮名也。明帝永平三年，博士曹充上言：漢再受命宜興禮樂，引《尚書璇璣鈐》曰：有帝漢出德洽，作樂名予。乃詔改大樂官曰大予樂。詳見《文獻通考》。○陳奐曰（國家圖書館藏陳奐校跋本）：許「闕」，金作「予」。○黃翔鵬曰（《黃翔鵬文存》，頁五八九）：《國語》韋昭注：「均者，均鍾，木長七尺，有弦繫之，以均鐘者……」此語見於今本「立均出度」處，應非韋昭原意，蓋係錯簡。吉聯抗《春秋戰國音樂史料》注《國語》至「立均」之「均」，不引此注，有理。「立均」之「均」

（yùn）為音樂術語之抽象概念，作器物解則不通。韋昭注「立均出度」一語時，今本在「均鐘」之「均」（jūn）字下存「平也」二字，作調鐘之動詞解。上注或原接此處，如：「均，平也。均者，均鐘，木長七尺……」這是先注動詞，再轉述動賓短語引出調律之器的。並不是直接把正文中「度律均鐘」的後二字作為名詞詞組看待。有可能是後人不察，以為正文「均鐘」既非名詞，此注不應在此，遂致移位。這雖是筆者的蓋然之論。但反復核查州鳩論樂全文，尋其義理，舍此而外，已無他處可安此注。○萬青案：予，許宗魯本、正學本誤作「闕」。《太平御覽》卷十六引注「有之」下有「也」字。張一鯤本、李克家本、綠蔭堂本、鄭以厚本、道春點本、千葉玄之本、冢田本、秦鼎本、高木本等韋注之下首出「大」字音注「它盖（蓋）切」，下依次為「蔟音湊」、「洗素典切」、「蕤音綏」、「中陟仲切」、「度待各（各，秦鼎本作「洛」）切，下同，下度律同」，與《補音》音注次序不盡同。「素典」音注本《經典釋文》。《類篇》、《廣韻》、《集韻》、《類篇》等「中」音「陟仲」。

　　○宋庠曰（《國語補音》卷一，頁二六）：蕤賓，人誰反，下注「委蕤」同。〖校勘〗○萬青案：《補音》音注本《經典釋文》。

　　○宋庠曰（《國語補音》卷一，頁二六）：中呂，直眾反，或如字，下同。〖校勘〗○陳樹華曰（《國語補音訂誤》）：明道本韋注作「仲呂」。○萬青案：《補音》音注與《集韻》、《類篇》同。

　　○宋庠曰（《國語補音》卷一，頁二六）：度鍾，待各反。〖校勘〗○陳樹華曰（《國語補音訂誤》）：鐘，韋注作「鍾」。

　　○宋庠曰（《國語補音》卷一，頁二六）：大予，上它盖反，下羊汝反。〖校勘〗○萬青案：《補音》「予」字音注多見，皆音羊汝。

　　○呂邦燿曰（《國語髓析》卷三，頁一四）：章內凡虛句長短錯綜前後皆相應，極有法文字。

　　○王懋竑曰（《讀書記疑‧國語存校》，頁三）：均謂聲之高下、清濁。度謂器之輕重大小。立均即下所云均鐘，出度即下所云度律。注以均為器名，未然。立均，言均由此立；出度，言度由此出。

　　○渡邊操曰（《國語解刪補》卷上，頁一六）：《漢書‧律曆志》曰：黃帝使伶倫氏自大夏之西，崑崙之陰，取竹之解谷，斷兩節間而吹之，以為黃鐘之宮。制十二箇以吹鳳皇之鳴，其雄鳴則為六律，雌鳴則為六呂。又按：大予，後漢明帝時樂宮名也。《東觀漢記》：孝明詔曰：正大樂宮曰大予樂宮。又

《文選》注良云：太予，樂名。又按：《文獻通考》百二十八卷曰：明帝永平三年，博士曹充上言，漢再受命。《宜興禮樂》引《尚書璇璣鈐》曰：有帝漢出，德洽作樂，名予，乃詔改大樂官曰太予樂。此注「大予官」，華本作「宮」為是。「太予」之「予」讀為上聲。

〇關脩齡曰（《國語略說》第一，頁二六）：朱仲晦云：均是七均。如以黃鍾為宮，則用林鍾為徵。太蔟為商，南呂為羽，姑洗為角，應鍾為變宮，蕤賓為變徵，此七律自成一均，其聲自相諧應。愚按：《漢·律曆志》曰：「天之中數五。五為聲，聲上宮；地之中數六，六為律。」「黃鍾為天統，律長九寸。九者，所以究極中和，為萬物元也。」此蓋言因天地之中和，所以立平均，出法度也。《後漢·明帝紀》曰：「永平三年，改大樂為大予樂。」注云：「《尚書璇璣鈐》曰：有帝漢出，德洽作樂，名予。故據《璇璣鈐》改之。」律取妻，《漢·律曆志》文。

〇冢田虎曰（《增注國語》卷三，頁二九）：均、鈞同。即上章所謂「大不出鈞」也。出度，即「律、度、量、衡於是乎生」也。

〇帆足萬里曰（《帆足萬里全集》下，頁五二九）：以律管之聲清濁度五音高下也。七尺之木，恐非當時所有也。律六管，其長短已異。聲之高下清濁不同，所以正八音而無過細、過大之過也。律、聿同，其文象形。陽聲為律，陰聲為呂。呂，伴侶也。

〇秦鼎曰（《國語定本》卷三，頁二一～二二）：漢明帝永平三年，改大樂官曰大予樂。本於《尚書璇璣鈐》曰：「有帝漢出，德洽作樂，名予。」予讀上聲。律娶呂子，見《律曆志》。《周禮·大師》賈疏云：「律所生常同位，象夫妻；呂所生常異位，象母子。同位，謂若黃鐘初九，下生林鍾初六，上生大蔟九二也。」昭元年《傳》杜注：「六氣，陰陽風雨晦明；五味，五行之味也。」《前志》孟康注：「六甲中唯甲寅無子，故五子也。黃鐘九寸，每寸九分，九九八十一而為官。必如是者，以此置筭，筭無奇零故也。」賈公彥云：「黃鐘在子，一陽爻生為初九，復卦也。林鍾在未，二陰爻生得為初六者。以陰，故退位在未，遯卦也。」按：林鍾長比于黃鍾九分之六也。樂師教胄子，在天則宜養六氣，在人則宜養九德。皆中聲所致。大蔟長比于黃鐘九分之八也。

〇董增齡曰（《國語正義》卷三，頁四七）：《文選·思玄賦》李善注引宋均曰：「均長八尺施絃。」此韋解之義所本。朱子曰：「京房始作律準。梁武帝

謂之通其制,十三弦。」《樂律表微》謂律準即韋氏所謂均,則均木有弦,乃漢人所制之器,未可引以釋周樂也。云大予樂有之者,《後漢書‧明帝紀》「永平三年秋八月戊辰,改大樂為大予樂」注《尚書旋璣鈐》曰:「有漢帝出德洽作樂名予。」故據《旋璣鈐》改韋,以目驗大予樂之均木,解州鳩五均之均省之,不熟耳。《樂律表微》引鄭眾云:「均,調也。樂師主調其音。」楊收云:「旋宮以七聲為均。均者,韻也。古無韻字,猶言一韻聲也。」則《國語》所謂立均者,謂立十二調也。

　　○恩田仲任曰(《國語備考》):《周禮》註云:「言以中聲定律,以律立鍾之均。」《正義》曰:「中聲,謂上生下生,定律之長短。度律,以律自倍半,而立鍾之均。均即是應鍾長短者也。」

　　○汪遠孫曰(《國語發正》卷三,頁一四):《樂叶圖徵》曰:「聖人承天以立均。」宋均注云:「均長八尺,施弦以調六律也。」(見《後漢書‧張衡傳》注)《續漢書‧律曆志》:「冬至,陽氣應,則樂均清,黃鍾通。夏至,陰氣應,則樂均濁,蕤賓通。」《東觀漢紀》:「永平三年秋八月詔曰:《尚書璇璣》曰:『有帝漢出,德洽作樂,名《予》,其改郊廟樂曰《大予》樂,一官曰大予樂官,以應圖讖。』」《後漢書‧明帝紀》注:「《漢官儀》曰:『大予樂令一人,秩六百名。』」蔡邕《禮樂志》曰:「大予樂曲,郊廟、上陵殿諸食舉之樂。」(蔡志見《續漢‧禮樂志》注)

　　○黃模曰(《國語補韋》卷一,頁一二):陶望齡曰:「六律六呂雖以鍾名,皆截竹為筩也。其曰『鑄無射』,蓋以金鑄為鍾,而其聲中無射耳。所謂度律均鍾。」

　　○陳瑑曰(《國語翼解》卷二,頁二○):《後漢‧律曆志》:「冬夏至,陳八音,聽五均。」注:「均長七尺,繫以絲,以節樂音。」

　　○高木熊三郎曰(《標註國語定本》卷三,頁二二):律謂六律也,此不必添「六呂」。均,韻也,謂聲音諧和之準。度之,「度量」、「法度」之「度」。凡金石之大小、圓殺及諸器之尺寸,皆受于律而以為準也。

　　○吳曾祺曰(《國語韋解補正》卷三,頁九):董氏《正義》云「均」即「韻」字。

　　○徐元誥曰:《補音》不出「均」字,意或謂讀如本字,無煩作音歟?

　　○薛安勤、王連生曰(《國語譯注》,頁一三九):均,古樂器上的調律器。

　　○黃翔鵬曰(《黃翔鵬文存》,頁七○):律,就是音高標準;有了律,均

的位置得以確定，就「立」起來了；同時，各個律高都有一定數據（度），音高是很明確的。

○黃翔鵬曰（《黃翔鵬文存》，頁八七九）：《國語·周語下》講：「律所以立均出度也。」意思是用一系列的律高標準，來規定音樂的調高。每一個律有多高，都有一定的規定。至於用多少律，在《周語》的後面講到了「七律者何」，提到七聲音階了。我們知道，這個問題自古以來都是只有把七個律位規定死了，纔能出現「均」這個概念。

○蕭旭曰（《群書校補》，頁九九）：下文「度律均鍾」韋注：「均，平也。」均、度對舉，此文亦同義。王懋竑說是。董增齡謂「均」即「韻」字，實本《六書故》卷11「韻」字條、《通雅》卷30，其說非是。

○周柱銓曰（《先秦文獻音樂史料考》，頁三一）：古代有學者以為是用繫木的弦發響以測度律高。筆者以為此說不確。均鍾的方法應為將大鍾懸掛起來，以弦繫的木棒擊響之，以測其音高中何律，樂師可對音差略作調整。出度為測律、調律的意思。明代音律學家朱載堉認為古人測律主要用聽覺，筆者以為符合事實。現代耳音好的音樂家可以按標準聽出任何聲音的音高。

○陳其射曰（《中國古代樂律學概論》，頁二六二）：七聲音階各個音級律高位置的總體結構稱作「均」。「立均」的作用主要在於確定音樂中所使用的某種音階的調高。換言之，即確定音階首音的律高。「出度」便是用一定的長度數據來作為音高的標準，表示各「律」的準確高度。簡言之，就是提出律的長度標準。

○李槐子曰（《上古造律之研究：關注「律所以立均出度也」》，《西北民族大學學報》2015年第2期，頁159〜172）：韋氏依照自己的理解把「律所以立，均出度也」沒有點斷，以「律所以立均出度也」入其書。於是，就形成了一個類似「堰塞湖」一樣的詞組——「立均出度」。原文的意思一下從「音律來自一種均出度的自然現象」被誤導為「律的作用是立均出度」。不幸的是從古到今的音樂學者諸君概從韋注。韋氏說「均者，均鍾木，長七尺，有弦繫之，以均鍾者，度鍾大小清濁也。漢大予樂官有之。」所見也許不假，但那是根據十二律之既定音高標準做成的校音器。周景王「問律」的目的，從伶州鳩的回答來看，是要搞清楚有關音律的原理與產生方法，後人卻在韋注的誤導之下去研究校音器了。「均出度」今天我們稱作「自然泛音」：一條弦在發出空弦音時，它的各個平均段也在同時震動，並於每一種平均段的各節點上

發出一個與空弦基音不同頻率的音。古人稱這種平均段上出現新的音高的現象為「均出度」。祇要是鳴響著的樂音（包括人聲），都是基音和一系列泛音——度——的自然共鳴。進入工業文敏時代，德國哲學家黑格爾也說出了類似的意思：「音樂所特有的威力是一種天然的基本元素的力量；這就是說，音樂的力量就在於音樂藝術用來進行活動的聲音這種基本元素裏。」

○萬青案：黃翔鵬謂中國傳統樂學中，「均」、「宮」、「調」是三個層次的概念，「『均』是統率『宮』的，『三宮』就是同屬一均的三種音階，而分屬三種調高。不同的音階中，『宮』又是統率『調』的每宮都可以出現宮、商、角、徵、羽五種調式。均、宮、調又各有自己的首音或主音，分別稱為『均主』、『音主』和『調頭』。」（氏著《中國傳統樂學基本理論的簡要提示》，見載於氏著《黃翔鵬文存》，頁71）又黃氏為《中國大百科全書·音樂舞蹈卷》所撰詞條云：「立均，確定音階中各音的位置（並以標準音階首音所應律名作為均名）；出度，提出相應各律振動體的長度標準。」（《黃翔鵬文存》，頁1134）皆可供參考。

古之神瞽考中聲而量之以制，

【匯校】

○陳樹華曰（《春秋外傳考正》卷三，頁一三）：《〈考工記〉正義》引作「考中聲而量量以制度」。

○張以仁曰（《張以仁先秦史論集》，頁二一四）：《左·襄十九年》疏引「瞽」誤「聲」，「鍾」作「鐘」。阮元校云：「宋本『聲』作『瞽』，與《國語》合。」鍾、鐘同。

○萬青案：姜恩本「中」誤作「鍾」。張一鯤本、李克家本、綠蔭堂本、鄭以厚本、道春點本、千葉玄之本、冢田本、秦鼎本、高木本等此處出「量」字音注，云：「量，力張切。」《通鑑外紀》卷七引無「而」字，「制」下有「度」字。《玉海》卷六、《通志》卷一八一、《儀禮經傳通解》卷十三、卷二七引亦有「度」字，有「度」字者恐涉下文而衍。

【集解】

○韋昭曰（《國語》卷三，頁二〇）：神瞽，古樂正，知天道者也，死而為樂祖，祭於瞽宗，謂之神瞽。考，合也。謂合中和之聲而量度之，以制樂也。

〖校勘〗○陳樹華曰（《春秋外傳考正》卷三，頁一四）：元明諸本「以」誤

「而」。○萬青案：姜恩本注作「考，合也。謂合中和之聲而量度以制樂」。董增齡本「知天道者」下無「也」字。集賢殿校本、陳抄本、黃刊明道本及其覆刻本、上善堂本、寶善堂本、吳曾祺本、沈鎔本、徐元誥本等作「死以為樂祖」。陳奐已校出黃刊明道本與許宗魯本、金李本之異。「以」、「而」此處皆可通，陳樹華說非是。「以制樂也」之「也」，黃刊明道本及其覆刻本、上善堂本、寶善堂本、吳曾祺本、沈鎔本、徐元誥本等作「者」。陳奐已校出黃刊明道本與許宗魯本、金李本之異。董增齡本本處注文「和」字未改作「龢」。

○宋庠曰（《國語補音》卷一，頁二六）：樂正，如字。下「樂祖」、「合樂」同。〖校勘〗○萬青案：張一鯤本、李克家本等不出此處注文。

○宋庠曰（《國語補音》卷一，頁二六）：量度，上力張反，下待各反，後「度律」同。〖校勘〗○萬青案：張一鯤本、李克家本、綠蔭堂本、鄭以厚本、道春點本、千葉玄之本、豕田本、秦鼎本、高木本等此處韋注之下不出音注，「量」字音注已移至上文。

○汪中曰（《國語校文》，頁五）：神瞽謂其生而知音律之原若伶倫是也。注牽引瞽宗，非。

○戶崎允明曰（《國語考》）：「制」字讀屬上，凡十二字句。鄭注《周禮·大司樂》曰：言以中聲定律，以律立鐘之均，賈公彥《疏》：中聲，謂上生下生定律之長短。度律，以律計自倍半而立鐘之均，均即是應律之長短者。《周官義疏》曰：案《國語》本義謂考中聲以制黃鐘之管，量之者審察中聲之齊量也。度律者，既得黃鍾之度數，因度其上生下生之分數，以定十二律管之短長也。均鍾，因律管而立均，以調十有二鍾之聲也。齊侶曰：六律、六呂，雖以鍾各皆截竹為箭也。其曰鑄無射，蓋以金鑄為鍾，而其聲中無射耳，所謂「度律均鍾」。

○皆川淇園曰（日本京都大學圖書館藏皆川淇園批校本）：此文言「律者，申中和之聲」，而生中和之聲，民所樂聽，故由此立均出度，則民亦樂其和也。

○徐養原曰（《頑石廬經說》卷一○，頁五）：中聲者，謂宮聲得清濁之中也，非特黃鍾為中聲，十二律無非中聲。夫律有清有濁，此相生之法所由起也。

○董增齡曰（《國語正義》卷三，頁四七～四八）：《周禮·大司樂》：「凡有道者，有德者，使教焉，死則為樂祖，祭以為瞽宗。」鄭司農云：「瞽，樂

人，樂人所共宗也。」「大師」鄭注：「凡樂之歌，必使瞽矇為焉。命其賢知者以為大師、小師……鄭司農云：『無目眹謂之瞽……』」案：《周禮》大司樂即古樂正，其有賢知之出羣者，則死而神之也。「大師」賈《疏》：「中聲謂上生、下生，定律之長短。」《荀子‧勸學篇》：「《詩》者，中聲之所止也。」楊倞注：「詩，樂章，所以節聲音，至于中而止，不使流淫也。」《春秋傳》曰：『中聲以降，五降之後，不容彈矣。』」「考，合也」者，謂合中聲以為律本也。《淮南‧天文訓》：「物以三成〔1〕，音以五立，三與五如八，故卵生者八竅。律之初生也，寫鳳之音，故音以八生。黃鍾為宮。宮者，音之君也，故黃鍾位子，其數八十一，主十一月，生林鍾〔2〕。林鍾之數五十四，主六月，上生太蔟。太蔟之數七十二，主正月，下生南呂。南呂之數四十八，主八月，上生姑洗。姑洗之數六十四，主三月，下生應鍾。應鍾之數四十二，主十月，上生蕤賓。蕤賓之數五十七，主五月，上生大呂。大呂之數七十六，主十二月，下生夷則。夷則之數五十一，主七月，上生夾鍾。夾鍾之數六十八，主二月，下生無射。無射之數四十五，主九月，上生中呂。中呂之數六十，主四月，極不生。徵生宮，宮生商，商生羽，羽生角，角生姑洗，姑洗生應鍾，比于正宮，故為和。應鍾生蕤賓，不比正音，故為繆。日冬至，音比林鍾，浸以濁，日夏至，音比黃鍾，浸以清。以十二律應二十四時之變。甲子，仲呂之徵也；丙子，夾鍾之羽也；戊子，黃鍾之宮也；庚子，無射之商也；壬子，夷則之角也。」此量度以制樂之事也。〖校勘1〗○萬青案：稿本「物以三成」上原有「律之初生也，寫鳳之音，故音以」十二字，抹去。〖校勘2〗○萬青案：稿本「生林鍾」上有「下」字，是。

　　○陳瑑曰（《國語翼解》卷二，頁二〇）：解本《周官‧大司樂》文。《禮‧明堂》「瞽宗殷學也」注：「樂師，瞽矇之所宗，故謂之瞽宗。」

　　○高木熊三郎曰（《標註國語定本》卷三，頁二二）：考如字。

　　○鄭祖襄曰（《伶州鳩答周景王「問律」之疑和信──兼及西周音樂基礎理論的重建》，《華夏舊樂新探：鄭祖襄音樂文論集》，頁24～39）：十二律的產生是因為音樂實踐中（各種）調性運用的需要。瞽，是夏商時期的樂師。中聲，是人類在長期的音樂實踐中逐漸認識的固定、標準的宮音。古代神瞽在「中聲」的基礎上，計算出十二律的律高。神瞽又發明了「均」。均，是一種類似琴，用弦來定律的準音器。曾侯乙墓出出的一件有根五弦的「琴」，就是這種「均」。後世又稱為「準」。神瞽藉助於「均」來調編鐘的律高，於是各種

事情都有了規範（比喻音樂中十二律的重要性）。神瞽用的方法是「紀之以三，平之以六，成於十二」。這十二個字，今天還難以從「生律法」（即十二律的產生方法）意義上把它完全解釋清楚。按一般文字上的解釋，則可以說：用「三」來計算，用「六」來平準，而產生完成十二律。這是天的道理。

　　○陳其射曰（《中國古代樂律學概論》，頁六六～六七）：「中聲」是古人對音高區域的稱謂，當「正聲」用於音區概念時與其同義。「中聲」是人耳對音高感覺最敏銳、最易辨別的音高區域，古今中外對標準音的選擇均在此範圍內。律名或階名按照高、低八度位置分組時，其中間組稱為中聲或正聲，低八度組為太聲，高八度組為少聲。……先秦伶州鳩論樂時說：「律所以立均出度也。古之神瞽，考中聲而量之以制，度律均鐘。」就是選擇適中音區的意思。

　　○李槐子曰（《上古造律之研究：關注「律所以立均出度也」》，《西北民族大學學報》2015 年第 2 期，頁 159～172）：「考中聲量之以制」，說的是古之神瞽通過聽覺對發出「中聲」的柱體震動物，比如人聲或是弦音，進行考察，從而發現其中的規律。這是一種十分嚴密的手工操作實驗。因此，「中聲」不可能是抽象意義上的「中和之聲」，它必須是一個具體的易於演唱的律音音高。此律音就是律管長度為九寸的正律黃鍾。

　　○萬青案：黃翔鵬云：「中聲，即適中的音區。」（《黃翔鵬文存》，頁 787）孫克仲梳理古今「中聲」說法有七種，即韋昭等人的中和之音說、陳暘等人的六八尺度說、沈括的五音居中之商說、琴七徽說、賈公彥等人的五聲一週說、李純一的律管基音說、朱載堉的琴之九十徽說，最後孫氏認為伶州鳩所指「中聲」只能是「在弦節位上彈奏的音高。『中聲』應具『切中之聲』，而非『居中之音』的含義。因在弦上，只有弦節纔具備憑泛奏來切中位置的特性」（孫克仲《先秦樂律考拾》，頁 82）。

　　度律均鍾，百官軌儀，

【音義】

　　○沈鎔曰（《國語詳注》第三，頁九）：度，入聲。

【匯校】

　　○渡邊操曰（《國語解刪補》卷上，頁一六）：盧本「鍾」作「鐘」，下皆同。

　　○陳樹華曰（《春秋外傳考正》卷三，頁一四）：《《周禮‧大司樂〉正義》引作「百官執義」。「執」是「軌」字之譌，「義」則古「儀」字也。

　　○牟庭曰（國家圖書館藏校注本）：「以制度律均鐘」當作一句讀，言以中聲製作鐘律也。注非。

　　○鄭良樹曰（《國語校證（上）》，《幼獅學誌》第七卷第四期，頁1～29）：《周禮‧大司樂》鄭注、賈《疏》引「軌儀」並作「執義」。

　　○萬青案：沈廷芳（1712～1772）《十三經注疏正字》已揭出，認為「執義」當為「軌儀」。

【集解】

　　○賈逵曰：考，成也。成，平也。平中和之聲、度律呂之長短以立均鍾，以成和平之聲。而百官之道，得象而儀之。〖校勘〗○張以仁曰（《張以仁先秦史論集》，頁二一五）：王、蔣二氏未收此條。韋注異。

　　○韋昭曰（《國語》卷三，頁二〇）：均，平也。軌，道也。儀，法也。度律，度律呂之長短，以平其鍾、和其聲，以立百事之道法也，故曰「律、度、量、衡於是乎生」也。〖校勘〗○孔廣栻曰（《國語解訂譌》）：《鼻氏》疏「聲」下有「也」字。《左傳》疏引此賈逵云：「律，謂六律六呂，以均鐘大小清濁也。考，成也。成，平也。平中和之聲、度律呂之長短以立均鍾，以成和平之聲。而百官之道，得象而儀之。」○萬青案：姜恩本注作「度律呂之長短，以平其鍾、和其聲，以立百事之軌道。儀，法也」。和，董增齡本作「龢」。集賢殿校本、黃刊明道本及其覆刻本、上善堂本、寶善堂本、吳曾祺本、徐元誥本等「於是乎生」下無「也」字。陳奐已校出黃刊明道本與許宗魯本、金李本之異。《儀禮經傳通解》卷十三引注亦無「也」字。

　　○宋庠曰（《國語補音》卷一，頁二六）：量衡，力向反。〖校勘〗○萬青案：力，道春點本誤作「方」。故關脩齡曰：「方向，『力』字譌。」（《國語略說》卷一，本卷頁28）日本早期研究《國語》的學者，基本以道春點本為研究材料，如關脩齡《國語略說》、渡邊操《國語解刪補》等。

　　○關脩齡曰（《國語略說》第一，頁二六）：鄭注《周禮‧大司樂》曰：「言以中聲定律，以律立鍾之均。」賈公彥疏云：「中聲謂上生下生，定律之長短。度律，以律計自倍半，而立鍾之均，均即是應律長短者。」《周官義疏》云：案《國語》本義，謂考中聲以制黃鍾之管。量之者，審察中聲之齊量也。度律者，既得黃鍾之度數，因度其上生下生之分數，以定十二律管之短長也。

均鍾者，因律管而立均以調十有二鍾之聲也。軌，則。儀，法也。律是法度之所出，故百官以取於法制。

〇冢田虎曰（《增注國語》卷三，頁二九）：軌儀，法則也。

〇董增齡曰（《國語正義》卷三，頁四八）：《周禮·大司樂》鄭《注》：「度律、均鍾，多中聲定律，以律立鍾之均。」賈《疏》：「度律，以律計自倍半，而立鍾之均。均，即是應律長短者也。」又《考工記·鳧氏》賈《疏》：「假令黃鍾之律長九寸，以律計，身倍半為鍾，倍九寸為尺八寸。又取半得四寸半，通二尺二寸半，以之為鍾。餘律亦如是。」此以律平鍾之事也。〖校勘〗〇萬青案：稿本「多中」之「多」作「言」，是。「度律均鍾」為鄭注引述《國語》之言，與下文並不匹配，可考慮刪掉。

〇《國語考》曰（日本弘化二年寫本）：均者平也。眾聲取平焉。自黃鍾以至應鍾皆中聲也。神瞽得中聲於心而量度之於制度之間，故寄其聲於律，又寫其聲於鐘。而凡百官之職，如所謂度量權衡者，皆於是法則焉。此律所由興也。度律均鍾即所謂「立均」也。百官軌儀，即所謂出度也云云。依此說，以度律均鍾為而易。考予所著《律呂考》論之詳矣。今不復贅。按：韋注所言依鄭氏注，字亦多誤。今不暇是正之。〖校勘〗〇萬青案：《國語考》文上當有脫頁。

〇汪遠孫曰（《國語發正》卷三，頁一四～一五）：《考工記·鳧氏》疏云：「據此義，假令黃鍾之律長九寸，以律計，身倍半為鍾，倍九寸為尺八寸，又取半得四寸半，通二尺二寸半以為鍾。餘律亦如是。其以律為廣長與圜徑也，此口徑十，上下十六者，假設之，取其鑄之形，則各隨鍾之制為長短大小者，此即度律均鍾也。」

〇高木熊三郎曰（《標註國語定本》卷三，頁二二）：曰「以制」、曰「度律」，是遞送語。以制者，謂制六律也。中聲者，聲律高下之正中，所以為律本者，中聲既得焉，制六律有破竹之勢。

〇吳曾祺曰（《國語韋解補正》卷三，頁九）：「度」入聲，與下「律度」不同。

〇黃永堂曰（《國語全譯》，頁一四一）：百官，各種事物，比如律、度、量、衡之類。百，形容多。軌儀，儀制，法則。

〇陳其射曰（《中國古代樂律學概論》，頁二六二～二六三）：「古之神瞽，考中聲而量之以制，度律均鍾」講的就是定律的方法。古代的盲樂師

聽力聰穎，用其定律，判斷律的高低準確無誤。「古之神瞽」首先選擇了人耳對音高感覺最敏感的音區——中聲，即不高不低的中音區來規範樂音，並根據一定度量體系和定律方法來確定各「律」的數據，確定律長的過程稱為「度律」，為編鐘調音的過程稱為「均鐘」。「均鐘」同時也是一種定律的工具，即專為編鐘調音而設的一種「律準」的名稱，是指根據弦律的定律器來定鐘律的方法。這種古老的、盲樂師使用的「均鐘」，使用方法早已史傳，即便其後的為明眼人使用的京房律準也無人能知其使用方法。

○李槐子曰（《上古造律之研究：關注「律所以立均出度也」》，《西北民族大學學報》2015 年第 2 期，頁 159～172）：在「均出度」中，均與度均為名詞，即在柱體震動物的平均段上可以出度。而在「度律均鐘」裏，均與度皆為動詞。度律，就是確定律的頻率。均鐘，就是把新鑄造出來的不合於相關頻率的鐘，經過手工調試使之達到標準。

○孫克仲曰（《先秦樂律考拾》，頁八三）：在此，州鳩提出了均法最初的運作方式，即彈奏弦節音以校鐘，再撞鐘以鐘聲來調節新弦的做法。這種讓樂音在均和鐘之間來回演繹的方法，使生律的序列很規整，猶如「百官軌儀」。但到州鳩論律之時，均法已進步到以均的組合來演繹樂律的階段。

○萬青案：徐元誥《集解》引《考工記‧鳧氏》孔疏、吳曾祺《補正》。

紀之以三，

【集解】

○韋昭曰（《國語》卷三，頁二○）：三，天、地、人也。古者紀聲合樂以舞天神、地祇、人鬼，故能人神以和。〖校勘〗○萬青案：姜恩本本處無注文。舞，集賢殿校本誤作「無」。黃刊明道本及其覆刻本、上善堂本、寶善堂本、吳曾祺本、徐元誥本等「紀聲合樂」上無「者」字。陳奐已校出黃刊明道本與許宗魯本、金李本之異。祇，李克家本、詩禮堂本、薈要本、文淵閣本、文津閣本等作「祗」。和，董增齡本作「龢」。《儀禮經傳通解》卷十三引注「天、地、人」下無「也」字，朱熹於注文下加按語云：「此疑謂三分損益之法。」前文已見引用，下文關脩齡、恩田仲任等已引之。

○朱載堉曰（《律呂融通》卷三，頁二三）：所謂紀之以三者，若三十度為一辰，三十日為一月，三百六十為一期，三十年為一世，三百年為一限之類也。

○王懋竑曰（《讀書記疑・國語存校》，頁三）：十一律皆生於黃鍾，以三數相乘，故曰「紀之以三」。注指天、地、人，未然。

○皆川淇園曰（日本京都大學圖書館藏皆川淇園批校本）：紀之以三，謂大、中、小之三也。平，猶填空也。

○關脩齡曰（《國語略說》第一，頁二十六）：朱仲晦云：三分損益之法。

○帆足萬里曰（《帆足萬里全集》下，頁五二九）：紀，統也。

○董增齡曰（《國語正義》卷三，頁四八～四九）：韋解以三為天、地、人，或謂上方言「度律均鍾」，下方言「平成律呂」，是就制樂之初言之，非就樂成之效言之也，不應遽及「人神以和」。案：《漢書・律曆志》：「《書》曰：『先其算命。』本起於黃鍾之數，始以一而三之，三三積之，閱〔1〕十二辰之數，十有七萬七千一百四十七，而五數備矣。其算法用竹，徑一寸，長六寸，二百四十七〔2〕枚而成六觚，為一握。徑象乾律黃鍾之一，而長象坤呂林鍾之長。」班《志》又言：「泰極元氣，涵三為一。極，中也。元，始也。行于十二辰，始動于子。參之以丑，得三。又參之以寅，得九。又參之以卯，得二十七。又參之以辰，得八十一。又參之以巳，得二百四十三。又參之以午，得七百二十九。又參之以未，得二千一百八十七。又參之以申，得六千五百六十一。又參之以酉，得萬九千六百八十三。又參之以戌，得五萬九千四十九。又參之以亥，得十七萬七千一百四十七。此陰陽合德，氣鍾於子，化生萬物者也。」孟康曰：「元氣始于子，未分之時，天地人渾合為一，故子數獨一也。」班《志》又言：「《易》曰：『參天兩地而倚數。』天之數始於一，終於二十有五。其義紀之以三，故置一得三又六十五分之六，凡二十五置，終天之數，得八十一，以天地五位之合終于十者乘之，為八十一分〔3〕，應歷一統千五百三十九歲之章數，黃鍾之實也。繇此之義，起十二律之周徑。」孟康曰：「律孔徑三分，參天地之數也。圍九分，終天地之數也。」班、孟兩家釋義與州鳩合。今韋解依《大司樂》「天神、地示、人鬼」釋「紀之以三」，或別有所見也。〖校勘1〗○萬青案：今檢《漢書・律曆志》本文「閱」作「歷」。〖校勘2〗○萬青案：稿本「二百四十七」作「二百七十一」，是，檢《律曆志》本文即作「二百七十一」。〖校勘3〗○萬青案：今檢《漢書・律曆志》「八十一分」作「八百一十分」。

○恩田仲任曰（《國語備考》）：朱晦菴曰：「此疑謂三分損益之法。」

○王友華曰（《「紀之以三，平之以六，成於十二」詳解》，《天津音樂學

院學報》2008 年第 4 期，頁 32～36）：「三」指三個律。「紀」字有很多種不同的字義，其中，有三種意義值得在這裏討論。1.通「記」，記載。2.法度，準則。3.規律。將第一種意義置於「紀之以三」中，語義通順，但意義寬泛，沒有強調三律之關係的規律性，更談不上對取律方式的規定。將第二、第三種意義置於「紀之以三」中，語義通暢，強調了三律的規律性。《史記》、《國語》、《戰國策》等史書中「紀」一詞出現極頻繁，多取「紀綱」之義，此處作「法度」、「準則」解釋，表示一種取律原則，作「規律」解釋則既有原則之義，又可指實踐中掌握的規律。「紀之以三」有兩種意義：即指鐘律取律的立論原則——以呈「角——宮——曾」關係的三律為取律原則；又指一種具有實踐意義的取律方法——在「均鐘」琴五調的九條弦上，每弦取散音和第十一、十二節點的按音，得二十七律（曾侯乙編鐘實取二十五律）。

　　○周柱銓曰（《先秦文獻音樂史料考》，頁三二）：一般學者對「三」字均解說為「天、地、人」，筆者認為這是我國古代音樂有關「三分損益（律）法」應用最早的記載。因為這段文字「三、六、十二」的數字是一個連續的關係，即以宮音為主用三分損益法順序生出六個音（按：即黃鍾、林鍾、大呂、南呂、姑洗、應鍾、蕤賓，形成的音階就是我們所謂的古音階宮、商、角、變徵、羽、變宮。但變徵與變宮兩音名當時是否已有，尚無文獻可據），在變徵（蕤賓）之後再相生六次即生成十二個音，按半音關係排列即成古代的十二律：黃鍾、大呂、太蔟、夾鍾、姑洗、仲呂、蕤賓、夷則、南呂、無射、應鍾。但我認為十二律是在實踐中逐步形成的，原來並非理論。筆者這段解讀可能破格，但我是以伶州鳩是個音樂內行的話來思考的，寫出來供議論。

　　○李槐子曰（《上古造律之研究：關注「律所以立均出度也」》，《西北民族大學學報》2015 年第 2 期，頁 159～172）：這是針對「均出度」說的。「三」，指黃鍾發音體的三等分上產生其純五度泛音的和諧機制，此「度」因為震動段比較長，所以音量大，首先被人聽到。今日所能找到的古人「紀之以三」證據就是三分損益法：三分，即把發音體三等分，損是截去三分之一發上方五度音；益是增加三分之一發下方四度音，與上方五度音形成八度。用三分損益法，可從一個正律黃鍾上生出其它十一個律來。這一過程《周語》其實說得非常清楚，只是沒被人讀懂罷了。後來的《呂氏春秋・音律》詳細記載了十二律產生的全過程：「黃鍾生林鍾，林鍾生太蔟，太蔟生南呂，南呂生姑洗，姑洗生應鍾，應鍾生蕤賓，蕤賓生大呂，大呂生夷則，夷則生夾鍾，夾

鍾生無射，無射生仲呂。三分所生，益之一分以上生；三分所生，去其一分以下生。黃鍾、大呂、太簇、夾鍾、姑洗、仲呂、蕤賓為上，林鍾、夷則、南呂、無射、應鍾為下。」這段文字分為三個部分：從「黃鍾生林鍾」到「無射生仲呂」為第一部分。說的是從黃鍾開始用三分損益法生出十一律的自然次序——生序；從「三分所生」到「去其一分以下生」為第二部分，說的是三分損益法之原則；從「黃鍾」至「應鍾為下」是第三部分，說的是十二律音階排序。先說第二部分：所謂三分損益法之原則，就是經「考中聲而量之以制」，發現以正律黃鍾為本，應用「紀之以三，平之以六」的辦法可以再一個八度內生成十二律，故由此定制。也就是說，十二律必須在一個八度之內產生，有如十二月盡涵於一年，十二時盡涵於一天，十二臟腑、十二筋骨、十二經脈運行一人之身。據此原則，我們再回過頭來看第一部分：這段文字裏有十一個「生」字，「黃鍾生林鍾」，黃鍾是最低音，沒有「益之一分以上生」的可能，祇能「去其一分以下生」；「林鍾生太簇」，只有上生下方四度一種可能性，下生上方五度則超出一個八度，有犯原則。餘類推。

　　○萬青案：上引各家中，唯帆足萬里、王友華釋「紀」字。王氏從現代學科的角度，結合古樂學的相關成果，可信度更高。

　　平之以六，

【集解】

　　○韋昭曰（《國語》卷三，頁二〇）：平之以六律也。上章曰「律以平聲」。〖校勘〗○萬青案：姜恩本本處無注文。

　　○朱載堉曰（《律呂融通》卷三，頁二三）：所謂平之以六者，若六時為晝、六時為夜，六月為盈、六月為縮，六律配五聲合為六十調，六甲配五子合為六十日，六十年赤道退天一度之類是也。

　　○關脩齡曰（《國語略說》第一，頁二六）：鄭康成云：六律，合陽聲者也。六同，合陰聲者也。賈疏云：「引《國語》者，欲取以六律六同均之，以制鍾之大小須應律同也。」愚謂此單言六，則必兼律呂而言，故曰「成於十二」也。

　　○王友華曰（《「紀之以三，平之以六，成於十二」詳解》，《天津音樂學院學報》2008 年第 4 期，頁 32～36）：「六」就是六個律。「平」的字義也很多，其中，「齊一」、「均等」可用來貫通「平之以六」。「平之以六」即：以六

個律為標準將所取的律平分，亦即在分布於一個八度之內的二十七律（實取二十五律）中尋找規律，進行歸類簡化的過程——分為四組，每組由呈「角——宮——曾」關係的三個律位組成，共十二律位，每一律位包含兩律（有一個律位例外）。

　　○李槐子曰（《上古造律之研究：關注「律所以立均出度也」》，《西北民族大學學報》2015 年第 2 期，頁 159～172）：「平之以六」是針對「紀之以三生序」說的。紀之以三生律至蕤賓，按照它前面各律產生的上下相間規律，應鍾上生了蕤賓，蕤賓應該下生大呂。但是，下生大呂則出上方五度，超出了一個八度，只有上生下方四度的大呂纏在一個八度以內。這是其一。其二，此前已生之林鍾、太簇、南呂、姑洗、應鍾、蕤賓六個律按音階排列，最高音應鍾已經是一個八度裏的第十二律，到了終點，具有「平」的涵義。這一現象發生在蕤賓，其生序為六，故稱「平之以六」，不再繼續下去。

成於十二，

【彙校】

　　○汪遠孫曰（《國語明道本考異》卷一，頁二〇）：《太平御覽‧時序部一》引《國語》「於」作「以」。

　　○鄭良樹曰（《國語校證（上）》，《幼獅學誌》第七卷第四期，頁 1～29）：《玉海》一〇九引「成」下有「之」字，與上文「紀之以三，平之以六」句法一律。

　　○張以仁曰（《國語斠證》，頁一一五）：《天中記》四三、《玉海》一〇九引作「成之於」，然《天中記》六、《玉海》六則引作「成於」，《書鈔》一一二、《廣博物志》三十亦引作「成於」。蓋抄刻者由上文「紀之以三」、「平之以六」而衍「之」或誤為「以」耳。不知「於」、「以」義實通也（參《經詞衍釋》及《詞詮》）。

　　○萬青案：徐元誥《集解》引汪遠孫《考異》之說而未注明。張以仁謂《御覽》引誤「於」作「以」的原因可從。《玉海》引「成」下增「之」字當承上文「紀之」、「平之」而增。

【集解】

　　○韋昭曰（《國語》卷三，頁二〇）：十二，律呂也。陰陽相扶〔1〕，律取妻，呂生子，上下相生〔2〕之數備也。〖校勘1〗○汪遠孫曰（《國語明道本

考異》卷一，頁二〇）：「扶」下，公序本有「助」字。〇萬青案：姜恩本本處無注文。集賢殿校本、顧校明本、正學本、許宗魯本、金李本、叢刊本、張一鯤本、李克家本、綠蔭堂本、鄭以厚本、陳仁錫本、詩禮堂本、薈要本、文淵閣本、文津閣本、道春點本、千葉玄之本、秦鼎本、董增齡本、高木本、吳曾祺本等有「助」字。陳奐已先於汪遠孫校出。〖校勘2〗〇汪遠孫曰（《國語明道本考異》卷一，頁二〇）：「生」上有「相」字。〇萬青案：黃刊明道本及其覆刻本、上善堂本、寶善堂本等無「相」字，「呂生子」上有「而」字。陳奐已校出黃刊明道本與許宗魯本、金李本之異。吳曾祺本既有「而」字，也有「相」字。徐元誥《集解》「取」誤作「聚」。

　　〇朱載堉曰（《律呂融通》卷三，頁二三）：所謂成於十二者，若黃鐘之生十二律而循環無端，以象天之十二方位，日之十二躔次，月之十二盈虧，星辰之十二宮，斗杓之十二建，歲之十二月，日之十二時。如是之類皆與律呂之數相符，是故測景候氣而与吻合。古之所謂曆法生於黃鐘，此之謂歟！

　　〇千葉玄之曰（《韋注國語》卷三，頁二八）：注「十二律呂也」云云，《漢書·律曆志》曰：「黃帝使伶倫氏自大夏之西，崑崙之陰，取竹之解谷斷兩節間而吹之，以為黃鐘之宮。制十二箭以吹鳳鳴，其雄鳴則為六律，雌鳴則為六呂。」

　　〇帆足萬里曰（《帆足萬里全集》下，頁五二九）：天有十二月，《周易》以六為地數，土色黃，黃居赤白之間，故曰中色也。

　　〇董增齡曰（《國語正義》卷三，頁四九）：《漢書·律曆志》：「（黃鍾）參分損一，下生林鍾。參分林鍾益一，上生太蔟。參分太蔟損一，下生南呂。參分南呂益一，上生姑洗。參分姑洗損一，下生應鍾。參分應鍾益一，上生蕤賓。參分蕤賓損一，下生大呂。參分大呂益一，上生夷則。參分夷則損一，下生夾鍾。參分夾鍾益一，上生亡射。參分亡射損一，下生中呂。陰陽相生，自黃鍾始而左旋，八八為伍。」班《志》又言：「天之中數五，地之中數六，而二者為虛〔1〕，五為聲，周流於六〔2〕。虛者，爻律夫陰陽，登降運行，列為十二，而律呂和矣。」〖校勘1〗〇萬青案：今檢《漢書·律曆志》「虛」作「合」，且「合」下有「六為虛」三字，董氏引略，且誤以「合」作「虛」。〖校勘2〗〇萬青案：稿本「六」下有「虛」字，是。

　　○王友華曰（《「紀之以三，平之以六，成於十二」詳解》，《天津音樂學院學報》2008 年第 4 期，頁 32～36）：對這段話中「紀之以三，平之以六，成於十二」的理解，可謂仁者見仁，智者見智，概括起來，主要有如下六種。一、漢代以來的經學家：天、地、人也。古紀聲合樂以舞天神、地、人鬼，故能人神以和。平之以六，平之以六律也。上章曰：「律以平聲。」十二，律呂也。陰陽相扶，律取妻，而呂生子，上下相生之數備也。二、吉聯抗：用三分來計數，用六律來平準，完成於十二個律呂。三，意為「三分損益法」。三、王光祈：所謂「紀之以三，平之以六，成於十二」者，似乎先立黃鐘、姑洗、夷則三律，然後再用太簇、蕤賓、無射三律將上述三律加以平分，成為六律，最後又以大呂、夾鐘、仲呂、林鐘、南呂、應鐘六律介於上述六律之間，於是遂得十二律。四、程貞一：十二律的形成是先由中聲紀定三律，然後由三律平分為六律，由六律相參六間而成十二律。五、牛龍菲：牛提出「四宮紀之以三」說，認為「四宮紀之以三之十二律呂，是在徵、羽、宮、商四宮之上各取『宮、角、曾』三音，以得十二律呂」。六、王洪軍：以三個律為單位記錄鐘律，以六個律為單位平分鐘律，鐘律個數為十二。秦漢以降，鐘律幾近失傳，經學家們的附會之說當不足信。吉聯抗用「三分損益」法來解讀這句話，擺脫了經學家的附會之言，具有一定的科學性，戴念祖稱他「推翻了從漢以來二千年的文案」。然而，曾侯乙鐘銘解讀之後，學者們認識到，「三分損益」法不足以解釋鐘律。王光祈的解釋中，「三」、「六」、「十二」都統一於「律」這一核心內容之中，與前面兩種解釋相比，無疑是一種進步，但他沒有解釋最初三律的由來，這三律產生的原則有多種可能，因此，我們難以評價其合理的程度。王光祈對「平之以六」的解釋是，以三律來平分最初三律得到六律，如果這樣生律的話，就不是「平之以六」，而是「平之為以」或「平之成六」了，顯然不合理。程貞一的解釋與王光祈的解釋意義相近，難以令人信服。牛龍菲結合曾侯乙銘，將「三」理解為「宮、角、曾」三音，此說具有一定的客觀依據。但是，根據黃翔鵬、崔憲和孔義龍對鐘律的研究結論，鐘律的取律依據是「均鐘」，「均鐘」雖然只有五條弦，但是，按照「琴五調」理論，這種調弦方式可得九條不同音高的弦，如果只需牛說的「四宮」，則九種音高的弦就顯得多餘了，曾侯乙編鐘的二十五律也就難以解釋。再者，牛說沒有解釋「平之以六」。王洪軍對前五說進行了梳理，得出一個通暢的結論。至此，「紀之以三，平之以六，成於十二」的討論似乎走到了終點。但是，王洪軍的

解釋是一個概括性的說明，概括了鐘律產生的原則，鐘律的產生的具體過程仍有探討的空間。另外，如果將「成於十二」解釋為「鐘律個數為十二」，那麼，「成」字所體現的邏輯關係就被抹去了。「紀之以三，平之以六，成於十二」的三個步驟之間是有嚴密的邏輯關係的，先「紀之以三」，然後「平之以六」，這兩個步驟完成後纔「成於十二」。吉聯抗將「成於十二」解釋為「王成於十二個律呂」，顯然已經考慮到了這種邏輯關係。顯然，如果按照牛龍菲和王洪軍的解釋，只需「紀之以三」就已經「成於十二」了，「平之以六」與「成於十二」之間也就沒有邏輯聯繫了。由此看來，以上所列舉的六種解讀有的不符合邏輯，有的則存在進一步探討的餘地。筆者所要探討的是取律方法和「三」、「六」、「十二」的具體所指以及「紀」、「平」、「成」的含義，只有這些方面明確了，鐘律的產生過程纔能明晰起來。成，成為，完成，得到。將「紀之以三」所得的律較多，「平之以六」則得十二律位，每一律位簡化為一律，成為十二律。

　　○黃大同曰（《中國古代文化與〈夢溪筆談〉律論》，頁二六六～二八三）：韋昭注是現存最早對「紀之以三，平之以六，成於十二」之句的闡釋。韋昭在此將該句分成兩個部分，前以黃鐘、太簇、林鐘對應天、地、人的先人觀念，將「紀之以三」的「三」對應「天神、地祇、人鬼」，後以音樂本體觀念將「平之以六」與「成於十二」的「六」與「十二」分別對應「六律」與「十二律呂」。並且，他以「王將鑄無射，問律於伶州鳩」之前的一段文字中敘述的「聲以和樂，律以平聲」之句解釋「平之以六」，認為這是指用六律來「平」「紀聲合樂」的「聲」；又以「陰陽相扶，律娶妻而呂生子，上下相生之數備也」之句，表示出他將此處十二律呂的生成歸結到陰陽學說與三分損益法的觀點。這一觀點值得我們關注，但由於在《國語》中，伶州鳩以「律所以立均出度也」的開篇之言，已指出了「紀之以三」的內容具有律之含義，因而韋昭對「紀之以三」的解釋，畢竟有些離題。同時，雖則其「平之以六」與「成於十二」的釋義均指向音律，但兩者表述的又是各自獨立的內容，因此韋昭對這三個分句的解釋是分散的，之間缺乏整體的邏輯關係。北宋時，《太平御覽》對「紀之以三，平之以六，成於十二」的注釋傳承了韋昭之義：「『紀之以三』，三，天、地、人也。『平之以六』，六，六律也。『成於十二』，十二，律呂也。『天之道也』，天之大數不過十二。」南宋朱熹對此句的解釋基本也沿用了韋昭之說，只是在韋昭的「紀之以三」注釋後增添了一句按語：「今按此

疑三分損益之法。」這就把韋昭將一個整體內容分裂為二的釋義統一到了樂律本體之中。然而韋昭對後兩分句的解釋是分屬兩個方面的，即前者著眼律與聲的關係，而後者表述了十二律的相生。這樣，儘管朱熹提出了該句與三分損益法的生律有關這一更為合理的觀點，但由於朱熹對「平之以六」採用的是韋昭「律以平聲」之釋，這就與三分損益法的生律無法對接，同時朱熹自己也未從三分損益法的角度對該分句作出明確的解析。因此就「紀之以三，平之以六，成於十二」這整個句子而言，朱熹的相應闡釋仍然缺乏從同一個角度審視的一致性。明代倪復在其《鐘律通考》一書中，存留了韋昭的注解內容，並否定了朱熹的案語之義：「『紀之以三』，三，天、地、人。古者紀聲合樂，以舞天神、地祇、人鬼，故能神人以和，朱子愚按此疑即三分損益之法。」朱載堉在其著作中連續論述了《國語‧周語》的「紀之以三，平之以六，成於十二」之句。他首先沿用韋昭之說：「『紀之以三』，天、地、人也，《舜典》曰『神人以和』是也；平之以六，謂六律也，上章曰『律以平聲』是也；成於十二，十二律呂上下相生之數備也；天之大數不過十二，故曰『天之道也』。」接著他認為其句中的三個數字是「百事道法，喻律之數」，於是他以比喻的方式闡釋了自己的觀點，其間又否定了韋昭所注「紀之以三」之義：「紀之以三，若每季三月之類；平之以六，若晝夜六時之類；成於十二者，四季而成一歲，凡十有二月，晝夜而成一日，凡十有二時，天之大數止於十二，故律呂相生其數亦然也。舊注以三為天、地、人，恐非。」（《樂律全書》卷二十一）在《律曆融通》卷三中，朱載堉對此又作出了更為詳細的闡述：「……」（萬青案：本書已引朱載堉之說，見上，此處略去黃氏引文）很顯然，朱載堉乾脆都不以具體音律而是將此句置於「天之道也」即自然規律的大背景之中進行了闡發。其中，「紀之以三」是指將一個單位分成三份，或是以三為基數來構成一個單位；「平之以六」是將一個十二之數的單位平分為兩個對偶性子單位，如「六律配五聲合為六十調」中的陰陽六律，或者是以單六、雙六為基數生成的六十之數單位，如「六甲」——十天干的六次反復，配上「五子」——十二地支（雙六）的五次反復而成的六十甲子；「成於十二」是指以十二之數構成的一個整體單位。這就是他否定韋昭「天、地、人」之注的原因。為什麼呢？因為他認為，此句中的「三」、「六」、「十二」都是指處於一個整體單位之中的數字，而韋昭的「天、地、人」則不是在整體的「一」基礎上劃分出

來的三個部分。朱載堉的這一觀點值得我們充分重視。從其卷三的《律曆融通》名稱以及上述整體和部分之間的關係表述中我們可以感知到，他是在律與曆的同構現象基礎上，以天文曆法內容為喻來闡釋與表達他心中的相關樂律內容。這是說，在其系列排比式的比喻之中，他其實已暗示了「紀之以三」應該是指以一作三分的三分損益，「平之以六」應該是指以十二作二分的兩個六律，「成於十二」應該是指以整體面貌出現的十二個「律呂之數」，只不過是他未將其內心獨白上升為清晰的語言，未將比喻替換為明確的律呂表述而已。清代是樂律學研究的高峰時期，學們自然少不了對這《國語‧周語》之言進行一番探討。概括起來還是這兩種看法：一是取韋昭注釋，如惠棟《周易述》：「紀之義三（天、地、人），平之以六（六律），成於十二（律呂）。」二是取三分損益的角度來理解全句，如：「紀之以三者，置一而三之，窮於十七萬七千一百四十七也；六者，六律也；十二者，律與呂也。」（李光地《古樂經傳》）「黃鐘而下，三分損益上下遞生。黃鐘定而八音六律無不定，以立均出度，『紀之以三，平之以六，成於十二』，以為萬事根本。」（《欽定日下舊聞考》）「三分損益，上下相生，其成形之數尤不得不止於十二，故《國語》曰『紀之以三，平之以六，成於十二，天之道也』。」（《皇朝通典》）清代樂律學家江永（1681～1762）也以三分損益的認識對其進行了論述。在《律呂新論》一書中，他對韋昭與朱熹之說作出了這樣的評價：「安知古人造；律，不即如今日簡徑之法，止後人加以巧曲，始有管子以下諸說乎？管子蓋春秋戰國間人，撰自此以前未有三分損益之說。唯《國語》伶州鳩之言有『紀之以三』一語，朱子疑其謂三分損益，然韋昭解此以三為天、地、人，則亦未必其果如朱子之說也。」在其另一樂律著作中，他再次將《國語》伶州鳩之言與三分損益聯繫起來：「愚謂古人亦非算術不精也。九九八十一之數始於三，管子有『起五音凡首主一而三之，四開以合九九』之說；伶州鳩有『紀之以三，平之以六，成於十二』之說；老子有『道生一，一生二，二生三，三生萬物』之說；漢人有『太極元氣，函三為一』之說。始動於子，參之於丑，以至參之於亥為應鐘，得十七萬七千一百四十七之數，一若以此為萬物終始自然之數矣。」（《律呂闡微》卷二）從上述自三國至清代 1600 餘年間對「紀之以三，平之以六，成於十二」的注釋內容中可以看出，所有對其進行闡釋的古人，多少都認為此句與三分損益法有關，但是有的沒有以三分損益法來貫穿解釋全句

而致使該句的三個分句之間缺乏整體的邏輯關係，如韋昭、朱熹；有的只是隱喻而未明述，如朱載堉；有的則沒有進一步指出三分損益如何「平六律」（蕤賓下生還是重上生）而致使後兩個分句之義不清，如李光地、江永。由此表現出對「紀之以三，平之以六，成於十二」之句的探討，仍有再研究、再闡釋的必要。上世紀 30 年代，王光祈在柏林對此作出了現代史上的第一次闡釋。他在其《中國音樂史》一書中說：「所謂『紀之以三，平之以六，成於十二』者，似乎先立黃鐘、姑洗、夷則三律，而後再用太簇、蕤賓、無射三律將上述三律之間加以平分，成為六律，最後又以大呂、夾鐘、中呂、林鐘、南呂、應鐘六律介於上述六律之間，於是遂得十二律。凡此種種，皆是十二律已經成立之後再用『數字哲學』去解釋的結果。」王光祈將「紀之以三」釋為「先立黃鐘、姑洗、夷則三律」，將「平之以六」釋為在前三個單數律基礎上平分另三個單數律而構成六律，將「成於十二」釋為在六個單數律上加入六個雙數呂而構成十二律呂。這無疑是一種有別於古人的創新之說，並且他將「紀之以三」與「黃鐘、姑洗、夷則三律」聯繫在一起的解釋似乎也能從曾侯乙編鐘銘文的連續大三度上找到對應。但是問題在於，這種以「三律」得「三律」，再以「六律」得「六呂」的先後生律順序和生律過程，在已知文獻和文物所記載的古代十二律相生實踐中是無法找到的，他自己也說，這是一種「十二律已經成立之後再用『數字哲學』去解釋的結果」。由此可知，王光祈所說與伶州鳩所說並不能吻合。這是一種缺乏相生的因果關係及無文獻與文物實證的一己之說。在 1980 年出版的《春秋戰國音樂史料》一書中，吉聯抗對「紀之以三，平之以六，成於十二」之句作出了如下解譯：「用三分來計數（『三』意為『三分損益法』），用六律來平準，完成於十二個律呂。」在此處，作者肯定了南宋朱熹、明代朱載堉與一些清代學者將「紀之以三」釋為使用「三分損益之法」的觀點。以這樣的觀點，「成於十二」的這第三分句是能夠讀通的。然而從三分損益法的角度看，將「平之以六」釋作「用六律來平準」就有些勉強。因為第一，這第一分句與第二分句的譯義之間構不成產生六律的關係，即按三分損益法一下一上交替生律的計算，前六律是黃鐘、林鐘、太簇、南呂、姑洗與應鐘，這只是生成十二律過程中的半數律呂，此時，無論是單數的六律或雙數的六呂，還是對分十二律的前六律或後六律均沒有形成；第二，假如這裏的「六律」是指十二律完成後從中選出的某一種「六律」，那麼

它究竟指哪一種？是單數六陽律？是對分十二律的前六陽律？還是陰陽合體的雙六？它又去「平準」誰？如何「平準」？六律與十二律是以單個律呂為結構單位的，「準」在一般意義上則指音的準確，涉及律數、音分，而三分損益法所生的各律，其律數、音分都是明確的，不需作調整式的「平準」。如此看來，吉聯抗的「平準」很可能是取韋昭所釋的「律以平聲」之義。由此，一是其「平準」一詞的模糊所指形成了釋義的多解與不確定性，二是與古人一樣，其說在涉及「律」的第一、第三分句與涉及「聲」的第二分句之間構不成意義上的邏輯關係，從而體現不出全句的整體性和內容的一致性來。上世紀70年代末曾侯乙編鐘的出土，以樂器的實證與銘文的實錄使我國樂律學研究獲得了重大進展，同時也使得對「紀之以三，平之以六，成於十二」這一課題的解析從此進入與曾侯乙編鐘的鐘律生成法與其生成形態掛鉤的階段。其主要之說是將曾侯乙編鐘的大三度生律方式與其三律為「紀之以三，平之以六，成於十二」的核心之解。其他還有一些與曾侯乙編鐘鐘律有關的解讀，如從「鐘律以姑洗律為律本」角度出發的、「根據自然泛音確定出三個音律，即紀之以三；然後再按泛音列在每兩律中間加一律，即平之以六；最後通過宮音移動，可在六律的每兩律中間加一律，成於十二」的觀點；從旋宮法角度出發的、「若以大三度循環生律的話，則永遠只有黃鐘、姑洗、夷則三律」，因此此說不是生律法而是體現在曾侯乙編鐘上的西周四度（占六律）旋宮法的認識；以及從鐘、弦關係角度出發認為「平之以六」就是「按一弦六等份取音法取音」的歷史記載等相關看法。以上各說以不同的理解，對「紀之以三，平之以六，成於十二」作出了自身的闡釋。這些闡釋是否符合伶州鳩之言的原意呢？鄭祖襄於2004年提出了一個衡量種種相關觀點是否符合伶州鳩原意的視角：「『律所以立均出度也……成於十二，天之道也』。從上世紀80年代以來，一直為音樂史研究者所注意，但至今仍未能依此解開古代十二律產生的方法與時間……神瞽用的方法是『紀之以三，平之以六，成於十二』這十二個字，今天還難以從『生律法』（即十二律的產生方法）意義上把它完全解釋清楚。」這一要從「生律法意義上把它完全解釋清楚」解讀視角的提出給人以啟迪。的確如此，該三個分句中的三個動詞與「三、六、十二」這三個數字之間的關係，已經框定了伶州鳩之言與十二律產生方法必然具有密切關聯，而在其三個分句的闡釋之間表現出缺乏整體一致性的某些觀點，就是未統一

從產生十二律的視角出發的產物；另一些儘管是可歸於生律法的解題之說，也正是缺乏以古人、古籍所述或以曾侯乙編鐘銘文中所表現出來的、古代產生十二律的方法為旁證依據而顯得說服力不夠；至於用曾侯乙編鐘銘文中所表現出來的大三度生律來對伶州鳩之言的闡釋，雖已是從編鐘生律角度出發的觀點，但是其說未區分大三度生律在整體曾侯乙編鐘生律法中的地位作用，從而在生律方式方法與生律結果的因果聯繫方面來看，此說也沒有「把它完全解釋清楚」。因此可知，與古代的相關闡釋一樣，現代學者的上述種種觀點同樣都還有進一步細化或深入推敲的空間。……儘管自三國韋昭至今的古今學者們對伶州鳩之句意各抒己見，言人人殊，但其各說之間還是明顯地表現出一個共識。那就是，所有的學者都認為伶州鳩之言的第三分句是指十二律，即使是釋「紀之以三」為「天、地、人」的韋昭，也將全句的著落點放到了十二律之上：「十二，律呂也。」學者們的眾口一詞的確表達了伶州鳩的本意。這是因為，全句中最後一個分句的指向不會產生歧義，數目為「十二」的律呂還能指什麼呢？這「十二」之數如同鐵板上的釘，放飛風箏的線，它將種種發散性思維最終收歸並牢牢鎖定在十二律概念之上。這第三分句之義指十二律的確認引發了接下來的問題：既然全句中的第三分句說的是十二律之義，那麼作為一個整體句子中的前兩個分句呢？它們是否也含有同一個十二律概念的指向？或者說其義是否也與十二律有關？對於這一問題，上述古今各家之說都沒有涉及，更沒有作答。然而從隨後的探討內容中可以看出，對該問題的解答，實際上是我們在前人基礎上進行再研究的邏輯起點與解題的第一步。伶州鳩在其「紀之以三，平之以六，成於十二」之言中，使用了三個「之」字。其中第三分句中動詞「成」的賓語「之」，由於處在作為動詞補語的介詞賓語結構「於……」前，因而在伶州鳩之語中已被省略。「之」在古漢語中可作動詞、代詞、副詞、連詞、介詞和助詞等。此處「之」緊接在動詞「紀」、「平」和「成」後面，顯然是動詞賓語，為代詞。那麼它指代誰呢？王洪軍於2006年回答了以往被忽略的這一問題，他指出：「『之』為指代十二律的代詞。」的確是這樣。該句的三個分句分別有「三」、「六」與「十二」這三個數字，在從「三」開始，經過「六」到「成於十二」的全過程中，「之」應該是指最後形成的事物，並且我們已知，「成於十二」中的「十二」是指十二律呂之數，因此，其指代可明確排除前兩個數字以及由該兩數所表的事物，

而指向由「十二」之數組成的十二律概念。這「之」即指十二律的事實就是伶
州鳩提供給我們的第一條重要解題線索。由於「成於十二」中的「於」為介
詞，在表所從時可引申表「因」、「由於」之義，於是我們知道伶州鳩之句至少
可作這樣的簡單直譯：「用三紀十二律，用六平十二律，由十二而成（十二
律）。」（先暫且不論「紀」和「平」之意）從「之」即「十二律」的指代中我
們又可以明確得出兩點認識：其一，不僅僅是第三分句，全句中的第一分句
與第二分句同樣含有十二律的指向；其二，句中的三個「十二律」是將三個
分句連接成一個完整句意的紐帶，由此表明三個「十二律」應該是指同一形
態結構的十二律。那麼，伶州鳩所說的十二律具有怎樣的形態結構呢？對該
問題的回答與確認，是我們進行解題的第二步。在「紀之以三，平之以六，成
於十二」之句後，樂官州鳩向周景王詳細闡述了分為六律六間（呂）的十二
律，以及這十二律在宣揚六氣九德、安靖神人、國家統治等方面的重要功能
與作用：「夫六，中之色也，故名之曰黃鐘，所以宣揚六氣九德也。由是第之。
二曰太簇，所以金奏贊陽出滯也。三曰姑洗，所以修潔百物，考神納賓也。四
曰蕤賓，所以安靖神人，獻酬交酢也。五曰夷則，所以詠歌九則，平，民無貳
也。六曰無射，所以宣佈哲人之令德，示民軌儀也。為之六間，以揚沈伏而黜
散越也。元間大呂，助宣物也。二間夾鐘，出四隙之細也。三間中呂，宣中氣
也。四間林鐘，和展百事，俾莫不任肅純恪也。五間南呂，贊陽秀也。六間應
鐘，均利器用，俾應復也。」從「紀之以三，平之以六，成於十二」之句緊接
著六律六間（律）十二律的敘述現象中可以明顯看出，前者與後者不可能是
各自唱著毫不相干的調，說著南轅北轍的事，而是應同屬一個論律的整體內
容。這是說，「紀之以三，平之以六，成於十二」中的十二律指的是緊隨其後
的、具有六律六間形態的十二律，二者之間有著同位語般的關係。這一等同
關係就是伶州鳩提供給我們的第二條重要解題線索，而且是關鍵的線索。因
為事物現象之間的因果聯繫告訴我們，作為兩個相互聯繫的現象，生律方式
方法的使用和因此而產生的十二律之間具有因果關係，其中生律方式方法的
使用是原因，十二律的產生是結果，而不同的生律方式方法之因又會產生不
同的二分十二律形態結構之果，所以得知，作為生律結果的這一六律六同形
態十二律結構必定由相對應的某一種特定生律方式方法所產生。就這樣，從
伶州鳩所提供的兩條線索以及生律方式方法與其生律結果之間存在著因果關

係的事實呈現之中，筆者確定了解題的第三個步驟。即：既然生律方式方法與其生律結果之間存在著因果聯繫，並且從伶州鳩之句的「用三紀十二律，用六平十二律，由十二而成（十二律）」的簡單直譯中又得知這三個分句之義都與產生十二律的方式方法有關，那麼，我們就可以從伶州鳩所說這一六律六呂十二律形態結構倒推出其產生的方式方法，再通過該十二律形態結構及其相應的生律方式方法與伶州鳩之言的聯繫，解析出「紀之三，平之以六，成於十二」的全句之義。這六律六間（呂）十二律是一種怎樣的十二律結構呢？伶州鳩先說黃鐘、太簇、姑洗、蕤賓、夷則和無射這六律，再說大呂、夾鐘、中呂、林鐘、南呂和應鐘這六間的表述情況清楚地顯示出，這是一種按單數和雙數進行二分的十二律形態結構，單數六律稱律，雙數六律稱呂。另一先秦著作《周禮》則用明確的陰陽之稱來命名與區分這十二律的單雙數律呂：「大師：掌六律、六同，以合陰陽之聲。陽聲：黃鐘、太簇、姑洗、蕤賓、夷則、無射；陰聲：大呂、應鐘、南呂、函鐘、小呂、夾鐘。」其實，《國語·周語》一書以及其中的伶州鳩之言也具有陰陽學說的色彩與背景。《國語》一書並非一人一時之作。王樹民指出：「《國語》是編輯成書的，各篇的寫作時代很不一致，從內容上詳加考察，大致周、魯、晉、鄭、楚各語多謂當時人所記，其時代較早；齊、吳、越三語為後人追記之筆，當為戰國中前期時人所寫。」由於伶州鳩之言發生在周景王欲鑄無射鐘之際，而前文有「二十三年，王將鑄無射」的表述，因此可明確得知伶州鳩的作答發生於公元前 522 年。在這一時期，陰陽雖未上升到成熟的哲學範疇，但已是指兩種相互對立的氣等對偶性狀態的明確概念。《國語·周語》就以此概念來闡釋世界萬象：「夫天地之氣，不失其序，若過其序，民亂之也。陽伏而不能出，陰迫而不能烝，於是有地震。今三川實震，是陽失其所而鎮陰也」，這是以陰陽二氣的失序來解釋地震的發生。在回答周景王的鑄鐘問題時，伶州鳩也說到陰陽：「如是而鑄之金，磨之石，繫之絲木，越之匏竹，節之鼓，而行之以遂八風，於是乎氣無滯陰，亦無散陽，陰陽序次，風雨時至，嘉生繁祉，人民龢利，物備而樂成，上下不罷，故曰樂正。」這裏表述了陰陽二氣的有序與樂正的關係。在隨後樂官州鳩對十二律的闡述中也同樣涉及陰陽概念，如其中所說黃鐘宣揚的「六氣」，就是「並天地二氣為六氣」，即就是由陰陽二氣細化而成的「陰、陽、風、雨、晦、明」。同時，太簇的「金奏贊陽出滯」、南呂的「贊陽秀」以

及六律六間所暗含的陽律陰呂陰陽二分等內容，無不體現了這一律論中的陰陽觀。這表明，陰陽概念是伶州鳩論律、釋律的重要依據。然而陰陽本質上並不是一種玄虛學說，以方法論的角度看，它是中國古代通過對事物的一分為二來認識世界、把握世界的方式方法，是古人二分思維的表徵。因此，就如同中國革命實踐與毛澤東思想的關係，以及中國特色社會主義建設實踐與鄧小平理論的關係一樣，從伶州鳩將「紀之以三，平之以六，成於十二，天之道也」中的十二律表述為按單雙數二分的六律六間（呂）形態的事實中可以推知，伶州鳩整句話的內容，都不會脫離天道陰陽學說的框架，或者更具體地說，它必定會遵循古人的二分法思維原則。因為倘若沒有「天之道」的陰陽二分觀念，三分損益法所產生的十二律就是十二律，沒有必要被一分為二，也沒有必要將被一分為二的這兩個部分分別冠以六律與六間（呂）之稱，同樣，三分損一和三分益一的生律方式也沒有必要結合空間概念而被稱為上生、下生，所以這一形態上表現為單數六律和雙數六間（呂）的二分十二律結構，就是嚴格使用二分法思維原則的生律行為的產物。換言之，也正是由於將三分損一下生和三分益一上生的生律動作行為進行二分，這一六律六呂形態的十二律纔能得以形成。這生律行為與生律結果之間具有清晰而確切的因果關係。那麼，表現為六律六呂形態的這一十二律又是通過怎樣的生律行為方式而形成二分結構的呢？首先要說，這十二律的單雙數陰陽二分結構以及按十二律順序排列六律六間（呂）形態的現象，已從事實上表明了它是一種生律理論的產物，是一種三分損益理論和陰陽學說結合的成果，而不是律學實踐上的直接操作反映。根據史籍記載，三分損益法理論和陰陽學說的結構就體現在以三分損益的法則為基礎的，損一、益一與上生、下生對應的二分相生方式，以及由此而生的、具有二分結構的相生結果上。如《呂氏春秋·音律》：「黃鐘生林鐘，林鐘生太簇，太簇生南呂，南呂生姑洗，姑洗生應鐘，應鐘生蕤賓，蕤賓生大呂，大呂生夷則，夷則生夾鐘，夾鐘生無射，無射上中呂。三分所生，益之一分以上生；三分所生，去其一分以下生。」儘管這裏的損一、益一與上生、下生的誰對應誰問題還有不同看法，但至少可明確一點情況，即：先秦是以具有四五度音程關係的三分損一盒三分益一來表示每兩律之間的相生關係，以及用具有空間狀態的上生、下生這不同生律方向來體現陰陽二分生律的。並且從《國語·周語》的六律六間（呂）十二律和《呂氏

春秋‧音律》對應於四季十二月的十二律形態結構中，我們能看到，在這體現四五度相生關係鏈的三分損益法基礎上，又可以有兩種具體的損益生律方式：其一是一損一益的嚴格損益交替方式，即以「置一而三之」的黃鐘為起點，將十二律的生律分為下生三分損一盒上生三分益一這兩種行為，所生成的十二律便具有相應的二分結構：以三分益一所生的各律在十二律的順序排列中屬單數，被稱作六律——黃鐘、太簇、姑洗、蕤賓、夷則和無射；以三分損一所生的各律在十二律的順序排列中屬雙數，被稱作六呂——林鐘、南呂、應鐘、大呂、夾鐘和中呂。現用上箭頭表示上生，下箭頭表示下生，就是：

下生與上生的二分生律圖

六律：黃鐘　　太簇　　姑洗　　蕤賓　　夷則　　無射　　（黃鐘）

　　　↓↗　　↓↗　　↓↗　　↓↗　　↓↗　　↓↗

六呂：林鐘　　南呂　　應鐘　　大呂　　夾鐘　　中呂

其二是在一損一益的損益交替進行之中，插入蕤賓重上生的生律方式。由於在損益交替到應鐘上生蕤賓後，本該蕤賓下生大呂，但此時改為蕤賓上生大呂，這樣損一下生與益一上生的交替生律次序就被打亂，從而無法將此十二律的生律行為進行對等二分。不過，蕤賓重上生方式的插入是為了形成與十二月同構的、六六對分形態的十二律結構，因此其生律結果仍可以作出二分：前六（陽）律——黃鐘、大呂、太簇、夾鐘、姑洗和中呂，後六（陰）律——蕤賓、林鐘、夷則、南呂、無射和應鐘。以圖表示就是：

下生與上生的非等分生律圖

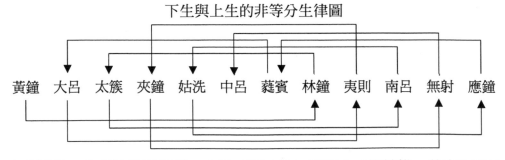

十分清楚，伶州鳩所說的這一六律六間（呂）形態十二律結構，其產生不是「條條道路通羅馬」，而是「自古華山一條道」。用兩句具有遞進關係的話來表示就是：第一，它只能產生於三分損益法，即只能在分為三等份比例的起始律基礎上作四五度進行的損益相生而成，非四五度進行的其他生律方式方

法無法使之產生「黃鐘生林鐘，林鐘生太簇，太簇生南呂」等律呂相生關係；第二，它只能產生於三分損益法的損益嚴格交替生律方式，凡單數六律均由三分益一上生所得（非起始律的黃鐘由中呂上生所得），凡雙數六呂均由三分損一下生所得。此處為什麼要說「損益嚴格交替」呢？這是因為，若不是嚴格執行一損一益的相間生律，而是在其中插入「蕤賓重上生」這一連續兩次上生（益一）方式的話，所生十二律就不是單雙數二分的六律六間（呂）形態，而是前六、後六對分形態的十二律結構了。因此說這六律六間（呂）形態的十二律結構及其產生方式方法的確定，既給「紀之以三」、「平之以六」和「成於十二」之義的探求提供了明確的依據，又排除了一些對伶州鳩之言作出種種不能產生十二律形態結構之解譯的可能性。然而暫且還不能夠下定論。在已經找到三分損益法的交替損益方式與六律六間（呂）形態十二律結構之間的因果聯繫的同時，還需要思考這樣一個問題：這「成於十二」的六律六間（呂）十二律是否還可以由別的生律方式方法所產生？根據學者對曾侯乙編鐘生律法的研究成果而換言問之就是：曾侯乙編鐘的「四基、四顐、四曾」生律方式方法是否也能產生六律六間（呂）形態的十二律結構？這就涉及對曾侯乙編鐘生律方式方法的認識問題。曾侯乙編鐘的「四基」是具有四五度相生關係的宮、徵、商、羽四音，其「四顐、四曾」是在這具有四五度相生關係的「四基」上，分別產生連續大三度的兩個音（或稱「四基」上方和下方的大三度音），由此構成以互隔相生四五度關係的宮、徵、商、羽四音為生律主體框架的四個三律組，共十二個音。如果將這種先秦鐘律的實踐生律方式方法與三分損益法十二律相生理論加以對照的話，可發現，實際上它可被看作是一種三分損益法十二律相生理論的簡潔操作版。這是由於具有四五度相生關係的宮、徵、商、羽四音是它的生律主體框架，而從十二律相生理論的角度看，這「四基」之間的相生關係對應了三分損益法以黃鐘為起始的黃鐘損一下生林鐘，林鐘益一上生太簇，太簇損一下生南呂這十二律中前四律的三分損益相生過程，至於之後八律的三分損益相生過程則被插入在這「四基」生律過程中的大三度生律方式所簡捷化。因此可得出這樣的認識：既然曾侯乙編鐘生律方式方法賴以存在的基礎是這「四基」的相生，並且「四基」之間的相生關係又對應了三分損益法損一下生和益一上生的交替生律過程，那麼，曾侯乙編鐘生律方式方法就可以就視為三分損益法的一種變化表現，或者說，它至少是以三分損益法為基礎、為骨架的。這樣，若以陰陽二分思維和三分

損益法理論的角度去審視，曾侯乙編鐘「四基、四顧、四曾」的生律過程與結果也就可以被劃分成十二律的單數六律和雙數六呂的陰陽兩個部分。

曾侯乙編鐘的六律六呂生成圖

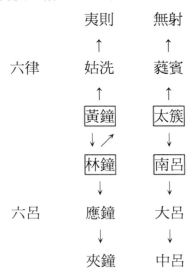

因此，倘若承認「四基」的相生關係對應的是三分損益法損一下生和益一上生的交替，並且建立在「四基」基礎上的曾侯乙編鐘生律方式方法所產生的十二律結構樣式就是六律六間（呂）形態，那麼至此這樣的結論就可以得出了——六律六呂形態的十二律結構樣式確實只能由三分損益法的損益交替方式所產生。我們接著再看六律六間（呂）十二律形態結構的生律方式方法是否能與伶州鳩之句中的「紀」、「三」、「平」、「六」等關鍵詞語之義相合。首先看「紀」。「紀」作為動詞，其基本義為「記識」，如《釋名·釋言語》：「紀，記也，記識之也。」《左傳·桓公二年》：「文物以紀之，聲明以發之。」在具有基本義的基礎上，該動詞也有引申義，如《漢書·律曆志》：「紀之以三」的「之」指代的是取自三分損益法五聲計算基數的「終天之數得八十一」，因而其「紀」義較為清楚，即它在該處實指「產生」、「計算」，同時其後的「置一得三」之句還表明這「紀之以三」具有在一個整體中劃分出三個部分之義，以此暗合三分損益之法則。當然，《漢書·律曆志》與《國語·周語》不在同一時代，其「紀之以三」不能作為探求《國語·周語》「紀之以三」之義的確鑿證據而只能作為參考，但其言至少可以說明一點，與許多古漢語詞彙一樣，「紀」不僅有本義，也有引申之義，或是說既有狹義，也有中義和廣義。其實，其他語種的動詞也是同樣，在基本義基礎上常常會有展衍性的多解，翻

譯時要根據具體情況行事。因此在闡釋這一「紀」時，應該根據它與其他詞的關聯，以及整體上的句義來選擇相對應的某一具體詞義，而不能只拘泥於其本義。其次看「三」。在伶州鳩之言中，「三」是介詞「以」的賓語，組成「以……」結構，用作動詞「紀」的補語，指向動作方式；並且在伶州鳩之言中，「三」是與「六」和「十二」並列的，在我們已知「十二」是指十二律之數的前提下，可推而得知「三」和「六」也是指與十二律有關的數目。因此我們可以在上文將伶州鳩的「紀之以三」直譯為「用三紀十二律」的基礎上，將其進一步擴大解讀為「用三來產生六律六呂十二律」。那麼如何「用三來產生六律六呂十二律」呢？換言問之，「紀之以三」中的「三」究竟指的是什麼呢？根據古今學者們的闡釋，三之數的「三」具有兩種可能性指向，即：其一指以「置一得三」的三分損益法；其二指曾侯乙編鐘的大三度生律，或是指代表和體現曾侯乙編鐘大三度生律的三個律。其實，「用三來產生六律六呂十二律」的這一解讀已暗含了對該問題的回答。這是因為：第一，從相等關係的推理角度看三分損益法。由於已知三分損益法就是以「置一得三」的三之數為產生與計算十二律的基礎的，而且只有三分損益法的損益相間纔能產生六律六間（呂）形態的十二律結構；同時又知，伶州鳩所說的「紀之以三」是指「十二」以「三」而成，是指「三」是產生「十二」的基礎，即伶州鳩說，六律六呂十二律是使用與三之數相關的一種行為動作而獲得的，這樣，以相等關係，來進行推理的條件就已具備。這就是說，如果只有三分損益法的損益相間（以 A 表示）纔能產生六律六間（呂）形態的十二律結構（以 B 表示），並且伶州鳩說，神瞽是用「三」（以 C 表示）來「紀」出六律六間（呂）的，那麼，「紀之以三」中的「三」就應該指向體現三分損益法的三之數。用定理表示就是：如果只有 A 的行為纔能產生 B，並且 C 的係那個味產生 B，那麼 A＝C。第二，從因果關係的推理角度看曾侯乙編鐘的大三度生律方式與其三個律。學者們的研究成果表明，曾侯乙編鐘的十二個律位是以四五度相生的宮、徵、商、羽為基音，同時在基音上方取連續大三度（另一說為基音上、下方大三度）而生成的。在這種以「四基」進行為生律框架並輔以「四顧、四曾」的十二律位生成過程中，大三度的生律只相當於一種附加在五度相生鏈基礎上的，將三分損益相生十二律的過程予以簡捷化處理的生律方式。這種非主體的大三度生律方式並不具備以「三」而成「十二」的主體功能，即，僅以大三度生律的「三」無法「紀」出六律六呂形態的十二律結構。與此同時，

對於曾侯乙編鐘的十二律來說，三個律只是它的四分之一，因此倘若「紀之以三」中的「三」是指大三度生律方式中的三個律的話，那麼用一個「三律」來獲得十二律的可能性就不存在，因為要用四個「三律」纔能「紀」出十二律。這就表明，大三度生律方式或是其三律（以 A 表示）並不是六律六間（呂）十二律（以 B 表示）的形成之因，它與六律六間（呂）十二律之間沒有因果聯繫，所以，以「三」生成「十二」的「三」（以 C 表示）就無法指向曾侯乙編鐘的大三度生律方式或是與其對應的三個律。用定理表示就是：如果 A 的行為不能產生 B，但 C 的行為產生 B，那麼，A≠C。伶州鳩之言第二分句中的「平」是動詞，為「平分，均等」之意；「六」是介詞「以」的賓語，指律呂的六個數目，即《淮南子・天文訓》「律之數六，分為雌雄，故曰十二鐘」中的陰陽各六的六之數。因而我們可以在上文將伶州鳩的「平之以六」直譯為「用六平十二律」的基礎上進一步擴大解讀為「用六來平分六律六呂十二律」。那麼如何「用六來平分六律六呂十二律」呢？即伶州鳩怎樣實施「平之以六」呢？其實，「用六來平分六律六呂十二律」的這一解讀也已暗含了對該問題的回答。這是因為，由於用六之數來平分的對象是六律六呂十二律，這六律六呂十二律又是由三分損益法的損一下生和益一上生的嚴格交替方式而生成，而三分損益法的損一下生和益一上生的嚴格交替就是一種將十二律平分為陰陽各六律的生律方式，因此說，「平之以六」就是三分損益法的這一陰陽二分生律方式的相生體現。

下生與上生的「平之以六」生律圖

就這樣，既然：三分損益法的損益交替方式的生律就是一種將十二律平分成以單雙數二分的、兩個六律的過程；三分損益法的損益交替方式所生成的十二律就是一種以單雙數二分的、被稱為六律六呂形態的十二律結構樣式；以三分損益法為基礎的曾侯乙編鐘生律方式方法所生成的十二律就是六律六呂形態的十二律結構樣式；而且，以曾侯乙編鐘大三度生律方式及其三律則無法生成六律六呂形態的十二律結構樣式；非四五度相生關係的生律方式方法也都不能生成六律六呂形態的十二律結構樣式；那麼，在確認伶州鳩所言「之」是指十二律以及其十二律是六律六呂形態的十二律結構樣式之後，其

「紀之以三，平之以六，成於十二」的三個分句及整體之義與三分損益法的關係也就彰明較著了。這是說，「紀之以三」的直接解讀是「用三產生（六律六呂）十二律」，其所含之意是指用「置一得三」的三分損益法則來產生六律六呂十二律；「平之以六」的直接解讀是「用六平分（六律六呂）十二律」，其所含之意是指用生成單雙數二分的兩組六律的損益嚴格交替生律方式來平分六律六呂十二律；而「成於十二」的直接解讀是「由十二構成（六律六呂）十二律」，其所含之意是指單雙數二分的兩個六之數律呂一旦求出，十二之數的六律六間（呂）十二律也就得以明確，得以成立，故曰「成於十二」。可見這「紀之以三，平之以六，成於十二」之句，是樂官州鳩在向周景王詳細介紹六律六間（呂）十二律的律名、形態結構以及它們所具有的功能作用等知識之前，先分別從生律法則、生律方式和生律結果這三個方面，對該十二律是如何產生的問題，所進行的一番提綱挈領式的簡述。總之，確定伶州鳩所言十二律是六律六呂形態的這一認識極其關鍵，因為我們知道，不同的生律方式方法會產生不同的二分十二律的形態結構，而如能符合這一以陰陽二分而成的六律六呂十二律形態結構的注釋、闡釋之義，應該就是伶州鳩之言的原意，是真正的解；反之，則就是與伶州鳩之言無關的、後人自創套路的「迷蹤拳」。這是兩千多年前伶州鳩就已告訴我們的、對從古至今種種闡釋其言之說是否成立的一個檢驗標準、一塊試金石。

　　○黃大同曰（《「紀之以三，平之以六，成於十二」釋義》，《文化藝術研究》2009 年第 5 期）：「紀之以三，平之以六，成於十二」的直接解讀是：「用三之數產生十二律，用六之數平分十二律，由十二之數構成十二律」。所含之義是：「用三分損益法來產生六律六呂十二律，用生成單雙數二分的兩組六律的損益嚴格交替生律方式來平分六律六呂十二律，六律六間（呂）十二律就由這以單雙數二分的兩組六律形態的十二個律呂來構成」。此句是樂官州鳩在向周景王詳細介紹六律六間（呂）十二律的律名、形態結構以及它們所具有的功能作用等知識之前，先分別從生律法則、生律方式和生律結果這三個角度，對該十二律實如何形成的問題，所進行的一番提綱挈領式的簡述。

　　○萬青案：陳其射《中國古代樂律學概論》梳理了對這一問題認識的三種不同見解，贊同程貞一所提出的「以三個律為單位記錄鐘律，以六個律為單位平分鐘律，鐘律的個數為十二個」的觀點，認為程氏之說「是完全站在鐘律的立場上所作的解釋，比較符合原文論鐘律的總體意思」。（詳見陳氏《中

國古代樂律學概論》，頁 263～264）黃翔鵬云：「州鳩按十二律次序分單數、雙數排列，後世把其中單數各律乘為六陽律；雙數各律稱為六陰呂（伶州鳩稱為『六間』）。如圖。」（《黃翔鵬文存》，頁 1134）其圖如下：

王洪軍《鐘律研究》也總結了三種意見並提出己說，而王友華《「紀之以三，平之以六，成於十二」詳解》（《天津音樂學院學報》2008 年第 4 期）、黃大同《「紀之以三，平之以六，成於十二」釋義》（《文化藝術研究》2009 年第 5 期）都是在總結古今各家的基礎上進行嚴密論證提出的結論，後者更為綜合，故引述如上。孫克仲對此前的說法進行了梳理總結，認為對「紀之以三，平之以六，成於十二」的解讀一共分五類：（1）三分損益律的演繹，如韋昭、楊蔭瀏、夏野、劉再生、黃大同等人之說，謂這些說法受「漢儒穿鑿的影響」，把「紀之以三，平之以六，成於十二」解讀為三分損益法的運用是誤解；（2）在三律之間插入三律，再插入六律成十二的構建，如王光祈、陳其翔、陸志華等人之說；（3）這類解讀涉及被曾侯乙編鐘鐘銘和鐘律揭示的顧曾樂律格局，以牛龍菲、武華李以主；（4）管法的運作，以李純一為主；（5）持慎重態度，以鄭祖襄為主。（《先秦樂律考拾》，頁 94～97）

天之道也。

【集解】

○韋昭曰（《國語》卷三，頁二〇）：天之大數不過十二。〖校勘〗○萬青案：姜恩本注作「三，三才也。六，六律也。十二，謂律呂也。天之大數不過十二」，是合三處注為一處。

○陳瑑曰（《國語翼解》卷二，頁二〇～二一）：數不過十二，故甲乙之干十，寅卯之枝十二，地以承天也。《漢志》：「歲中十二，以三統乘四時。」《周官‧馮相氏》「十有二歲」、「十有二月」，皆其義也。

○顧頡剛曰（《顧頡剛讀書筆記》卷三，頁三七二）：此可與《左傳》「夫天之大數不過十二」對看。

○黃永堂曰（《國語全譯》，頁一四二）：道，規律，準則。天之道也，天

的規律。

　　○萬青案：《晉書・律曆志》即引「紀之以三，平之以六，成於十二，天之道也」。《潛夫論・班祿第十五》云：「制禮上物，不過十二，天之道也。」恐即據《國語》本文。

　　夫六，中之色也，故名之曰黃鍾，

【音義】

　　○沈鎔曰（《國語詳注》第三，頁一○）：夫，平聲。

【匯校】

　　○牟庭曰（國家圖書館藏校注本）：六，當作「黃」。韋本誤作「六」，故注詞費而不明。昭十二年《傳》曰：「黃，中之色也。」據改正。

　　○萬青案：正學本「名」下脫「之」字。六，集賢殿校本誤作「中」。

【集解】

　　○鄭玄曰（阮刻本《十三經注疏》，頁一三八三）：黃鍾者，律之始也。九寸。仲冬氣至，則黃鍾之律應。〖校勘〗○萬青案：引鄭玄注出鄭玄《禮記・月令》「律中黃鐘，其數六」注，下引鄭玄亦出鄭玄《月令注》。

　　○韋昭曰（《國語》卷三，頁二○）：十一月曰黃鍾〔1〕，乾初九也。六者，天地之中。天有六氣，降生五味。天有六田〔2〕，地有五子，十一〔3〕而天地畢矣。而六為中，故六律、六呂而成天道。黃鍾初九，六律之首，故以六律正色為黃鍾之名，重元正始之義也〔4〕。黃鍾，陽之變也，管長九寸，徑三分，圍九分，律長九寸，因而九之，九九八十一，故黃鍾之數立焉，為宮法云：九寸之一〔5〕得林鍾初六，六呂〔6〕之首，陰之變，管長六寸。六月之律，坤之始也〔7〕，故九六，陰陽、夫婦、子母之道。是以初九為黃鍾。黃，中之色也。鍾之〔8〕言陽氣鍾聚〔9〕於下也。〖校勘1〗○陳樹華曰（《春秋外傳考正》卷三，頁一四）：宋本無「曰」字，下同，當仍之。○汪遠孫曰（《國語明道本考異》卷一，頁二○）：「月」下，公序本有「曰」字，下注同。○萬青案：姜恩本注簡省作「十一月黃鍾，乾初九也。黃鍾，陽之變也，管長九寸，徑三分，圍九分，律長九寸，因而九之，九九八十一，故黃鍾之數立焉，為宮法云：九寸之一得林鍾初六，六呂之首，陰之變，管長六寸。六月律之始也，故九六，陰陽、夫婦、子母之道。是以初九為黃鍾。黃，中之色也。鍾言陽氣聚也」。黃刊明道本及其覆刻本、上善堂本、寶善堂本、吳曾祺本等無

「曰」字，下同。陳奐已校出黃刊明道本與許宗魯本、金李本之異。集賢殿校本、徐元誥本則有，或據公序本增。就釋文的規整性而言，當以有「曰」字為是。《樂書要錄》卷六、《玉海》卷六、明邢雲路《古今律曆考》卷九引有「曰」字，《儀禮經傳通解》卷十三、《文獻通考》卷一三二引注則無「曰」字，恐亦各據所本。當然，《文獻通考》實即錄《儀禮經傳通解》之文，二書所引自當一致。又《太平御覽》卷十六引注無「十一月曰黃鐘，乾初九也」一句。〖校勘2〗○惠棟曰（南京圖書館藏丁丙舊藏配補本）：《御覽》作「六甲」，宋本同。坊本「甲」誤作「毌」。○陳樹華曰（《春秋外傳考正》卷三，頁一四）：宋本、許本「母」作「甲」，元本、弘治本作「田」，此傳寫有毫釐之差，遂以意誤會。嘉靖本已下均未誤。此又勝於舊本處。○陳奐曰（國家圖書館藏陳奐校跋本）：六甲，金作「六母」。○萬青案：集賢殿校本、許宗魯本、薈要本、文淵閣本、文津閣本、黃刊明道本及其覆刻本、上善堂本、董增齡本、寶善堂本、吳曾祺本、徐元誥本等作「甲」。作「田」者當為「甲」字之誤。金李本、叢刊本、張一鯤本、李克家本、綠蔭堂本、鄭以厚本、二乙堂本、陳仁錫本、詩禮堂本、道春點本、千葉玄之本、冢田本、沈鎔本等字作「母」。秦鼎本、高木本作「日有六甲，辰有五子」。秦鼎本唯引杜預注、孟康注明「六氣」、「六甲」、「五子」，未言改字作「日」、「辰」之由，實本《漢書·律曆志》。董增齡即引《太玄經》與《漢書·律曆志》以疏證韋注。然本書上下原本語義順暢、語氣貫通，而秦鼎擅以他書改本書文字，恐亦失之武斷。審《樂書要錄》、《太平御覽》、《通典》、《儀禮經傳通解》、《文獻通考》、秦蕙田《五禮通考》等書俱引作「甲」。〖校勘3〗○萬青案：「十一」之「一」，綠蔭堂本誤作「二」。〖校勘4〗○萬青案：黃刊明道本及其覆刻本、上善堂本、寶善堂本、吳曾祺本、沈鎔本、徐元誥本等「六律正色」上無「以」字。陳奐已校出黃刊明道本與許宗魯本、金李本之異。有「以」字語義關係更為明確。審《樂書要錄》、《儀禮經傳通解》、《文獻通考》引有「以」字。又徐元誥《集解》「重元」誤作「重九」。《御覽》引注文至「而成天道」且「天道」下有「也」字，下則不復引。〖校勘5〗○關脩齡曰（《國語略說》第一，頁二八）：九寸之一，乃「九分之六」譌。○李慈銘曰（《越縵堂讀書簡端記》，頁一〇）：項氏名達曰：「『九寸之一』句誤，應云『黃鍾九分之六』。」○萬青案：此亦李慈銘襲用汪遠孫《發正》之說而不出注，徑用項名達云云者。李克家本、鄭以厚本、詩禮堂本之孔傳鐸本、薈要本、文淵閣本、文津閣本、沈鎔本、徐元誥本等

「九寸之一」即作「九分之六」，二乙堂本、陳仁錫本、道春點本、千葉玄之本、冢田本、秦鼎本、高木本等「一」作「六」。審《儀禮經傳通解》、《文獻通考》、明倪復《鍾律通考》卷六、《五禮通考》等引注作「九寸之一」。孔廣栻《國語解訂譌》云：「元本『九寸之一』。」是其所據元本與宋刻宋元遞修本同。明及早期《國語》本子中既然有「九分之六」的異文，說明當時的人們即對此一記載有異議。當然，也或者是這些本子所參據《國語》之本本來就作「九分之六」，後經改易，「分」而為「寸」，「六」而為「一」。又根據三分損益法而言，黃鍾之三分弦律為九，林鍾之三分弦律為六，則黃鍾九分之六自得林鍾。故項名達以「九寸之一」為「九分之六」之誤，見下文汪遠孫所引。又陳仁錫本「焉」字作「而」，作「而」則與「宮法」不能斷開。〖校勘 6〗○萬青案：呂，詩禮堂本誤作「律」。冢田本、秦鼎本、高木本「六呂」上重「林鍾初六」。可見日本刊本中的重「林鍾初六」是從冢田虎《增注國語》開始的。〖校勘 7〗○汪遠孫曰（《國語明道本考異》卷一，頁二〇）：「律」上有「之」字，「律」下有「坤」字。○李慈銘曰（《越縵堂讀書簡端記》，頁一一）：「六月律之始也」，宋公序本作「六月之律坤之始也」，此脫二字。○萬青案：黃刊明道本及其覆刻本、上善堂本、寶善堂本、吳曾祺本等無「之律」之「之」與「坤」字。陳奐已校出黃刊明道本與許宗魯本、金李本之異。沈鎔本、徐元誥本從公序本增。《儀禮經傳通解》引注有「之」、「坤」二字。〖校勘 8〗○萬青案：集賢殿校本、黃刊明道本及其覆刻本、上善堂本、寶善堂本、吳曾祺本、徐元誥本等「言陽」上無「之」字，沈鎔《詳注》則有。陳奐已校出黃刊明道本與許宗魯本、金李本之異。《儀禮經傳通解》、《文獻通考》引注亦有「之」字。〖校勘 9〗○汪遠孫曰（《國語明道本考異》卷一，頁二〇）：公序本作「鍾聚」。○萬青案：黃刊明道本及其覆刻本、上善堂本、寶善堂本、吳曾祺本、沈鎔本等作「聚鍾」。陳奐已校出黃刊明道本與許宗魯本、金李本之異。徐元誥《集解》則從公序本作「鍾聚」。《樂書要錄》、《儀禮經傳通解》、《文獻通考》引作「鍾聚」。類似的結構即「鍾＋V」復合動詞有「鍾萃」、「鍾愛」、「鍾憐」、「鍾念」等。「鍾聚」為狀中結構，「如鍾之聚」，更符合文義語境，當以「鍾聚」為是。審今《漢語大詞典》收錄「鍾聚」詞條而無「聚鍾」。

　　○宋庠曰（《國語補音》卷一，頁二六）：重元，直隴反。〖校勘〗○萬青案：《補音》「重」字音注 17 見，皆音「直隴」。

　　○朱熹曰（《儀禮經傳通解》卷一三，頁二一）：六字之義，注雖粗通，然

似亦太牽合矣。下章《漢志》正作「黃」字，而其它說亦多出此。疑此「六」字本是「黃」字，劉歆時尚未誤，至韋昭作注時乃滅其上之半而為六耳。又法云「九寸之一」亦疑有誤，當是去其三分之一。〖校勘〗○萬青案：這是朱熹《儀禮經傳通解》引韋注之後所加案語。有兩點：1.認為正文「六」字是「黃」字的壞字；2.注文「九寸之一」不當。恩田仲任引述朱說而又有所發揮，見下文。

　　○王懋竑曰（《讀書記疑・國語存校》，頁三）：注：「管長九寸。」又云：「律長九寸。」管定其體，律紀其數也。注云「九寸之一」，「一」當作「二」。黃鍾下生林鍾，得六寸，是三分九寸而取其二，故云「九寸之二」。

　　○渡邊操曰（《國語解刪補》卷上，頁一七～一八）：自此已下注，律呂以管長與律長分而為二，何謂？曰管長者，今以截竹所作管而言律長者，以黃鍾已下隔八相生，上生下生三分損益之法，所為竿而言，譬如姑洗，管長七寸一分，律長七寸九分之一，管與律不同，作管者隨其行形，而試吹之以協聲，但不能如竿法究數之精微也，故已下所謂管與律長短不同。又注中法云九寸之六，今按「寸」當作「分」。黃鍾九寸，九分之得六，是為林鍾，其法總損三分之一。益三分之一者，損法二因三歸，益法四因三歸。操嘗以為大呂四寸二分一釐三毫有奇，倍之，八寸二百單三分寸之一百單四。夾鍾，三寸七分四釐五毫有奇，倍之，七寸二千一百八十七分寸之一千單七十五。中呂，三寸三分二釐九毫有奇，倍之，六寸一萬九千六百八十三分寸之一萬二千九百七十四。以隔八相生之法言之，則蕤賓下生大呂，夷則下生夾鍾，無射下生仲呂，故此三律皆短矣。十二律黃鍾為極長，應鍾為極短。而自黃鍾至應鍾漸漸短，大呂次黃鍾，則當長於大蔟，而卻短於應鍾也。夾鍾、中呂亦然。今以此三律倍本數，大呂為八寸餘，夾鍾為七寸餘，中呂為六寸餘，則十二管次序長短相符，是謂倍律。《周禮・大師》注、《禮記・月令》注皆以倍律記之，然以倍律，則蕤賓、夷則、無射生大呂、夾鍾、中呂，俱非下生，可曰上生。至此三分損益之法毀矣。操以此問春臺先生，先生答曰：「先儒亦曾疑之，善哉問焉！先輩未有斷之者，竊以為其所謂三分損益籌術之法，推測理數而建焉，然未聞有實用也。唯夫截管者，先定黃鍾宮而後推是已下，漸漸至於短管也。如此而調聲律，聲律之協與否，復必用六八合竹吹之，以定聲律和諧否也。若夫古來書籍記律管寸法，亦其大略也。豈如後世籌術所臆斷邪？竹之肥瘦、肉之厚薄，空圍圓橢有毫髮之差，則聲調清濁高下，過誤

不尟矣。故云聲音之道甚精微也。今韋昭《國語》注兼取減律、倍律，則欲兩得之。齊女兩祖大可笑。」操嘗聞之春臺先生，故今錄於茲。愚未識律法之精微，猶俟達觀之士而正焉。

〇朱亦棟曰（《群書札記》卷一，頁四）：韋昭《國語》注云：十一月曰黃鐘，乾初九也。正月曰太簇，乾九二也。三月曰姑洗，乾九三也。五月曰蕤賓，乾九四也。七月曰夷則，乾九五也。九月曰無射，乾上九也。十二月曰大呂，坤六四也。二月曰夾鐘，坤六五也。四月曰仲呂，坤上六也。六月曰林鐘，坤初六也。八月曰南呂，坤六二也。十月曰應鐘，坤六三也。考鄭氏《周易爻辰圖》：子，乾初九，律中黃鐘；丑，坤六四，律中大呂；寅，乾九二，律中太簇；卯，坤六五，律中夾鐘；辰，乾九三，律中姑洗；巳，坤上六，律中仲呂；午，乾九四，律中蕤賓；未，坤初六，律中林鐘；申，乾九五，律中夷則；酉，坤六二，律中南呂；戌，乾上九，律中無射；亥，坤六三，律中應鐘。與《國語》所說正同。《周易乾鑿度》曰：乾陽坤陰也，並治而交錯行。乾貞於十一月子，左行，陽時六。坤貞於六月未，右行，陰時六，以奉順成其歲。鄭注云：「貞，正也。初爻以此為正，次爻左右者各從此數之。」又曰：「陽卦以其辰為貞，丑與左行，間辰而治六辰。陰卦與陽卦同位者退一辰以為貞，其爻右行，間辰而治六辰。」案《乾鑿度》所謂「退一辰」者其說尚欠明白，實則陽數用奇，陰數用偶，故乾以一陽而起子，坤以二陰而起未也。

〇關脩齡曰（《國語略說》第一，頁二七）：朱仲晦云：「『六』字疑本是『黃』字，乃減其上之半而為六耳。」愚按：《漢・律曆志》見作「黃」字，宜從朱說。

〇千葉玄之曰（《韋注國語》卷三，頁二八～二九）：本文並注「黃鍾」之「鍾」誤，當作「鐘」。「名之曰黃鐘」注「管長九寸徑三分」，渡邊氏曰：自此已下注，律呂以管長與律長分而為二，何謂？曰：管長者，今以截竹所作管而言律長者，以黃鐘已下隔八相生，上生下，三分損益之法，所為筭而言。譬如姑洗，管長七寸一分，律長七寸九分之一。管與律不同，作管者隨其竹形而試吹之以協聲，但不能如筭法究數之精微也。故已下所謂管與律長短不同。又注中法云九寸之六。今按：「寸」當作「分」。黃鐘九寸一百八十分寸之一千單七十五。

〇戶崎允明曰（《國語考》）：天始於一，立於三，我以三，乃謂天之道也，非謂天地人也，無從和聽之弗及，比之不度，非樂也。天不可偏成，故處地成

德，聲有細大。大，陽也，天也。細，陰也，地也。細大相合為和，和從平，古之神瞽考大聲之中為宮，考細聲之中為羽，是中聲也。於是乎八音克諧、德音不愆也。一而三之，三也；三而二之，六也；三而三之，九也；三而四之，十二也。此以三紀之也。六與十二、二與四，皆地數也。陰陽相扶助，律呂相和，聲之細大得中，此天得地平也。聲以和樂，律以平聲，細大不踰，曰平之以六也。一、三、九，皆天數，故下曰「六氣九德」也，又曰「六，中之色也」。《易》爻，黃裳、黃牛，取之於中，中於樂謂中聲。於《易》謂二五，即此也。又「色」字為「數」字，則樂始於三，小成於六，大成於十二，是「六，中之數也」。故以為誤寫。

〇皆川淇園曰（日本京都大學圖書館藏皆川淇園批校本）：言六之平之者，有以成其中和之形色，故曰「六，中之色」也。《律書》：廣莫風居北方。廣莫者，言陽氣在下，陰莫陽廣大也，故曰廣莫。

〇冢田虎曰（《增注國語》卷三，頁三〇）：六，天六地五，十一之中。配色則中色。中色，黃也。故曰「六，中之色也」。本注「九寸之六」當為「九分之六」。律呂之數，三分所生，益之一分以上生；三分所生，去其一分以下生。黃鐘之律九寸，九分之六而生林鐘之律六寸，是去三分之一，以下生也。本注「為宮」二字似衍。

〇董增齡曰（《國語正義》卷三，頁五〇～五一）：《漢書·律曆志》：「黃鐘：黃者，中之色，君之服也。鐘者，種也……地之中數六。六為律，律有形有色，色上黃，五色莫盛焉。故陽氣施種于黃泉，孳萌萬物為六氣元也，以黃色名元氣。律者，著宮聲也。」案：《易》曰：「天玄而地黃。」坤數六，故言黃中而順承天道也。《淮南·天文訓》：「帝張四維，運之以斗……指子，子者，茲也。律受黃鐘。黃鐘者，鐘已黃也。」《時則訓》高注：「黃鐘者，陽氣聚于下，陰氣盛于上，萬物黃萌于地中，故曰黃鐘也。」《史記·律書》：「東至于須女，言萬物變動其所，陰氣陽氣未相離，尚相胥如也，故曰須女也。十一月也，律中黃鐘。黃鐘者，陽氣踵黃泉而出也。其於十二子為子。子者，滋也。滋者，言萬物滋于下也，其於十母為壬、癸。壬之為言任也，言陽氣任養于下也。癸之為言揆也，言萬物可揆度，故曰癸。」案：《漢書·律曆志》：「三統合于一元，故因元一而九三之以為法，十一三之以為實。實如法得一。」黃鐘，律之首，故言初九也。「六者，天地之中」者，班固謂：「五六者，天地之中合，而民所受以生也。」孟康注：「天陽數奇，一、三、五、七、九，五在

其中；地陰數耦，二、四、六、八、十，六在其中。故曰天地之中。」合此
《傳》，單言六者，因天五地六，合為十一，而十一數之內，又以六介居多寡、
前後之中也。「天有六氣，降生五味」者，昭元年《傳》孔《疏》引晚出孔安
國《書傳》曰：「鹹，水鹵所生也。苦，焦氣之味也。酸，木實之性也。辛，
金之氣味也。甘，味生于百穀也。」是五味為五行之味也。以五者並行天地
之間，故《洛書》謂之五行。物皆有本，本自天來，故言五者，皆由陰、陽、
風、雨而生也。是陰、陽、風、雨、晦、明合雜，共生五味。若先儒以為雨為
木味，風為土味，晦為水味，明為火味，陽為金味，而陰氣屬天，不為五味之
生。此杜所不用也。」「天有六甲，地有五子」者，揚子《太玄》曰：「巡乘六
甲，與斗相逢。」《漢書·律曆志》「日有六甲，辰有五子」孟康注：「六甲之
中，惟甲寅無子，故有五子。」班《志》又言：「十一而天地之道畢。」宏嗣
以六甲言天、以五子言地者，日為陽、辰為陰也。《漢書·律曆志》「黃鍾，律
之首，陽之變也。因而六之，以九為法，得黃鍾」孟康注：「以六乘黃鍾之九，
得五十四。」班《志》又言：「初六，呂之首，陰之變也。皆參天兩地法也。」
孟康注：「三三而九，二三而六，參兩之義也。」班《志》又言：「上生六而倍
之，下生六而損之，皆以九為法。九、六，陰陽、夫婦、子母之道也。律娶妻
而呂生子，天地之情也。六律六呂而十二辰立矣。五聲清濁而十日行矣。」如
滔謂：「黃鍾生林鍾。」為律娶妻。「林鍾生太蔟」為呂生子。孟康謂：「異類
為子母，黃鍾生林鍾也；同類為夫婦，黃鍾以大呂為妻也。」案：韋解即用班
《志》之義。《淮南·天文訓》：「斗指子則冬至，音比黃鍾。」高注：「黃鍾，
十一月也。鍾者，聚也。陽氣聚于黃泉之下也。」《天文訓》又言：「陰氣極，
則北至北極，下至黃泉，故不可以鑿地穿井。萬物閉藏，蟄蟲首穴。」此即鍾
聚之義也。

　　○恩田仲任曰（《國語備考》）：朱晦菴曰：「六字本只是黃字闕卻上面一
截，韋昭便就這六字上解，謂『六聲，天地之中六者』，天地之中自是數于色
甚事。」按《漢書·律曆志》曰：「黃者，中之色也，君之服也。鐘者，種也。」
王弼注《易》云：「黃者，中之色也。」乃知晦菴之說有所據也。

　　○汪遠孫曰（《國語發正》卷三，頁一五～一六）：《白虎通義·五行篇》：
「十一月律謂之黃鍾何？黃者，中和之色。鍾者，動也，言陽氣動於黃泉之
下，動養萬物也。」項氏名達曰：「黃鍾圍徑應辨者有二：一圍與空圍異。
圍，圓周也。空圍乃圍中空處，所容方分圓面也。鄭康成《月令》注曰：『黃

鍾九寸。』又曰：『凡律空圍九分。』蔡邕《銅龠銘》曰：『龠，黃鍾之官，長九寸，空圍九分，容秬黍千二百粒。』班《志》曰：『八百一十分，黃鍾之實。』是所謂九分者，指空圍言，非指圍也。惟為空圍，故以長九寸乘之，得八百十分為黃鍾之實。若以長乘圍所得，乃皮積，不得名為實矣。一徑三圍九，乃古率約署之數，不可以定律管。宋胡瑗、蔡元定定徑三分四釐六豪，圍十分八釐六豪，失之。太嬴劉宋祖沖之定徑三分三釐八豪四絲四忽，圍十分六釐三豪六絲六忽，近矣，而猶未密。今用密律求得黃鍾圍徑數，應云：『管長九寸徑三分三釐八豪五絲一忽，圍十分六釐三豪四絲七忽，空圍九分，因而九之，九九得八百十一十分，黃鍾之數立焉。』又《解》中『九寸之一』句誤，應云：『黃鍾九分之六。』」

○陳瑑曰（《國語翼解》卷二，頁二一）：《漢書·天文志》云：「初九，律之首，陽之變也，因而六之，以九為法，得林鍾。初六，呂之首，陰之變。皆參天兩地之法也。」孟康曰：「三三而九，二三而六，參兩之義也。」

○高木熊三郎曰（《標註國語定本》卷三，頁二二）：黃鍾允正，是天下之中聲矣。非黃鍾外別有中聲。然中聲者，未定律時之名矣。是以考中聲云，不拘于黃鍾者，蓋未黃鍾之名故耳。若泛稱中和，則十二律各自有中和，非一定之中，不可以解此文。六，中之色也。按：「六」當作「黃」。

○徐元誥曰（《國語集解》卷三，頁二七）：《禮記·月令篇》鄭注亦云：「凡律，空圍九分。」

○李槐子曰（《上古造律之研究：關注「律所以立均出度也」》，《西北民族大學學報》2015 年第 2 期，頁 159～172）：這是針對「成於十二譜序」說的。在譜序裏，第六律位於黃鍾。《呂氏春秋》亦有「律中黃鍾，其數六」一說。此六，在命名其為黃鍾之前叫做「中聲」。按照五行學說，東西南北中之「中」的屬配顏色為黃。智慧的古人先在中字之前加上一個它的五色屬性「黃」與之並列。進而，以當時對音律的標準保存方式是鑄鍾，以諧音字「鍾」遮住「中」字，形成有聲有色的「黃鍾」之名。

○萬青案：沈鎔《詳注》對於黃鍾的圍徑數，注從汪遠孫《發正》所徵引項名達用密律求之者。徐元誥《集解》引《禮記·月令》孔疏、《白虎通義·五行篇》以及項名達之說。陳其射在《中國音樂學探微》中依據沈知白根據管口校正方法根據三分損益法計算所得的黃鍾「聽聲截竹後的管長」為 8.86 寸，韋昭云九寸，而項名達云 9.33851 寸。這裏面大約有方法以及量度標準的

問題。朱載堉就說過「黃鍾無所改，而尺有不同」的話，可謂通達見解。

　　所以宣養六氣、九德也。

【匯校】

　　○萬青案：九，《百家類纂》本誤作「之」。

【集解】

　　○韋昭曰（《國語》卷三，頁二○）：宣，徧也。六氣，陰、陽、風、雨、晦、明也。九德，九功之德，水、火、金、木、土、穀、正德、利用、厚生也。十一月陽伏於下，物始萌，於五聲為宮，含元處中，所以徧養六氣、九德之本。〖校勘〗○萬青案：顧校明本、正學本「含」字誤作「上」。姜恩本注簡省作「六氣，陰、陽、風、雨、晦、明也。九德，水、火、金、木、土、穀、正德、利用、厚生也」。黃刊明道本及其覆刻本、上善堂本、寶善堂本、吳曾祺本、沈鎔本、徐元誥本「厚生」下無「也」字。陳奐已校出黃刊明道本與許宗魯本、金李本之異。又集賢殿校本、黃刊明道本及其覆刻本、上善堂本、寶善堂本、吳曾祺本、沈鎔本、徐元誥本等「九德之本」下有「也」字。陳奐已校出黃刊明道本與許宗魯本、金李本之異。《儀禮經傳通解》、《文獻通考》引與明道本同。《御覽》卷十六引注「正德」之「正」作「政」，「厚生」下有「之者也」三字，之下的注文則不引。張一鯤本、李克家本、綠蔭堂本、鄭以厚本、道春點本、千葉玄之本、冢田本、秦鼎本、高木本等此處有「處」字音注「敞呂切」，或本《洪武正韻》等增。

　　○《禮記疏》引注曰：十一月建子，陽氣在中。六氣，陰、陽、風、雨、晦、明；九德，金、木、水、火、土、穀、正德、利用、厚生。作事宣徧。黃鍾象氣伏地物始萌，所以徧養六氣九功之德。〖校勘〗○張以仁曰（《張以仁先秦史論集》，頁二一五）：韋注與此義同而文異。此不知何人之注，然是《國語》舊注無疑。馬、蔣未收。王以入唐固注附錄云：「案《國語》下文『二曰太蔟，所以金奏贊陽出滯也』，《禮正義》引賈、唐云，太蔟正聲為商，故為金奏，所以助陽出滯物也。據此則下文所引注皆賈、唐注可知。」○萬青案：此既出《禮記疏》，故附諸韋注之後以備參校。

　　○《舊音》曰（《國語補音》卷一，頁二六）：宣徧，古「遍」字。《補音》：今按用此「徧」字，得文之正。從「遍」者訛俗。下注同。〖校勘〗○陳樹華曰（《國語補音訂誤》）：「宣」上脫「注」字。○萬青案：張一鯤本音注反切用

字多作「遍」字，很少有用「徧」字者。集賢殿校本、張一鯤本、李克家本、綠蔭堂本、鄭以厚本、道春點本、千葉玄之本、冢田本、秦鼎本、高木本等韋注之後不出「徧」字注文。此處《舊音》、《補音》主要在辨字，非注音，故張一鯤本等不錄。

　　○王懋竑曰（《讀書記疑・國語存校》，頁三）：凡解義處，都不可深求，注隨文釋之，未有確義。

　　○千葉玄之曰（《韋注國語》卷三，頁二九）：九德之事，見《尚書・大禹謨》。

　　○董增齡曰（《國語正義》卷三，頁五一）：《周官・大司樂》「九德之歌」鄭注：「《春秋傳》所謂水、火、金、木、土、穀，謂之六府；正德、利用、厚生，謂之三事。六府三事，謂之九功。九功之德皆可歌也，謂之九歌也。」東晉所出《尚書》孔《傳》：「養民之本在先修六府。正德以率下，利用以阜財，厚生以養民，三者和，所謂善政。六府三事之功有次第，皆可歌樂。」

　　○陳瑑曰（《國語翼解》卷二，頁二一）：十一月，陽氣動于黃泉，入地中八寸一分，故制為陽律之首候之，而其管長九寸，以九自乘之，得八十一，蓋由十月陽氣窮于地上，迨地面四寸十分，故以應鍾候之，而應鍾之數四十二，以四十二較八十一，不及者三十九。則此三十九者，減應鍾本律三分，為十一月。律氣應之，限其應鍾之四十二分，居十月、十一月之間，即陽氣從下而處也。蓋十一月之律八十一，減五為大呂，此陽氣之驟長也。自後，每月減四，至仲呂，則減三為蕤賓，所長微矣。自蕤賓以後，月減三分，至應鍾盈月，又減三分，而陽氣復萌矣。

　　○高木熊三郎曰（《標註國語定本》卷三，頁二三）：宣，暢也，揚也。謂宣導六氣而遵養九德也。六府三事九功之歌，起於舜禹之世也。上古聖人吹律作樂，豈能豫知之哉？夫傅會之言失理，往往如此。

　　○郭珂曰（《〈國語・周語〉律呂名義中的「德主刑輔」政治布局》，《河南師範大學學報》2008 年第 3 期，頁 143～146）：伶州鳩對黃鐘名義的釋說就是在暗示周景王，作為統治者應該用九功之德治理屬下，施惠於民，以敬天為目的，以保民為手段。以德為中心把上天的意志與民心銜接起來，民眾只有受到德政恩惠才會擁護統治階級。

　　○蕭旭曰（《群書校補》，頁九九）：宣，散布也。下文「所以宣三王之德也」。

○萬青案：徐元誥《集解》引《禮記・月令》疏。「宣」字，韋昭釋為「徧」，高木氏釋為「暢」，蕭旭釋為「散布」，「散布」與「徧」義相會。

由是第之，

【匯校】

○萬青案：第，許宗魯本作「弟」。

【集解】

○韋昭曰（《國語》卷三，頁二〇）：由，從也。第，次也，次奇月也。〖校勘〗○陳樹華曰（《春秋外傳考正》卷三，頁一四）：從宋本增「其」字。○汪遠孫曰（《國語明道本考異》卷一，頁二〇）：「奇月」，各本皆誤，《御覽》作「其日」。○萬青案：姜恩本本處無注文。《太平御覽》卷十六引注文「奇月」作「其日」。《儀禮經傳通解》、李克家本「奇」作「其」。下文注次月，分別為一、三、五、七、九、十一，故曰「次奇月」。《御覽》「其日」、《儀禮經傳通解》、李克家本「其」字誤。

○皆川淇園曰（日本京都大學圖書館藏皆川淇園批校本）：願按：由是第之者，言已下十一律呂之所命名並皆由是，宣養六氣、九德之義以次第之也。

○李槐子曰（《上古造律之研究：關注「律所以立均出度也」》，《西北民族大學學報》2015 年第 2 期，頁 159～172）：「是」，指黃鍾。

○萬青案：「由」為介詞。「第」為名詞次第，此處用作動詞。

二曰大蔟，

【音義】

○沈鎔曰（《國語詳注》第三，頁一〇）：音湊。

【匯校】

○萬青案：蔟，集賢殿校本、《百家類纂》本作「簇」，注及下文同。大，黃刊明道本及其覆刻本、上善堂本、董增齡本、寶善堂本、吳曾祺本、沈鎔本等作「太」，注同。《太平御覽》、《文獻通考》引字亦作「太」。

【集解】

○韋昭曰（《國語》卷三，頁二〇）：正月曰大蔟〔1〕，乾九二也。管長八寸。法云：九分之八〔2〕。大蔟，言陽氣，大蔟達於上也〔3〕。〖校勘1〗○萬青案：姜恩本、黃刊明道本及其覆刻本、上善堂本、寶善堂本、吳曾祺本等

無「曰」字。陳奐已校出黃刊明道本與許宗魯本、金李本之異。《儀禮經傳通解》、《文獻通考》引注亦無「曰」字且「上」字後無「也」字。集賢殿校本、徐元誥本則有「曰」字,當是從公序本增。〖校勘2〗○徐元誥曰(《國語集解》卷三,頁二七):此四字依項名達說改正。○萬青案:李慈銘直接引用項名達之說以為校。〖校勘3〗○萬青案:姜恩本「於」作「于」,無「也」字。

　　○王懋竑曰(《讀書記疑·國語存校》,頁三):注「法云九分之八」,此又一例。以黃鍾九寸言之,九分而取其八分也,故云「九分之八」。

　　○關脩齡曰(《國語略說》第一,頁二八):九分之八,是因黃鍾律謬矣。

　　○冢田虎曰(《增注國語》卷三,頁三〇):三分林鍾之律六寸,以上生大蔟之九二。三分大蔟之律八寸,以下生南呂六二,故南呂之律長五寸三分寸之一。本注「管長八寸」下脫「律長八寸」四字。「法云九分之八」下脫「得南呂六二」五字與?

　　○秦鼎曰(《國語定本》卷三,頁二二～二三):「大蔟」注脫「律長八寸」四字,下文「大呂」注亦脫「律長」二字。《白虎通》:「蔟,湊也。」

　　○董增齡曰(《國語正義》卷三,頁五一):《周禮·大師》鄭注:「黃鍾之初九,下生林鍾之初六,林鍾又上生太蔟之九二。」《淮南·時則訓·孟春之月》「律中太蔟」高注:「陰衰陽發,萬物蔟地而生,故曰太蔟。」《天文訓》又云:「太蔟者,蔟而未出也。」黃鍾之管六寸而三分之,每分二寸。林鍾三分而益其一,則得八寸。故太蔟之管八寸。《史記·律書》:「日月南至於箕。箕者,言萬物根棋,故曰箕。正月也,律中泰蔟。泰蔟者,言萬物蔟生也,故曰泰蔟。其於十二子為寅。寅言萬物始生蠕然也。」《正義》引《白虎通義》:「泰者,大也。蔟者,湊也,言萬物始大湊地而出之也。」〖校勘〗○萬青案:《史記·律書》無「日月」二字,董增齡根據上文語境而增。又檢《史記正義》原文引作「白虎通」,無「義」字。

　　○汪遠孫曰(《國語發正》卷三,頁一六):《白虎通義》:「正月律謂之大蔟何?大亦大也,蔟者湊也,言萬物始大湊地而出也。」項氏名達曰:「九分指黃鍾言,應云黃鍾九分之八。」〖校勘〗○萬青案:王念孫《廣雅疏證》引《白虎通義》,以蔟、湊義通。

　　○吳曾祺曰(《國語韋解補正》卷三,頁九):《白虎通義》:太亦大也。蔟,湊也,言萬物始大湊地而出之也。

　　○萬青案:徐元誥據項名達說改易韋注本文。

所以金奏，贊陽出滯也。

【匯校】

○陳樹華曰（《春秋外傳考正》卷三，頁一四）：李善注《成公綏‧嘯賦》引「陽」作「揚」。

○孔廣栻曰（《國語解訂譌》）：《嘯賦》注「陽」作「揚」。

○萬青案：今檢《文選》之嘉靖元年（1522）金臺汪諒刊本、清胡克家本字則作「陽」，《四部叢刊》影宋本六臣注本、《四部叢刊》影宋本、日本京都大學藏重刊天聖明道本、慶長十二年活字本、寬永二年本引字則作「揚」，且慶長本、寬永本誤「所以」作「以所」則陳樹華所參《文選》本為《四部叢刊》影宋本之類。審《嘯賦》正文為「散滯積而播揚」，注文或因此而改「陽」為「揚」，恐非別有所據。

【集解】

○韋昭曰（《國語》卷三，頁二〇）：贊，佐也。賈、唐云：「大蔟正聲為商，故為金奏，所以佐陽發、出滯伏也。」[1]《明堂‧月令》曰：正月，蟄蟲始震[2]。〖校勘1〗○張以仁曰（《張以仁先秦史論集》，頁二一五）：《月令》疏引「商」上無「為」字，無「發」字，「伏」作「物」，汪氏以為疏所引皆賈注。又馬氏、蔣氏引此注下有「明堂月令曰正月蟄蟲始震」十一字（韋無「曰」字，馬、蔣二氏衍），王、逸、汪皆未錄。此蓋韋申述之詞（《月令》疏引無此文可證），當刪。又王誤倒「滯伏」為「伏滯」。○萬青案：姜恩本無「贊，佐也」、「賈、唐云」六字，又「滯伏」倒作「伏滯」。「大蔟」之「大」字，集賢殿校本誤作「天」。董增齡本「大蔟」作「太簇」。〖校勘2〗○萬青案：姜恩本無此十一字注文。集賢殿校本、黃刊明道本及其覆刻本、上善堂本、寶善堂本、吳曾祺本、沈鎔本、徐元誥本等「月令」下無「曰」字。陳奐已校出黃刊明道本與許宗魯本、金李本之異。今檢《儀禮經傳通解》引注文亦無「曰」字。又徐元誥《集解》誤脫「正月」二字。震，集賢殿校本作「振」，二字可通。顧校明本「蟲」作「䖝」。

○董增齡曰（《國語正義》卷三，頁五二）：朱子《琴律‧說太史公五聲數》曰：「九九八十一以為宮；三分去一，得五十四以為徵；三分益一，得七十二以為商……十二律數曰：黃鍾九寸為宮，林鍾六寸為徵，太簇八寸為商。」[1]《白虎通義》：「商者，張也，陰氣開張，陽氣始降也。商于五行為金。」《宋史‧律曆志》引《樂髓新經》曰：「商聲凝勁，明達上而下歸于

中，為臣，開口吐聲謂之商，音將倉倉然。太蔟數七十二，管長八寸，與金為符，故以商聲屬之也。」﹝2﹞《月令》鄭注：「《夏小正》：正月啟蟄，魚陟負冰。漢始亦以驚蟄為正月中。」孔《疏》謂：「正月中氣之時，蟄蟲得陽氣，初始振動，至二月乃大驚而出。」對二月，故曰「始震」也。〖校勘1〗○萬青案：朱子《琴律・說太史公五聲數》之言恐董氏直接引自《樂律表微》卷二。〖校勘2〗○萬青案：《樂髓新經》之言恐董氏直接引自《樂律表微》卷三。

○《國語考》曰（日本弘化二年寫本）：樗云：蔟之言奏也，故云金奏。

○趙望秦等曰（《白話國語》，頁一〇八）：金奏，太簇正聲為商，五音與五行相配，商配金。「奏」與「蔟」音近，所以說金奏。

○郭珂曰（《〈國語・周語〉律呂名義中的「德主刑輔」政治布局》，《河南師範大學學報》2008 年第 3 期，頁 143～146）：《國語》上文講過，周景王因鑄大錢已使國力衰微、民生凋敝。伶州鳩在此可能是想提醒景王認清現狀，不要再勞民傷財，應休養生息、充實國力才對。音樂作為上層建築不能脫離社會現實與經濟基礎孤立存在，樂器的鑄造也要合乎國力民情。

○楊英曰（《祈望和諧：周秦兩漢王朝祭禮的演進及其規律》，頁九六）：「律」是古人心目中最自然的、最標準的有條理軌跡。因此古代「立均出度」根據音律，具體操作則根據律管的長度，這跟單穆公表達的是一個意思。金石雅樂的「和」正是在樂器鑄造的基礎上，在實際演奏時運用旋宮轉調和各律相配達到「和」的。

○萬青案：「所以金奏贊陽出滯」，各家皆不斷開。從文義來看，「贊陽出滯」是其功能和效用，與「金奏」不同，故當斷開。

三曰姑洗，所以脩潔百物，考神納賓也。

【匯校】

○蕭旭曰（《群書校補》，頁九九）：修潔，《晉書・律曆志》作「羞絜」，《群書考索》卷 53 作「羞潔」。「羞」為借字，「絜」同「潔」。

○萬青案：此處「脩」字，吳勉學本、綠蔭堂本、道春點本、冢田本未改，道春點本、冢田本等注文則仍作「修」。薈要本「脩」作「修」，注同。從這一點上看，吳勉學本也不是依據張一鯤本刻的，而是根據張一鯤本的重刻本，是綠蔭堂本一類之本。

【集解】

○鄭玄曰（阮刻本《十三經注疏》，頁一三六三）：姑洗者，南呂之所生也。三分益一，律長七寸九分寸之一。季春氣至，則姑洗之律應。

○韋昭曰（《國語》卷三，頁二〇～二一）：三月曰姑洗〔1〕，乾九三也。管長七寸一分，律長七寸九分寸之一〔2〕。沽，潔也〔3〕。洗，濯也。考，合也。言陽氣養生，洗濯枯穢〔4〕，改柯易葉也。於正聲為角〔5〕。是月，百物脩潔，故用之宗廟，合致神人，用之享宴〔6〕，可以納賓也。〖校勘1〗○萬青案：姜恩本、黃刊明道本及其覆刻本、上善堂本、寶善堂本、吳曾祺本等無「曰」字。陳奐已校出黃刊明道本與許宗魯本、金李本之異。《儀禮經傳通解》引則無「曰」字。又上善堂本「三」誤作「二」。〖校勘2〗○徐元誥曰（《國語集解》卷三，頁二七）：此依項名達說改正。○萬青案：李慈銘直引項名達之說以為校。沈鎔本、徐元誥本依項名達說改韋注「管長七寸一分，律長七寸九分寸之一」為「管長七寸一分強，約為七寸九分之一」。《儀禮經傳通解》引注二「一」字作「壹」。〖校勘3〗○黃丕烈曰（《校刊明道本韋氏解國語札記》，頁五）：段云：此與正文「脩潔」無涉，正文「脩潔」乃釋「洗」字耳。丕烈案：韋下云：「洗濯姑穢。」以「姑穢」解「姑」字，「潔也」必誤，疑當作「姑，故也」，與《白虎通》同。○汪遠孫曰（《國語明道本考異》卷一，頁二〇）：「潔」，疑誤。○萬青案：沽，集賢殿校本誤作「枯」，顧校明本、許宗魯本、正學本、姜恩本、金李本、叢刊本、張一鯤本、李克家本、綠蔭堂本、鄭以厚本、二乙堂本、陳仁錫本、詩禮堂本、薈要本、文淵閣本、文津閣本、道春點本、千葉玄之本、冢田本、黃刊明道本及其覆刻本、上善堂本、董增齡本、寶善堂本、吳曾祺本、徐元誥本等作「姑」。秦鼎本、高木本從《札記》改注文作「姑，故也」。徐元誥《集解》「沽，潔也」作「姑，枯也」，則從俞樾之說直接改字。〖校勘4〗○黃丕烈曰（《校刊明道本韋氏解國語札記》，頁五～六）：別本作「故」，疑當作「故」。○汪遠孫曰（《國語明道本考異》卷一，頁二〇）：「姑」字誤，公序本作「枯」。○萬青案：姜恩本無「考合也」三字。枯，姜恩本、黃刊明道本及其覆刻本、寶善堂本等誤作「姑」。〖校勘5〗○萬青案：姜恩本注文唯錄至此處，此下文字則不錄。〖校勘6〗○汪遠孫曰（《國語明道本考異》卷一，頁二〇）：「鄉」即「饗」之字壞，公序本作「享」。○李慈銘曰（《越縵堂讀書簡端記》，頁一一）：「鄉」，公序本作「享」。案：「鄉」即「饗」字。○萬青案：黃刊明道本及其覆刻本、

上善堂本、寶善堂本、吳曾祺本等「享」作「鄉」。陳奐已校出黃刊明道本與許宗魯本、金李本之異。董增齡本改「宴」作「燕」。

○《禮記疏》引《國語》注曰：是月之物脩絜，故用之宗廟，致神納賓。〖校勘〗○張以仁曰（《張以仁先秦史論集》，頁二一六）：汪氏云：「之物當作百物。」韋注作「百物」。韋注義同而文小異。馬、黃、蔣皆未收。王入唐固注附錄。○萬青案：張以仁謂作「百物」者是，其說可從。

○關脩齡曰（《國語略說》第一，頁二八）：三分，林鍾益一，得八寸也。

○冢田虎曰（《增注國語》卷三，頁三○）：三分南呂六二，以上生姑洗九三，故姑洗之律，七寸九分寸之一。

○秦鼎曰（《國語定本》卷三，頁二三）：《札》：「姑，故也。」與《白虎通》同。管長、律長並舉異數，蓋管長以順八逆六，三分損益立筭，去奇零，求成數，是筭粗者。律長以生鐘分法立筭，所謂分母分子術者，是筭精者。律數家本有此二法，故並舉之。但他書所無。——永田翁云。姑洗、南呂，管長五寸三分，三分益一，得七寸六釐六毫有奇。此為七寸一分。姑洗長比于黃鐘八十一分之六十四也。用之乘除。黃鐘九寸，得七寸九分寸之一。九分寸之一即一分一釐一毫有奇也。

○董增齡曰（《國語正義》卷三，頁五二）：《周禮·太師》注：「南呂，又上生姑洗之九三。」賈《疏》：「南呂上生姑洗，三分益一，五寸取三寸，益一寸為四寸，又餘二寸為十八分，又以餘一分者……取二十七分為三十，添前四寸為七寸，餘一分在，是為姑洗之管長七寸九分寸之一。」《淮南·天文訓》「斗……指辰……律受姑洗。姑洗者，陳去而新來也。」高注：「姑，故也。洗，新也。陽氣養生，去故就新，故曰『姑洗』。」《史記·律書》：「姑洗者，言萬物洗生。其於十二月〔1〕為辰。辰者，言萬物之蜄也。」《白虎通義》：「姑〔2〕者，故也。洗，鮮也。言萬物去故就新，莫不鮮明也。」《漢書·律曆志》：「姑洗，洗，絜也。言陽氣洗物辜絜之也。」是「姑」之訓「故」，班氏、高氏之說，彰彰可徵。韋解以「姑」為「潔」，不知其訓何本。云「洗濯枯穢」者，即氾勝之《農書》「土長冒橛、陳根可拔」之類也。〖校勘1〗○萬青案：「為三寸」之「寸」，董增齡本原誤作「十」，今據《周禮注疏》改。今檢《史記·律書》「十二月」作「十二子」。董氏字誤。〖校勘2〗○萬青案：稿本「姑」誤作「沽」。

○汪遠孫曰（《國語發正》卷三，頁一六）：《白虎通義》：「三月謂之姑洗

何？姑者故也，洗者鮮也，言萬物皆去故就其新，莫不鮮明也。」項氏名達曰：「管，律之官也。管長既是律長，非有二事，特一紀實數，一紀均數耳，應云管長七寸一分，強約為七寸九分寸之一。」

○帆足萬里曰（《帆足萬里全集》下，頁五二九）：姑，且也，始也。考，猶求也。

○高木熊三郎曰（《標註國語定本》卷三，頁二三）：考無合義，納亦難通。

○俞樾曰（《群經平議》卷二八，頁一六）：姑字無訓「潔」者，韋注原文當作：「姑，枯也。」故其下云：「洗濯枯穢。」今作「潔」者，蓋其字偶缺，淺人妄以意補之耳。高誘注《淮南子·天文篇》、《時則篇》並曰：「姑，故也；洗，新也。」韋義正與高同。「姑」之為「枯」，猶「姑」之為「故」，並以聲為訓。

○吳曾祺曰（《國語韋解補正》卷三，頁九）：《淮南·天文訓》高注：「姑，故也。洗，新也。」

○郭珂曰（《〈國語·周語〉律呂名義中的「德主刑輔」政治布局》，《河南師範大學學報》2008 年第 3 期，頁 143～146）：修潔百物的目的是為了表達對神與祖先的敬意，這樣神與祖先才會接受祭祀。「國之大事，在祀與戎」，祭祀在周代被當成頭等重要的大事，而祭祀對象主要是天神與祖神。「萬物本乎天，人本乎祖」，天是萬物的本源，祖宗是子孫後代的本源，為了感謝天神、祖神與本冒源的恩德，要用祭禮去報答天神、祖神。但在周人看來，人們祭祀上帝百神、先公先王，無論祭品多麼豐盛，多麼潔淨，也不管態度多麼虔誠，都是次要的。上帝百神、先公先王首要考慮的總是民眾的願望、民眾的要求。「天視自我民視，天聽自我民聽」，上天總是順從民眾的欲望、想法，按照民眾所看到的、所聽到的事情去辦事，並按照民眾的願望去處理問題。伶州鳩是再次提醒景王不要違逆周代先祖的意願，而要保持先人勤儉的美德，愛護民眾。

○曹建國、張玖青曰（氏注說《國語》，頁一五二）：考神，迎合神意，即祭祀。

○萬青案：徐元誥《集解》據項名達說改易韋注本文，又引《禮記·月令》鄭注、《呂氏春秋·季春紀》高注及《白虎通義》為釋，恐亦皆本汪遠孫《發正》而不加說明。按照《白虎通義》、《淮南子》高誘注的認識，「姑洗」

就是除故就新，則「姑洗」一詞的構詞方式為聯合構詞。董增齡引述高誘、班固等人之說以駁韋注之非。

四曰蕤賓，所以安靖神人，獻酬交酢也。

【音義】

○沈鎔曰（《國語詳注》第三，頁一○）：蕤，音綏。〖校勘〗○萬青案：《正字通》「蕤」即音「綏」。

○《舊音》曰（《國語補音》卷一，頁二六）：音昨。《補音》：才各反，注同。〖校勘〗○萬青案：各，集賢殿校本作「洛」。張一鯤本、李克家本、綠蔭堂本、鄭以厚本、道春點本、千葉玄之本、冢田本、秦鼎本、高木本等此處音注唯取《補音》音注。《國語》「酢」字僅 1 見，為低頻字，故《補音》音注僅此 1 見，本《經典釋文》。

【匯校】

○陳樹華曰（《春秋外傳考正》卷三，頁一四）：鄭氏《月令注》引此「靖」作「靜」。案韋注，當作「靜」。「酢」，依字書，當作「醋」為正。第相承已久，未能遽改。

○高木熊三郎曰（《標註國語定本》卷三，頁二三）：「酢」疑當作「錯」。

○鄭良樹曰（《國語校證（上）》，《幼獅學誌》第七卷第四期，頁 1～29）：《禮記·月令》鄭注引「靖」作「靜」，「靜」、「靖」古通。

○萬青案：姜恩本「靖」作「靜」。審《宋書·律志》、《晉書·律曆志》引亦作「靜」。《儀禮經傳通解》卷十三引字作「靖」，卷二六引字則作「靜」。「靖」、「靜」二字音同可通。又陳樹華以「酢」字當作「醋」，而高木氏疑當作「錯」，恐陳樹華「醋」字為「錯」字之誤。審《詩經》有「獻酬交錯」之語，鄭玄注、高誘注等名注中皆有「獻酬交錯」之語，恐皆據《詩經》為之。自與《國語》不同。「酢」字既然可以講通，則不必改易文字。

【集解】

○鄭玄曰（阮刻本《十三經注疏》，頁一三六九）：蕤賓者，應鍾之所生。三分益一，律長六寸八十一分寸之二十六。仲夏氣至，則蕤賓之律應。

○韋昭曰（《國語》卷三，頁二一）：五月曰蕤賓，乾九〔1〕四也。管長六寸三分，律長六寸八十一分寸之二十六〔2〕。蕤，委蕤，柔貌也〔3〕。言陰氣為主，委蕤於下〔4〕，陽氣盛長於〔5〕上，有似於賓主，故可用之宗廟、賓

客，以安靜〔6〕神人，行酬酢也。酬，勸也〔7〕。酢，報也。〖校勘1〗○萬
青案：九，集賢殿校本誤作「之」。姜恩本、黃刊明道本及其覆刻本、上善堂
本、寶善堂本、吳曾祺本等無「曰」字。陳奐已校出黃刊明道本與許宗魯本、
金李本之異。《儀禮經傳通解》卷十三引亦無「曰」字。〖校勘2〗○渡邊操
曰（《國語解刪補》卷上，頁一八）：「七」當作「六」，自此已下注，律之分寸
字多誤矣。今以《周禮》注及華本正之。○關脩齡曰（《國語略說》第一，頁
二八）：十七，乃「六」譌。○徐元誥曰（《國語集解》卷三，頁二八）：此依
項名達說改正。○萬青案：六，李克家本、二乙堂本、陳仁錫本、道春點本、
千葉玄之本、冢田本等作「七」。顧廣圻已校改為「六」，渡邊操、關脩齡亦皆
言之，可謂不謀而合。綠蔭堂本、董增齡本「二十六」作「三十六」。筆者在
《國語考校——以明本四種校勘條目為對象》已經指出董增齡《國語正義》
所據底本是綠蔭堂本等一類本子，而非張一鯤本原刻。此處又得一證據。又
沈鎔本、徐元誥本改韋注「管長六寸三分，律長六寸八十一分寸之二十六」
作「管長六寸三分強，約為六寸八十一分寸之二十六」，當是據項名達之說。
〖校勘3〗○黃丕烈曰（《校刊明道本韋氏解國語札記》，頁六）：別本「委」
下有「蓗」，《補音》出「委蓗」。○汪遠孫曰（《國語明道本考異》卷一，頁二
○）：「委」下，公序本有「蓗」字，是也。見《補音》。○萬青案：姜恩本、
黃刊明道本及其覆刻本、上善堂本、寶善堂本、吳曾祺本、沈鎔本、徐元誥本
等「委」下無「蓗」字。陳奐已校出黃刊明道本與許宗魯本、金李本之異。《儀
禮經傳通解》卷十三引「委」下有「蓗」字。又姜恩本「貌」作「皃」。〖校
勘4〗○陳樹華曰（《春秋外傳考正》卷三，頁一四）：元明諸本「柔」作
「蓗」。○汪遠孫曰（《國語明道本考異》卷一，頁二○）：「柔」作「蓗」。○
萬青案：姜恩本、黃刊明道本及其覆刻本、上善堂本、寶善堂本、吳曾祺本、
沈鎔本、徐元誥本等「蓗」作「柔」，陳奐已先於汪遠孫校出黃刊明道本與公
序本之異。《儀禮經傳通解》卷十三引與公序本同。〖校勘5〗○萬青案：於，
文津閣本作「于」。〖校勘6〗○萬青案：姜恩本「有似」下無「於」字且姜
恩本錄注文只到「賓客」，「賓客」以下注文不錄。靜，集賢殿校本作「靖」。
或為了注文與正文一致而改。〖校勘7〗○萬青案：黃刊明道本及其覆刻本、
上善堂本、寶善堂本、吳曾祺本、徐元誥本等「勸」下無「也」字。陳奐已校
出黃刊明道本與許宗魯本、金李本之異。《儀禮經傳通解》卷十三引亦無。

　　○宋庠曰（《國語補音》卷一，頁二六）：委蓗，上於危反。〖校勘〗○萬

青案：張一鯤本、李克家本、綠蔭堂本、鄭以厚本、道春點本、千葉玄之本、冢田本、秦鼎本、高木本等音注「上於危反」之後出「長」字音注，云：「盛長之長，展兩切。」《補音》「委」字音注本《經典釋文》。

　　○千葉玄之曰（《韋注國語》卷三，頁二八～二九）：「蕤賓」注「律長六寸八十一分寸之二十七」之「七」當作「六」。自此以下注律之分寸，文字多差誤。今以《周禮》注及華本考訂之。渡邊氏《正誤》及木君恕《正誤》頗同，以下倣之。

　　○皆川淇園曰（日本京都大學圖書館藏皆川淇園批校本）：蕤，綏也，故曰「安靖」。

　　○冢田虎曰（《增注國語》卷三，頁三○）：三分姑洗九三，以下生應鍾六三，應鍾之律四寸二十七分寸之二十，三分應鍾，以上生蕤賓九四，故蕤賓之律，六寸八十一分寸之二十六。本注「二十七」，「七」當為「六」。

　　○牟庭曰（國家圖書館藏校注本）：獻酬交錯，取「賓」字為義。

　　○秦鼎曰（《國語定本》卷三，頁二三～二四）：蕤賓，應鍾長四寸七分，三分益一，得六寸二分六釐六毫有奇。此為六寸三分。蕤賓長比于黃鐘七百廿九分之五百十二也。用之乘除，九寸得六寸八十一分寸之廿六，此即三分二釐零有奇也。

　　○董增齡曰（《國語正義》卷三，頁五三）：《周禮·太師》鄭注：「應鍾又上生蕤賓之九四。」蓋應鍾參分益一，上生蕤賓。應鍾長四寸六分六釐，取三寸，益一寸為四寸，又以餘一寸，為九寸，益一為十二分，又以餘六分六釐者益一為八分八釐，添前共二十一分弱，取十八分為二寸，餘三分為二分七釐弱，計當得六寸二分七釐強也。《淮南·天文訓》：「斗……指午。午者，忤也。律受蕤賓。蕤賓者，安而服也。」《史記·律書》：「蕤賓者，言陰氣幼少，故曰蕤。痿陽不用事，故曰賓。」《漢書·律曆志》：「蕤，繼也。賓，導也。言陽始導陰氣，使繼養物也。」云「有似于賓主」者，《白虎通義》：「蕤者，下也。賓者，敬也。言陽氣上極，陰氣始賓敬之也。」《淮南·時則訓》高注：「是月陰氣，萎蕤在下，象主人也。陽氣在上，象賓客也。故曰蕤賓。」

　　○王引之曰（《經義述聞》卷二○，頁二二～二三）：家大人曰，「安靖神人」是釋「蕤」字，「獻酬交酢」是釋「賓」字，「蕤」與「綏」古同聲而通用。（《周官·夏采》「以乘車建綏，復于四郊」鄭注：「綏當為緌。《士冠禮》及《玉藻》『冠緌』之字，故書亦多作『綏』者，今禮家定作『蕤』。」《明堂位》

「夏后氏之綏」鄭注:「一當為綏,讀如冠蕤之蕤。」《說苑‧指武篇》「損其有餘而繼其不足」,《淮南‧道應篇》「繼」作「綏」。《漢書‧律曆志》:「蕤賓,蕤,繼也;賓,導也。言陽始導陰氣,使繼萬物也。」)綏者安也,故曰所以安靖神人。《淮南‧天文篇》:「蕤賓者,安而服也。」亦是以「安」釋「蕤」、以「服」釋「賓」。今云「蕤,委蕤,柔貌也」,義本《史記‧律書》,然不以「安」釋「蕤」,而以「柔」釋「蕤」,則「安靖神人」四字遂無著落矣。似於傳意未合。

　　○汪遠孫曰(《國語發正》卷三,頁一六～一七):《白虎通義》:「五月謂之蕤賓何?蕤者下也,賓者敬也,言陽氣上極,陰氣始起,故賓敬之也。」項氏名達曰:「應云管長六寸三分,強約為六寸八十一分寸之二十六。」

　　○《國語考》曰(日本弘化二年寫本):皆川先生考也。所以記是六字者,不佞誤而下一邑而記是六字也。然尚使以是六字,知是淇園之考也,非全谷田部之考。蕤,綏也。故曰安靖。

　　○高木熊三郎曰(《標註國語定本》卷三,頁二三):委蕤非形容,不當用「貌」字。

　　○吳曾祺曰(《國語韋解補正》卷三,頁九):《淮南‧時則訓》高注:「是月陰氣,葳蕤在下象主人,陽氣在上象賓客,故曰蕤賓。」

　　○黃永堂曰(《國語全譯》,頁一四二):蕤,草木茂盛的樣子。

　　○郭珂曰(《〈國語‧周語〉律呂名義中的「德主刑輔」政治布局》,《河南師範大學學報》2008年第3期,頁143～146):《周語》蕤賓名義的釋說很明顯地表現出安定神與人關係的重要性。只有順從天意,適應人心,才有機會獻酬交酢。

　　○萬青案:徐元誥據項名達說改易韋注本文,又引《禮記‧月令》鄭注、《呂氏春秋‧仲夏紀》高注、《白虎通義》、王念孫之說為釋。黃翔鵬云:「講飲食供奉。就是『厚生』的意思。如果以黃鐘為『宮』C,蕤賓就是升第四級音#F。階名可以從朱載堉,名之曰『中』。」(《黃翔鵬文存》,頁745)可參。關於「蕤賓」之義,各家解釋也不一致。

　　五曰夷則,所以詠歌九則,平民無貳也。

【匯校】

　　○陳樹華曰(《春秋外傳考正》卷三,頁一四～一五):鄭氏《儀禮‧大射

儀》注引作「平民無忒」。案：孔氏《月令正義》引注云：「言法度平，故可詠歌。九功之法平，民使不貸也。」案：「貸」與「忒」通，蓋賈逵本作「忒」。

○汪遠孫曰（《國語明道本考異》卷一，頁二〇）：「貳」字，「貸」之誤。《禮記·月令》注引《國語》亦誤作「貳」，而疏作「貸」。《儀禮·大射儀》注引作「忒」。案：「貸」、「忒」、「貣」通用，韋注非。

○張以仁曰（《國語斠證》，頁一一六；）：《考異》之說蓋從《述聞》來也。《御覽》十六引作「二」，則是由「貳」省來也。《禮·月令》「孟秋之月」注引無「五曰」、「也」等字。《儀禮·大射》注引「春秋傳」（《疏》謂是《外傳》）同。而「貳」作「忒」，賈公彥疏為「差慝」。《月令》注雖為「貳」，而孔疏所引《周語》注則為「貸」，是以王引之《經義述聞》卷二十謂「貳」是「忒」之誤，是也。

○蕭旭曰（《群書校補》，頁九九）：《儀禮·大射儀》鄭注引作「平民無忒」，徐元誥《集解》本據王念孫說，改「貳」為「貳（忒）」；韋注末句，徐元誥又據《月令正義》所引，改作「平民使不貳也。」尋《禮記·月令》鄭注、《記纂淵海》卷3、《晉書·律曆志》並作「平民無貳」；《御覽》卷16、《廣弘明集》卷28周武帝《二教鍾銘序》引《春秋外傳》並作「平民無二」。似不宜遽改。

○萬青案：蕭說可從。又《山堂考索前集》卷五三引「平民」前增「示」字。

【集解】

○鄭玄曰（阮刻本《十三經注疏》，頁一三七三）：孟秋氣至，則夷則之律應。夷則者，大呂之所生也。三分去一，律長五寸七百二十九分寸之四百五十一。

○韋昭曰（《國語》卷三，頁二一）：七月曰夷則[1]，乾九五也。管長五寸六分，律長五寸七百二十九分寸之四百五十一[2]。夷，平也。則，法也。言萬物既成，可法則也，故可以詠歌九功[3]之則，成民之志，使無疑貳也[4]。〖校勘1〗○萬青案：姜恩本、黃刊明道本及其覆刻本、上善堂本、寶善堂本、吳曾祺本等無「曰」字。陳奐已校出黃刊明道本與許宗魯本、金李本之異。《儀禮經傳通解》卷十三引亦無「曰」字。〖校勘2〗○關脩齡曰（《國語略說》第一，頁二十八）：十七，乃「一」譌。○徐元誥曰（《國語集解》卷三，頁二八）：此依項名達說改。○萬青案：姜恩本「六分」誤作「八分」。五

十一，李克家本、二乙堂本、陳仁錫本、道春點本、千葉玄之本、冢田本等作
「三十七」，故渡邊操曰：「四百三十七，當作『四百五十一』。」（《國語解刪
補》卷上，本卷頁18）《晉書‧律志》以及他書所載夷則律長與《國語》韋注
多本同作「五十一」，又「三」、「五」形近，故「三十七」當為「五十一」之
誤。沈鎔本、徐元誥本改「律長」為「約為」且在「約為」上增「強」字。
〖校勘3〗○萬青案：姜恩本注不錄「言」字以下文字。功，二乙堂本誤作
「成」。徐元誥《集解》「詠歌」倒作「歌詠」。〖校勘4〗○汪遠孫曰（《國語
明道本考異》卷一，頁二〇）：「民」下，公序本有「之志」二字。○萬青案：
黃刊明道本及其覆刻本、上善堂本、寶善堂本、吳曾祺本等無「之志」二字，
陳奐先於汪遠孫校出。沈鎔《詳注》引王引之說，改「使無疑貳也」為「使無
貳也」，徐元誥《集解》改韋注「成民之志，使無疑貳也」為「平民使不貳也」。

　　○《禮記疏》引注曰：乾九五用事。夷，平。則，法也。言法度平，故可
詠歌九功之法，平民使不貸也。〖校勘〗○張以仁曰（《張以仁先秦史論集》，
頁二一六）：韋注與此大同小異。馬、黃、蔣皆未收。王入唐固注附錄。

　　○千葉玄之曰（《韋注國語》卷三，頁二九）：「夷則」注「四百三十七」
當作「百五十一」。

　　○皆川淇園曰（日本京都大學圖書館藏皆川淇園批校本）：願按：《禮‧
鄉飲酒》：賓主獻酬交酢，畢。後設樂歌。故蕤賓之次名曰夷則。又《鄉飲酒》
云：「間歌魚麗，笙由庚。歌《南有嘉魚》，笙崇丘；歌《南山有臺》，乃合樂。」
《周南》「關雎」、「葛覃」、「卷耳」，《召南》「鵲巢」、「采蘋」、「采蘩」，故曰
夷則。

　　○牟庭曰（國家圖書館藏校注本）：九則，取「則」字為說。平民，取「夷
平」之義。

　　○冢田虎曰（《增注國語》卷三，頁三一）：三分蕤賓九四，以下生大呂
六四。大呂之律，四寸二百四十三分寸之五十二。三分大呂，以上生夷則九
五，故夷則之律五寸七百二十七分寸之四百五十一。本注作「九分寸之四百
三十七」，誤也。

　　○秦鼎曰（《國語定本》卷三，頁二四）：夷則、大呂長八寸四分，三分損
一，得五寸六分。夷則長比于黃鐘六千五百六十一分之四千九十六也。用之
乘除九寸，得五寸七百廿九分寸之四百五十一。此即六分一釐八毫有奇也。

　　○董增齡曰（《國語正義》卷三，頁五三）：《周禮‧太師》注：「大呂又上

生夷則之九五。」蓋大呂三分損一，上生大呂。大呂長八寸三分七釐六毫〔1〕，取六寸減二寸，為四寸在，又以餘二者，為十八分，又以餘三分七釐六毫者為三分三釐八毫，添前為二十一分強，減七分得十四分強在，添前四寸，共得五寸五分強，計當得五寸五分五釐一毫也。《史記·律書》：「夷則，言陰氣之賊萬物也，其於十二子為申。申者，言陰用事，申賊萬物，故曰申。」《淮南·天文訓》：「律受夷則。夷則者，易其則也，德以去矣。」《太平御覽》引高注：「德以去，生氣盡也。」〔2〕《時則訓》「律中夷則」高注：「夷，傷也。則，法也。是月〔3〕陽衰陰盛，萬物凋傷，應法成性，故曰夷則。」《白虎通義》：「夷，傷也。則，法也。言萬物始傷，被刑法也。」《漢書·律曆志》：「則，法也。言陽氣正法度而使陰氣夷當傷之物也。」案：諸家並訓「夷」為「傷」。今韋解以「夷」為「平」，《詩·周頌》「岐有夷之行」〔4〕，是「夷」亦得有「平」義也。〖校勘1〗○萬青案：稿本「毫」作「豪」，下同。〖校勘2〗○萬青案：引《太平御覽》出《御覽》卷一六「時序部一」。〖校勘3〗○萬青案：檢高注原文「是月」作「言」，董氏引文改字。〖校勘4〗○萬青案：引《周頌》實出《周頌·天作》。董增齡《國語正義》手稿上有王引之案語云：「諸家以『夷』為『傷』，與《國語》之意不合，似可不引。以『夷』為『平』出於正文，韋解以意為之也。」對董氏本條提出意見並對韋注進行平議。

　　○王引之曰（《經義述聞》卷二〇，頁二一～二二）：家大人曰：「貳」當作「貳」，「貳」音他得切，即「忒」字也。無貳，謂無過差也。《大射儀》鄭注引此作「平民無忒」，是其明證矣。《月令》注引此作「平民無貳」，蓋後人以韋本《國語》改之。案《正義》引《國語》舊注曰：「平民，使不貸。」則鄭注本作「貳」可知。「貳」與「貸」同。《大戴禮·禮三本篇》「貸之則喪」，《荀子·禮論篇》「貸」作「貳」，「貳」亦「貳」之譌也。《大戴禮·五帝德篇》「其言不貳」，《家語·五帝德篇》作「其言不忒」。《管子·勢篇》「動作不貳」、與「極」、「極」、「德」、「極」、「力」、「代」為韻，則其字並當為「貳」。凡此皆非「貳」字也。韋注解為「疑貳」，則所見已是誤本。

　　○汪遠孫曰（《國語發正》卷三，頁一七）：《白虎通義》：「七月謂之夷則何？夷，傷也。則，法也。言萬物始傷，被刑法也。」項氏名達曰：「應云管長五寸六分，強約為五寸七百二十九分寸之四百五十一。」

　　○高木熊三郎曰（《標註國語定本》卷三，頁二三）：果然，夷則之名創

于禹之後也，而可乎？

　　○吳曾祺曰（《國語韋解補正》卷三，頁九）：王云「貳」當作「貳」。《淮南‧時則訓》高注：「夷，傷也；則，法也。是月陽衰陰盛，萬物凋傷，應法成性，故曰夷則。」

　　○徐元誥曰（《國語集解》卷三，頁二九）：各本「貳」作「貳」，今依王念孫說訂正。又注末句作「成民無疑貳也」，並據《月令正義》引《國語》注改正。

　　○郭珂曰（《〈國語‧周語〉律呂名義中的「德主刑輔」政治布局》，《河南師範大學學報》2008 年第 3 期，頁 143～146）：「平民」意為「安定民心」。這是提醒景王應意識到暴力政治下的人民會有反叛之心，甚至起義之舉。民眾安泰是立國之本，得民心者得天下，失民心者失天下，體恤民心也是有德的表現。如果在位者的所作所為嚴重損害民的利益，那就是危及了國家的根本。

　　○萬青案：徐元誥據項名達說改易韋注本文，又引《禮記‧月令》鄭注、孔疏、《呂氏春秋》高注、《白虎通義》等為釋。

六曰無射，所以宣布哲人之令德，示民軌儀也。

【匯校】

　　○陳樹華曰（《春秋外傳考正》卷三，頁一五）：《月令》鄭注引此「哲」作「喆」，「民」上有「小」字。（蓋以意增）《儀禮‧大射儀》注引無「小」字，「喆」仍作「哲」，「儀」作「義」，「義」古字也。

　　○孔廣栻曰（《國語解訂譌》）：《冊魏公九錫文》注「示」作「爾」。

　　○汪遠孫曰（《國語明道本考異》卷一，頁二〇）：《禮記》注「哲」作「喆」。

　　○張以仁曰（《國語斠證》，頁一一六）：謂《禮記‧月令》注也。《書‧皋陶謨》疏、《御覽》十六、《廣博物志》三三皆引作「哲」。「喆」乃「哲」之古文「嚞」省。

　　○萬青案：「哲」、「喆」通，至於引文有「小」字，恐亦隨文而增，未必有所依據。

【集解】

　　○鄭玄曰（阮刻本《十三經注疏》，頁一三七九）：無射者，夾鍾之所生，三分去一，律長四寸六千五百六十一分寸之六千五百二十四。季秋氣至，則

無射之律應。

　　○韋昭曰（《國語》卷三，頁二一）：九月曰無射，乾〔1〕上九也。管長四寸九分，律長四寸六千五百六十一分寸之六千五百二十四〔2〕。宣，徧也。軌，道也。儀，法也。九月，陽氣收藏，萬物無射見者〔3〕，故可以徧布前哲之令德，示民道法也。〔4〕〖校勘1〗○萬青案：乾，集賢殿校本誤作「故」。姜恩本、黃刊明道本及其覆刻本、上善堂本、寶善堂本、吳曾祺本等無「曰」字，前後釋文亦保持一致。陳奐已校出黃刊明道本與許宗魯本、金李本之異。《儀禮經傳通解》引注亦皆無「曰」字。〖校勘2〗○渡邊操曰（《國語解刪補》卷上，頁一八）：六千九百四十九，當作「六千五百二十四」。○關脩齡曰（《國語略說》第一，頁二八）：九百四十九，乃「五百二十四」譌。○千葉玄之曰（《韋注國語》卷三，頁二九）：「無射」注「六千九百四十九」當作「六千五百二十四」。○山田直溫等曰（日本內閣文庫藏批校本）：六，李本作「五」。○徐元誥曰（《國語集解》卷三，頁二九）：此依項名達說改正。○萬青案：四寸九分，秦鼎本、高木本作「五寸」，審各種律學著作多記無射管長為「四寸九分」，無作「五寸」者，秦鼎、高木氏亦皆無說，未知何據。六千五百二十四，國家圖書館藏李克家本作「七千九百四十九」，上海圖書館藏李克家本作「五千九百四十九」，二乙堂本、陳仁錫本、道春點本、千葉玄之本、冢田本等作「六千九百四十九」。顧廣圻在李克家本上校改為「六千五百二十四」。審《晉書・律志》以及他書亦作「六千五百二十四」，則恐李克家本、二乙堂本、道春點本、千葉玄之本字誤。又綠蔭堂本「千」誤作「于」。沈鎔本、徐元誥本改「律長」為「約為」且在「約為」上增「強」字。〖校勘3〗○陳樹華曰（《春秋外傳考正》卷三，頁一五）：「上升陰氣」四字，從宋本增。○汪遠孫曰（《國語明道本考異》卷一，頁二〇）：公序本無「上升陰氣」四字，脫。《禮記》疏引舊注與明道本同，「見」字疑衍。○萬青案：集賢殿校本、姜恩本、薈要本、文淵閣本、文津閣本、黃刊明道本及其覆刻本、上善堂本、寶善堂本、吳曾祺本、沈鎔本、徐元誥本等以及《儀禮經傳通解》引皆有「上升陰氣」四字注文，陳奐亦校出。姜恩本「陰」、「陽」二字誤倒，批校改之。汪遠孫的判斷是正確的，當從明道本增此四字注文。姜恩本注無「宣，徧也。軌，道也。儀，法也」九字，引錄注文至「收藏」而止。〖校勘4〗○萬青案：正學本誤脫「以」字。秦鼎本、高木本韋注之下出「射出也」三字，恐係增注。

○《禮記疏》引注曰：乾上九用事。無射，陽氣上升，陰氣收藏，萬物無射者也。喆人后稷，布其德教，示以法儀。當及時銍穫而收藏也。〖校勘〗○徐元誥曰（《國語集解》卷三，頁二九）：引注為賈、唐注，與韋不同。○張以仁曰（《張以仁先秦史論集》，頁二一六）：韋注略同。馬、黃、蔣未收。王入唐固注附錄。○萬青案：孔廣栻《國語解訂譌》錄「收藏也」之「也」作「之」。

○戶崎允明曰（《國語考》）：太宰純曰：無射，夾鍾中呂。應鍾律分數皆誤。無射注「六千九百四十九」當作「六千五百二十四」，大呂注「五十四倍」當作「五十二陪」，「分寸之一百八」當作「一百四」，夾鍾注「一千五百三十一」當作「一千六百三十一」，又「分之八百七十五」當作「分寸之一千七十五」，中呂注「六千五百六十一」當作「六千四百八十七」，又「三千一百二十二」當作「二千九百七十四」，應鍾注「寸之十九」當作「寸之二十」。今盡以《周禮‧大師》注正之，及閱華本，如予所正。予按：「夾鍾」下注「春為陽中」，陽氣得中者，對夏而言。

○皆川淇園曰（日本京都大學圖書館藏皆川淇園批校本）：《鄉飲酒》：樂已，立司正飲酬。

○牟庭曰（國家圖書館藏校注本）：宣布令德，取其無厭射之意。注非。

○冢田虎曰（《增注國語》卷三，頁三一）：三分夷則九五，以下生夾鍾六五。夾鍾之律，三寸二千一百八十七分寸之一千六百三十二。三分夾鍾，以上生無射上九，故無射之律，四寸六千五百六十一分寸之六千五百二十四。本注作「九百四十九」，誤也。射，厭也。

○秦鼎曰（《國語定本》卷三，頁二四）：無射、夾鍾長七寸五分，三分損一，得五寸。無射長比于黃鐘五萬九千四十九分之三萬二千七百六十八也。用之乘除九寸，得四寸六千五百六十分寸之六千五百廿四。此即九分九釐四毫有奇也。

○董增齡曰（《國語正義》卷三，頁五四）：《周禮‧大師》：「夾鍾又上生無射之上九。」蓋夾鍾三分損一，下生無射。夾鍾長七寸四分三釐，取六寸減一為四寸在，又以餘一寸者為九分，減一得六寸在，又以餘四分七釐者，減一為三分弱，添前共四寸九分弱，當得四寸八分八釐四毫也。《史記‧律書》：「無射者，陰氣盛，用事，陽氣無餘也，故曰無射。其於十二子為戌。戌者，言萬物盡滅，故曰戌。」《淮南‧天文訓》：「律受無射，無射入厭〔1〕也。」

《漢書·律曆志》:「射,厭也。言陽氣究物而使陰氣畢剝落之,終而復始,無厭已也。」云「萬物無射」者,《淮南·時則訓》高注:「陰氣上升,陽氣下降,萬物隨陽而藏,無射出見也。」﹝2﹞〖校勘1〗○萬青案:稿本「厭」上有「無」字,今檢《淮南子·天文篇》即有「無」字。〖校勘2〗○萬青案:今檢《淮南子·天文篇》「音比無射」高注云:「陰氣上升,陽氣下降,万物隨陽而藏,無有身出見也。」《呂氏春秋·季秋紀》「其音商,音中無射」高注與《淮南子·時則篇》高注同。

○汪遠孫曰(《國語發正》卷三,頁一七):《白虎通義》:「九月謂之無射何?射者終也,言萬物隨陽而終也,當復隨陰而起,無有終已也。」項氏名達曰:「應云管長四寸九分,強約為四寸六千五百六十一分寸之六千五百二十四。」

○高木熊三郎曰(《標註國語定本》卷三,頁二三):此由詩古之人無射譽髦斯士生解者也。可謂傅會之尤者。軌,則也。

○陳偉曰(《愚慮錄》卷一,頁八):此蓋用《詩·抑篇》「矧可射思」之義。彼詩云:「哲人之愚。」又云:「有覺德行。」又云:「維民之則。」故州鳩約其文而為此解。气極則頹,物終則怠,無射為律之終,故命名有儆戒之義。

○郭珂曰(《〈國語·周語〉律呂名義中的「德主刑輔」政治布局》,《河南師範大學學報》2008年第3期,頁143~146):是要求嚴格遵守禮制。百官的器用、程度、庶品都要合禮,要恭敬謹慎、認真從事,不能有偏頗。西周時期,在血緣關係濃重遺存的歷史條件下,分封制度依照宗法原則進行,王朝統治則依禮而行,「名以制義,義以禮出,禮以體政,政以正民」,禮樂制度成為西周王朝的生命線。

○萬青案:《尚書·皋陶謨》孔穎達正義曰:「宣亦布義,故為布也。」(阮刻本《十三經注疏》,頁139)吳曾祺《補正》引《白虎通義》為說,徐元誥據項名達說改易韋注本文,並引《禮記·月令》鄭注、孔疏、《呂氏春秋》高注、《白虎通義》,恐皆據汪遠孫《發正》、吳曾祺《補正》等而不注出。又黃翔鵬云:「『六曰無射,所以宣布哲人之令德,示民軌儀也』,這就是『正德』。如果以黃鐘為『宮』C,無射就是『閏』,降七級音 ♭B。」(氏著《黃翔鵬文存》,頁745)亦可參。

為之六閒，

【音義】

　　○宋庠曰（《國語補音》卷一，頁二六）：如字。又「間厠」之「閒」、下自「元」至「六間」、「隙間」、「間氣」等並同，有異別出。〖校勘〗○萬青案：張一鯤本、李克家本、綠蔭堂本、鄭以厚本、道春點本、千葉玄之本、冢田本、秦鼎本、高木本等此處出「閒」字音注，云：「閒，古宴切。下並同。」冢田本等「宴」作「晏」。

　　○沈鎔曰（《國語詳注》第三，頁一○）：去聲，下同。

　　以揚沈伏，而黜散越也。

【音義】

　　○宋庠曰（《國語補音》卷一，頁二六）：西旦反，注同。〖校勘〗○萬青案：張一鯤本、李克家本、鄭以厚本、道春點本、千葉玄之本、冢田本、秦鼎本、高木本等此處不出「散」字音注，因前文已經出現。

【集解】

　　○韋昭曰（《國語》卷三，頁二一）：六閒，六呂在陽律之間。沈，滯也。黜，去也。越，揚也。呂，陰律，所以侶閒陽律，成其功，發揚滯伏之氣，而去散越者也。伏則不宣，散則不和。陰陽序次，風雨時至，所以生物也。〖校勘〗○汪遠孫曰（《國語明道本考異》卷一，頁二○）：「陽」下，公序本有「律」字。○萬青案：黃刊明道本及其覆刻本「成其功」上無「律」字。陳奐已校出黃刊明道本與許宗魯本、金李本之異。姜恩本注唯「六間，在陽律之間」七字。侶，集賢殿校本作「呂」。許宗魯本「侶」誤作「侶」，「目」為「以」字之古籀，則許本「侶」實為「似」字。冢田本「去散越」上脫「而」字。上善堂本誤脫「閒陽律」之「律」字。「風雨時至」之「至」，集賢殿校本誤作「之」。又《儀禮經傳通解》卷十三引「生物」、「也」之間有「者」字。冢田本於韋注之下增「去，起呂反」音注。

　　○皆川淇園曰（日本京都大學圖書館藏皆川淇園批校本）：願按：歌以呂者，謂歌聲驟斷，以呂聲嗟歎，相承其間也。若但用律聲，則其聲必多沉伏散越而流近淫靡，故此文以云爾。

　　○關脩齡曰（《國語略說》第一，頁二七）：沈伏，陰氣也。散越，陽氣也。言皆不順正也。揚、黜云者，使如太子晉曰「氣不沈滯而亦不散越」。

○董增齡曰（《國語正義》卷三，頁五四）：《晉志》云：「淮南、京房、鄭氏諸儒言律呂，皆上下相生，至蕤賓，又重上生大呂，長八寸二百四十三分寸之百四。夷則上生夾鍾，長七寸千一百八十七分之千七十五。無射上生中呂，長六寸萬九千六百八十三分寸之萬二千九百七十四。此三品，於司馬遷、班固所生之寸數及分皆倍焉，餘則並同。斯則伶州鳩所謂六間之道，揚沈伏，黜散越，假之為用者也。變通相半，隨事之宜，贊助之法也。」案：下章解用倍之之法，《晉志》與之同義。〖校勘〗○萬青案：《晉志》云：「淮南、京房、鄭玄諸儒言律曆，皆上下相生、至蕤賓，又重上生大呂，長八寸二百四十三分寸之百四，夷則上生夾鍾，長七寸千一百八十七分寸之千七十五，無射上生中呂，長六寸萬九千六百八十三分寸之萬二千九百七十四。此三品於司馬遷、班固所生之寸數及分皆倍焉，餘則並同。斯則泠州鳩所謂六間之道，揚沈伏、黜散越，假之為用者也。變通相半，隨事之宜，贊助之法也。」是董增齡所引在數字、文字上與《晉書》本書有不同之處。

○王引之曰（《經義述聞》卷二○，頁二三）：「黜」讀為「屈」。屈，收也，謂收斂散越之氣也。《爾雅》曰：「斂、屈、收，聚也。」《魯頌·泮水篇》「屈此羣醜」毛傳曰：「屈，收也。」《聘禮》「屈繅」鄭注曰：「屈繅者，斂之。」（鄭注《士喪禮》曰：「絻，屈也。江沔之閒謂縈收繩索為絻。」是「屈」與「收」同義。又《士喪禮》「管人汲，不說繘屈之」注曰：「屈，縈也。」亦取「縈收」之義。）「屈」與「黜」聲相近，故字相通。《說苑·立節篇》曰：「將軍子囊黜兵而退。」謂收兵而退也。沈伏者發揚之，散越者收斂之，此陰律之所以閒陽律、成其功也。「揚」與「沈伏」義相反，則「黜」與「散越」義亦相反。韋注訓「黜」為「去」，失之矣。

○高木熊三郎曰（《標註國語定本》卷三，頁二三）：越，遠也。注「六呂」無差者，然當時未有六呂之名，唯稱六閒而已。「侶閒」鑿說耳。

○徐元誥曰（《國語集解》卷三，頁三○）：「黜」與「絀」通。《荀子·不苟篇》：「不能則恭敬繜絀以畏事人。」楊注曰：「絀與黜同。」《禮記·王制篇》：「不孝者君絀其爵。」鄭注曰：「絀，退也。」是以「絀」為「黜」。「絀」即「屈」字，《荀子·非相篇》「緩急嬴絀」是也。

○蕭旭曰（《群書校補》，頁九九）：王引之「黜」讀為「屈」，訓收斂，是也。越亦「散」也，同義連文。

○萬青案：徐元誥《集解》尚引王引之《述聞》為釋。孫園園亦謂王引之

訓「黜」為「收」是正確的，與蕭說同。

元閒大呂，助宣物也。

【匯校】

　　○陳樹華曰（《春秋外傳考正》卷三，頁一五）：《月令》鄭注引《周語》曰：「大呂，助陽宣物。」

　　○孔廣栻曰（《國語解訂譌》）：《月令》「季冬，律中大呂」注引此「助」下有「陽」字，玩注文，當此脫。

　　○汪遠孫曰（《國語明道本考異》卷一，頁二○）：各本「助」下脫「陽」，《禮記》注引此有「陽」字。

　　○恩田仲任曰（《國語備考》）：《月令》註引《周語》作「助陽宣物」。

　　○徐元誥曰（《國語集解》卷三，頁三○）：助揚宣物，各本無「揚」字，今依《禮記·月令》注引《國語》補正之。

　　○張以仁曰（《國語斠證》，頁一一七）：《考異》之說，正本《述聞》，其說是也。《御覽》十六、《天中記》六、《廣博物志》三三引皆無「陽」字，「陽」字之脫也久矣。

　　○萬青案：沈鎔《詳注》「呂」字誤作「宮」。徐元誥《集解》依汪遠孫《考異》之說於「助」下增「揚」字。目前所看到的文獻典籍，除了《月令》鄭注引《周語》作「助陽宣物」之外，找不出第二個例子來了。上文引作「示小民軌儀」，各家無以鄭注引文定《國語》脫「小」字，而此處以鄭注引有「助」字即斷定《國語》各本脫「助」字，恐亦失之武斷。審六閒之句，此謂「助宣物」，下依次為「出四隙之細」、「宣中氣」、「俾莫不任肅純恪也」、「贊陽秀也」、「俾應復也」，句式基本相同，恐未有脫文。當然，韋注為「助陽宣散物」，恐亦據文義為釋，不必正文定出「陽」字。

【集解】

　　○鄭玄曰（阮刻本《十三經注疏》，頁一三八三）：大呂者，蕤賓之所生也。三分益一，律長八寸二百四十三分寸之百四，季冬氣至，則大呂之律應。

　　○韋昭曰（《國語》卷三，頁二一）：十二月曰大呂〔1〕，坤六四也。管長八寸八分。法云：三分之二〔2〕，四寸二百四十三分寸之五十二〔3〕，倍之，為八寸分寸之一百四〔4〕。下生律。元，一也。陰繫於陽，以黃鍾為主，故曰元閒。以陽為首，不名其初〔5〕，臣歸功於上〔6〕之義也。大呂助陽宣散物

也。天氣始於黃鍾，萌而赤，地受之於大呂，牙而白，成黃鍾之功也。〖校勘1〗○萬青案：姜恩本、黃刊明道本及其覆刻本、上善堂本、寶善堂本、吳曾祺本等無「曰」字。陳奐已校出黃刊明道本與許宗魯本、金李本之異。《儀禮經傳通解》引同。〖校勘2〗○渡邊操曰（《國語解刪補》卷上，頁一八）：八寸八分，當作「八寸四分」。○關脩齡曰（《國語略說》第一，頁二十八）：「八分」宜作「四分」。「法云」至「之二」六字衍文，但脫「律長」二字。○萬青案：李慈銘直引項名達之說為說。八寸八分，秦鼎本作「八寸四分」，沈鎔本、徐元誥本作「八寸四分強」，則恐皆據汪遠孫《發正》所引項名達之說改字。〖校勘3〗○渡邊操曰（《國語解刪補》卷上，頁一八）：五十四，當作「五十二」。○關脩齡曰（《國語略說》第一，頁二十八）：十四，乃「二」譌。○千葉玄之曰（《韋注國語》卷三，頁二九～三〇）：「大呂」注「管長八寸八分」當作「八寸四分」，「五十四」當作「五十二」。又「分寸之一百八」當作「分寸之一百四」。○萬青案：四十三分寸之五十二，二乙堂本作「六十三分寸之五十四」，李克家本、陳仁錫本、道春點本、千葉玄之本、冢田本等「五十二」作「五十四」。沈鎔《詳注》、徐元誥本「三分之二」上增「蕤賓」二字，「三分之二下」增「下生得半律」五字。今檢《史記・律書》、《晉書・律志》及他書等皆作「四十三分寸之五十二」，則恐李克家本、二乙堂本、道春點本、千葉玄之本等皆誤。〖校勘4〗○渡邊操曰（《國語解刪補》卷上，頁一八）：分寸之一百八，當作「分寸之一百四」。○關脩齡曰（《國語略說》第一，頁二十八）：百八，乃「四」譌。○千葉玄之曰（《韋注國語》卷三，頁三〇）：「分寸之一百八」當作「分寸之一百四」。○萬青案：一百四，李克家本、二乙堂本、陳仁錫本、道春點本、千葉玄之本、冢田本等作「一百八」，亦誤。沈鎔本、徐元誥本依照項名達說改韋注「倍之，為八寸分寸之一百四」作「倍之，得全律為八寸二百四十三分寸之一百四」。〖校勘 5〗○陳樹華曰（《春秋外傳考正》卷三，頁一五）：宋本「初」作「物」，似「初」字是。○汪遠孫曰（《國語明道本考異》卷一，頁二〇）：「物」，公序本作「初」。○萬青案：姜恩本引注至「故曰元間」，以下注文不錄。集賢殿校本、黃刊明道本及其覆刻本、上善堂本、秦鼎本、高木本、寶善堂本、吳曾祺本等「初」字作「物」。陳奐已校出黃刊明道本與許宗魯本、金李本之異。陳樹華認為「初」字是，《儀禮經傳通解》引字亦作「初」。〖校勘 6〗○萬青案：上，詩禮堂本之孔毓圻本作「王」，恐誤，孔傳鐸本則改回「上」字。

○王懋竑曰（《讀書記疑・國語存校》，頁三）：注「法云三分之二」，此以三分損益言之。蕤賓以下生大呂，三分損一而取其二，故云「三分之二」。此注多誤，今改正云。三分之二，下生得四寸二百四寸三分之五十，二倍之，得八寸二百四十三分之一百四。「下生律」三字原在「一百四」之下，誤。「律」當作「得」，移於「三分之二」下。〖校勘〗○萬青案：王懋竑校釋對張一鯤本之重刻本，故不盡與本書相符。其謂文字倒序，恐亦武斷，未可依從。

○渡邊操曰（《國語解刪補》卷上，頁一八）：《白虎通・三正》曰：「十一月之時，陽氣始養根株，黃泉之下萬物皆赤。赤者，盛陽之氣也。十二月之時，萬物始牙而白。白者陰氣。」云云。〖校勘〗○萬青案：「者陰」，原誤作「陰陰」，今據《白虎通》改。

○關脩齡曰（《國語略說》第一，頁二八～二九）：愚嘗聞於吾友曰：律呂上生者，三分益一。下生者，三分損一。無射下生中呂。無射律長四寸六千五百六十一分寸之六千五百二十四。分上為分母，謂法也；分下為分子，謂不盡也。其法，置長四寸，以分母乘之，得二萬六千二百四十四，以加分子，得三萬二千七百六十八。是通分內子之術也。倍之，六萬五千五百三十六為實。又列分母，以三分乘之，得萬九千六百八十三。為法，實如法而一為寸，不盡為分子，即為三寸萬九千六百八十三分寸之六千四百八十七。乃下生者止於此已。若上生者倍之，即六寸分寸之萬二千九百七十四。算術家謂之分術也。夷則上生夾鍾，夷則律長五寸七百二十九分寸之四百五十一，通分內子之術，則四千九十六，倍之為實，三倍分母，得二千一百八十七。為法實如法而一得三寸二千一百十七分寸之一千六百三十一，倍之，六寸分寸之三千二百六十二。分子滿法，則收而為一寸，即得七寸二千一百八十七分寸之一千七十五。盧本載柳宗元曰：「王以夷則畢陳，黃鍾布戎，太蔟布令，無射布憲，施舍於百姓。吾知其來之自矣。」是大武之聲也，州鳩之愚信其傳而以為武用律也。孔子語賓牟賈之言大武也，武始自北出，再成而滅商，三成而南，四成而南國是疆，五成而分周公左、召公右，六成復綴以崇天子夾振之，而四伐盛威於中國，則是人武之象也。致右憲左，久立於綴，皆大武之形也。夷則、黃鍾、太蔟、無射，大武之律變也。成猶奏也，每奏武曲，一終為一成。陶望齡云：「六律六呂，雖以鍾名，皆截竹為苗也。」其曰「鑄無射」，蓋以金鑄為鍾而其聲中無射耳，所謂「度律均鍾」是也。

○千葉玄之曰（《韋注國語》卷三，頁三一）：「元閒大呂」注「黃鐘萌」

云云，《白虎通·三正》曰：「十一月之時，陽氣始養根株黃泉之下，萬物皆赤。赤，盛陽之氣也。十二月之時，萬物始牙而白。白者，純陰氣也。」

〇帆足萬里曰（《帆足萬里全集》下，頁五二九）：大呂乃黃鐘之陰聲也，非別有一管以其伴侶黃鐘，故曰大呂。以十二律定為十二管者，漢儒之謬解也。

〇沈寶研曰（沈跋本《國語》卷三，頁二一）：《漢書·律曆志》：「呂，旅也。言陰大旅助黃鍾宣氣而牙物也。」

〇冢田虎曰（《增注國語》卷三，頁三一）：大呂，蕤賓之所下生，管長四寸二分，倍之為八寸四分，律長四寸二百四十三分寸之五十二，倍之為八寸二百四十三分寸之一百四，倍焉則為蕤賓之所上生。本注「八寸八分」，「八分」當為「四分」；「法云三分之二」，當作「律長」二字，而此六字宜在「林鐘」下；「五十四」當為「五十二」，「百八」當為「百四」。

〇牟庭曰（國家圖書館藏校注本）：助，取「呂」字為說。呂，旅也，侶也。是眾相佐助之意。

〇秦鼎曰（《國語定本》卷三，頁二四）：大呂，蕤賓，長六寸三分。三分益一，得八寸四分。大呂比于蕤賓三分之二也。是半律也。大呂比于黃鐘二千一百八十七分之二千四十八也。用之乘除九寸，得八寸二百四十三分寸之一百零四。此即四分二釐七毫有奇也。

〇董增齡曰（《國語正義》卷三，頁五五）：《周禮·大師》鄭注：「蕤賓又下生大呂之六寸四。」〔1〕《樂律表微》謂：「蕤賓三分益一，上生大呂。」蕤賓長六寸二分八釐，取六寸益二寸為八寸，以餘二分八釐益一上，當得三分七釐強，添前為八寸三分七釐五毫也。《淮南·時則訓》「律中大呂」高注：「呂，旅也。萬物萌動于黃泉，未能達見，所以旅旅去陰即陽，助其成功。故曰大呂。」「天氣始於黃鍾萌而赤」者，班固曰：「十一月，乾之初九，陽氣伏于地下，始著為一，萬物萌動，鍾于太陰，黃鍾〔2〕為天統，律長九寸。九者，所以究極中和，為萬物元也。」「地受之於大呂牙而白」者，班固曰：「呂，旅也，言陰大，呂〔3〕助黃鍾宣氣而牙物也。」班固又言：「天統之正，始施于子半，日萌色赤。地統受之於丑初，日肇化而黃，至丑半，日牙化而白。人統受之於寅初，日犪成而黑，至寅半，日生成而青。」服虔曰：「十月陽氣尚伏在地，故內赤。」〔4〕蓋萬物生于土，黃鍾為土色，土稟火而成，故萌赤；土生金而彰，故牙白。故言「成黃鍾之功也」。〖校勘1〗〇萬青案：今檢《周

禮・春官・大師》鄭注謂：「蕤賓又上生大呂之六四。」董氏引文未確。〖校勘2〗〇萬青案：今檢《漢書・律曆志》「黃鍾」上有「故」字，董氏引省。〖校勘3〗〇萬青案：稿本此處「呂」字作「旅」。今檢《漢書・律曆志》「呂助」之「呂」作「旅」，稿本字是。〖校勘4〗〇萬青案：服虔注出《漢書・郊祀志》「年始冬十月，色外黑內赤」下。

〇王引之曰（《經義述聞》卷二〇，頁二三～二四）：家大人曰：「助」下有「陽」字，而今本脫之。據韋注云：「陰繫於陽，以黃鍾為主。」又云：「以陽為首，不名其初。」又云：「大呂助陽，宣散物也。」（「呂助」二字連讀，義本《律曆志》，說見下。）則正文本作「助陽宣物」明矣。上文云：「大蔟，所以金奏，贊陽出滯也。」下文云：「南呂，贊陽秀物也。」（今本脫「物」字，說見下。）「贊陽」與「助陽」文同一例。《漢書・律曆志》云：「呂以旅陽宣氣。」又云：「大呂，呂旅也，言陰大，旅助黃鍾，宣氣而牙物也。」高注《淮南・天文篇》云：「大呂，所以配黃鍾，助陽宣物也。」義皆本於《國語》。《月令》注引此正作「大呂助陽宣物」。

〇汪遠孫曰（《國語發正》卷三，頁一七～一八）：《白虎通義》：「十二月律謂之大呂何？大，大也。呂，據也。言陽氣欲出，陰不許也，呂之為言拒者，旅抑拒難之也。」項氏名達曰：「《解》中『八寸八分』句誤，應作『八寸四分三分之二』。句欠明。『三分』應指蕤賓言，『倍之為八寸分寸之一百四』句有脫字，應云『管長八寸四分強，法云：蕤賓三分之二下生，得半律，四寸二百四十三分寸之五十二，倍之得全律，八寸二百四十三分寸之一百四。』又蕤賓生大呂，夷則生夾鍾，無射生仲呂。《前漢志》『主下生以三分損一』，本司馬遷《律書》，《通典》『主上生，以三分益一』。主下生者，意謂律陽呂陰，陽生陰宜下不宜上，然此三陽律雖陽，而居陰位，其數歉。三陰呂雖陰，而居陽位，其數盈。歉生盈，宜益不宜損，且三分損一下生僅得半律，仍須倍之得全律，何如三分益一上生徑得全律也。」

〇《國語考》曰（日本弘化二年寫本）：呂之言助也，舒也，故云「助宣」。

〇高木熊三郎曰（《標註國語定本》卷，頁二四）：大短則倍之，是安排也。尤無理義。元，猶言第一也。元無勞解。《書》云：「元首明哉。」未有以此言為不遜者也。注「歸功」義不通。赤白竟無義理。

〇吳曾祺曰（《國語韋解補正》卷三，頁一〇）：《禮記注》引作「助陽宣

物」也，案《白虎通義》：「大，大也。呂，拒也，言陽氣欲出，陰不許也。」

　　○張新武曰（《讀國語札記》，《新疆大學學報》2008 年第 6 期，頁 128～133）：項名達之說別處都對，唯曰：「『倍之為八寸分寸之一百四』句有脫字」則誤。項氏蓋以為「分寸」上脫去了分母「二百四十三」。其實此處不能算是脫字，分數的分母已見上文，倍之是分子乘以 2，分母不變。故分母不必再次寫出。這屬於省略。下文注「夾鐘」「中呂」，省略與此同。注夾鐘曰：「律長三寸二千一百八十七分寸之一千六百三十二（按：『三十二』當作『三十一』，項名達說是），倍之為七寸分寸之一千七十五。」分母「二千一百八十七」已見上句，下句就不必再說。注中呂曰：「律長三寸萬九千六百八十三分寸之六千四百八十七，倍之為六寸分寸之萬二千九百七十四。」分母「萬九千六百八十三」已見上句，下句也沒有再說。

　　○曹建國、張玖青曰（注說《國語》，頁一五二）：元，首先。

　　○萬青案：徐元誥據項名達說改易韋注本文，又引《禮記·月令》鄭注、孔疏、《呂氏春秋·季冬紀》高注、《白虎通義》等為釋。

二閒夾鍾，出四隙之細也。

【匯校】

　　○汪遠孫曰（《國語明道本考異》卷一，頁二○）：《御覽》作「隟」。

　　○張以仁曰（《張以仁先秦史論集》，頁二一六）：《禮·月令》「仲春之月」注引無「二間」及「也」字。

　　○萬青案：今檢《四部叢刊》本《御覽》卷十六引字作「隟」但是脫「四」字，歙城鮑崇城序刊本則「出四」小字以補「四」字。董增齡本無「也」字，當係脫漏。

【集解】

　　○鄭玄曰（阮刻本《十三經注疏》，頁一三六一）：夾鍾者，夷則之所生。三分益一，律長七寸二千一百八十七分寸之千七十五。仲春氣至，則夾鍾之律應。

　　○韋昭曰（《國語》卷三，頁二一）：二月曰夾鍾〔1〕，坤六五也。管長七寸四分〔2〕，律長三寸二千一百八十七分寸之一千六百三十二〔3〕，倍之為七寸分寸之千七十五〔4〕。隙，閒〔5〕也。夾鍾助陽。鍾，聚〔6〕。曲細也〔7〕。四隙，四時之閒〔8〕氣微細者，春為陽中，萬物始生，四時之微氣皆始於春。

春發而出之，三時奉而成之，故夾鍾出四時之微氣也。〖校勘1〗○萬青案：
姜恩本、黃刊明道本及其覆刻本、上善堂本、寶善堂本、吳曾祺本、沈鎔本等
無「曰」字。陳奐已校出黃刊明道本與許宗魯本、金李本之異。徐元誥本則依
據韋昭注釋體例皆增「曰」字。〖校勘2〗○萬青案：四分，秦鼎本、高木本
作「五分」。沈鎔本、徐元誥本依據項名達說在「七寸四分」、「三寸」之間增
「強約法云自夷則下生得半律」十二字，無「律長」二字。〖校勘3〗○渡邊
操曰（《國語解刪補》卷上，頁一八）：一千五百三十一，當作「一千六百三十
一」也。云云。○關脩齡曰（《國語略說》第一，頁二十八）：千五，乃「六」
譌。十二，乃「一」譌。○千葉玄之曰（《韋注國語》卷三，頁三〇）：「夾鍾」
注「一千五百三十一」當作「一千六百三十一」，「分之八百七十五」當作「分
寸之一千七十五」。○萬青案：六百三十二，李克家本、陳仁錫本、道春點本、
千葉玄之本、冢田本等作「五百三十一」，二乙堂本作「五百二十一」。詩禮堂
本之孔傳鐸本、薈要本、文淵閣本、文津閣本、沈鎔本、徐元誥本等「三十
二」作「三十一」。又沈鎔《詳注》無「之」字。〖校勘4〗○渡邊操曰（《國
語解刪補》卷上，頁一八）：分之八百七十五，當作「分寸之一千七十五」。○
關脩齡曰（《國語略說》第一，頁二十八）：之八百，乃「寸之千」譌。○千葉
玄之曰（《韋注國語》卷三，頁三〇）：「夾鍾」注「分之八百七十五」當作「分
寸之一千七十五」。○萬青案：集賢殿校本、姜恩本、黃刊明道本及其覆刻本、
上善堂本、秦鼎本、高木本、寶善堂本、吳曾祺本等「千」前有「一」字。千，
李克家本、二乙堂本、陳仁錫本、道春點本、千葉玄之本、冢田本等作「八
百」。又正學本、道春點本脫「分寸」之「寸」字。綠蔭堂本「千」誤作「十」。
沈鎔本、徐元誥本依項名達說改韋注「七寸分寸之千七十五」作「全律七寸
二千一百八十七分寸之一千七十五」。〖校勘5〗○萬青案：閒，二乙堂本誤
作「開」。〖校勘6〗○萬青案：集賢殿校本、顧校明本、許宗魯本、正學本、
姜恩本、張一鯤本、李克家本、綠蔭堂本、薈要本、鄭以厚本、陳仁錫本、道
春點本、千葉玄之本、冢田本、黃刊明道本及其覆刻本、上善堂本、秦鼎本、
董增齡本、高木本、寶善堂本、吳曾祺本、《四部備要》本、《叢書集成初編》
本、上古本等「聚」下有「也」字。審上下文單字釋文為「×，×也」格式，
則此處亦當為「×，×也」格式為較規整。又文津閣本「助」誤作「初」。姜
恩本「鍾，聚下」唯出「故出四時之隙氣也」八字，「隙」當為「微」字之誤。
〖校勘7〗○陳樹華曰（《春秋外傳考正》卷三，頁一五）：宋本無此二字，孔

莀谷校本作「細微也」。○汪遠孫曰（《國語明道本考異》卷一，頁二〇）：公序本下有「細微也」三字。○萬青案：集賢殿校本、黃刊明道本及其覆刻本、上善堂本、秦鼎本、高木本、寶善堂本、吳曾祺本等無「曲細也」三字注文，陳奐亦校出。陳抄本出「細也」二字，顧校明本、正學本、李克家本、鄭以厚本、陳仁錫本、綠蔭堂本、二乙堂本、道春點本、千葉玄之本等亦作「細也」二字，當是陳鈔本所本。關脩齡曰：「細也四隙，恐當作『四隙之細』。」（《國語略說》卷一，本卷頁 28）冢田本、秦鼎本、高木本「四隙」下增「之細」，恐即據關脩齡說。從這一條目來看，《國語評苑》的底本不是張一鯤本原刻，而是劉懷恕刻本。許宗魯本、薈要本、文淵閣本、文津閣本、董增齡本、徐元誥本等即作「細微也」。這或許可以證明詩禮堂本的版本來源之一應該是張一鯤本或張一鯤本之覆刻本。由正文「二閒夾鍾出四隙之細也」可知注文當釋「鍾」、「細」二字。許宗魯本、薈要本、文淵閣本、文津閣本、董增齡本、徐元誥本等的注文為最合。今檢國家圖書館藏王篆跋本，有孔繼涵校、孔廣栻校注等，恐即陳樹華所謂孔莀谷校本。又靜嘉堂本、詩禮堂本之孔傳鐸本「曲」改作「也」，按照孔傳鐸本，則注文當斷為「鍾，聚也，細也」。〖校勘 8〗○萬青案：文津閣本「閒」誤作「門」。

　　○《禮記疏》引注曰：夾鍾，云夾助陽四隙，謂黃鍾、大呂、大蔟、夾鍾，凡助出四隙之微氣，令不滯伏於下也。〖校勘〗○徐元誥曰（《國語集解》卷三，頁三一）：引注為賈、唐注，與韋注不同。○張以仁曰（《張以仁先秦史論集》，頁二一六）：汪引「夾」上脫「云」字。馬、黃、蔣則皆未收。王入唐固注附錄。韋注異。○萬青案：該注不知誰家，雖然文字不同，但是和韋注的大義基本一致，都謂出四時之微氣。

　　○皆川淇園曰（日本京都大學圖書館藏皆川淇園批校本）：顧按：此下欲言中氣，故此先言四隙。四隙，猶云四隅也。語物之位，故謂之際也。

　　○冢田虎曰（《增注國語》卷三，頁三二）：夾鍾，夷則之所下生，管長三寸七分，倍之為七寸四分，律長三寸二千一百八十七分寸之一千六百三十二，倍之為七寸二千一百八十七分寸之千七十五，倍焉則為夷則之所上生。本注「五百三十一」當為「六百三十二」，「分之八百七十五」當為「分寸之千七十五」。

　　○牟庭曰（國家圖書館藏校注本）：四隙，取「夾」字為義。

　　○秦鼎曰（《國語定本》卷三，頁二四）：夾鍾、夷則，長五寸六分。三分

益一，得七寸四分六釐六毫有奇。此為七寸五分。夾鍾長比于黃鐘一萬九千六百八十三分之一萬六千三百八十四也。用之乘除九寸，得七寸二千一百八十七分寸之一千零七十五，此即四分九釐一毫有奇也。

○帆足萬里曰（《帆足萬里全集》下，頁五二九）：夾，為物所夾也，故曰四隙之細夾者，必細大也。

○董增齡曰（《國語正義》卷三，頁五五～五六）：《周禮·大師》注：「夷則又下生夾鍾之六五。」蓋夷則三分益一上生夾鍾。夷則長五寸五分五釐一毫，取三寸益一為四寸，以餘二寸四分益一為三寸二分，又以餘一分五釐一毫益一得二分一毫強，添前合得七寸四分一釐強也。《史記·律書》：「夾鍾者，言陰陽相夾厠也。其于十二子為卯。卯之為言茂也，言萬物茂也。其于十母為甲乙。甲者，言萬物剖符甲而出也。乙者，言萬物生軋軋也。」《淮南·天文訓》：「夾鍾者，種始莢也。」《時則訓》高注：「十月萬物去陰夾陽，聚地而生，故曰夾鍾也。」《白虎通義》：「夾，孚甲也，言萬物孚甲，種類分也。」《漢書·律曆志》：「夾鍾，言陰夾助太族，宣四方之氣而出種物也。」言四方萬物則包括四隙之氣矣。〖校勘〗○萬青案：今檢《周禮》鄭注「夷則又下生」之「下生」作「上生」。

○汪遠孫曰（《國語發正》卷三，頁一八～一九）：《白虎通義》：「二月律謂之夾鍾何？夾者，孚甲也，種類分也。」項氏名達曰：「是《解》多誤。應云：管長七寸四分強，約法云：自夷則下生得半律，三寸二千一百八十七分寸之一千七十五。」

○高木熊三郎曰（《標註國語定本》卷三，頁二四）：四隙，蓋謂四隅也。

○吳曾祺曰（《國語韋解補正》卷三，頁一〇）：《白虎通義》：夾鍾，孚甲也。言萬物孚甲種類分也。

○萬青案：高木氏釋「四隙」當本皆川淇園。韋注等則謂四隙謂四時之間隙，指時間臨界點而言，非指空間，韋注是。徐元誥引項名達說直接改易韋注本文，又引《禮記·月令》鄭注、孔疏、《呂氏春秋·仲春紀》高注、《白虎通義》為說。

三閒中呂，宣中氣也。

【匯校】

○汪遠孫曰（《國語明道本考異》卷一，頁二〇）：公序本「仲」作「中」，

《禮記》注作「中」。〖校勘〗○萬青案：陳奐已校出黃刊明道本與許宗魯本、金李本之異。

○張以仁曰（《國語斠證》，頁一一七）：《考異》謂《禮·月令》注也。金、秦、董本皆作「中」，《御覽》十六、《天中記》六、《玉海》六、《廣博物志》三三引皆作「中」。中、仲古通。

○萬青案：《山堂考索》卷五三、《儀禮經傳通解》卷十三引字亦皆作「中」，與今傳《國語》公序本多本同。集賢殿校本、姜恩本、黃刊明道本及其覆刻本、上善堂本、寶善堂本、吳曾祺本、沈鎔本、徐元誥本等「中」字作「仲」，注同。張以仁謂「中、仲古通」之說是。正學本「呂」誤作「宮」。

【集解】

○鄭玄曰（阮刻本《十三經注疏》，頁一三六四）：中呂者，無射之所生，三分益一，律長六寸萬九千六百八十三分寸之萬二千九百七十四。

○韋昭曰（《國語》卷三，頁二一～二二）：四月曰中呂〔1〕，坤上六也。管長六寸六分〔2〕，律長三寸萬九千六百八十三分寸之六千四百八十七〔3〕，倍之為六寸分寸之萬二千九百七十四〔4〕。陽氣起於中〔5〕，至四月宣散於外，純乾用事，陰閉藏於內，所以助陽成功也，故曰正月。正月，正陽之月也〔6〕。〖校勘1〗○萬青案：姜恩本、黃刊明道本及其覆刻本、上善堂本、寶善堂本、吳曾祺本、沈鎔本等無「曰」字。陳奐已校出黃刊明道本與許宗魯本、金李本之異。《儀禮經傳通解》、《文獻通考》引同。集賢殿校本、徐元誥本有「曰」字。〖校勘2〗○徐元誥曰（《國語集解》卷三，頁三一）：此依項名達說改正。○萬青案：六分，秦鼎本、高木本作「七分」，秦鼎所用的方法是四捨五入的方法，見下文，恐未盡妥當。吳曾祺《補正》脫「長」字。沈鎔本、徐元誥本依項名達說在「六寸六分」、「三寸萬」之間增「強約法云自無射下生得半律」，無「律長」二字。〖校勘3〗○渡邊操曰（《國語解刪補》卷上，頁一九）：六千五百六十一，當作「六千四百八十七」。○關脩齡曰（《國語略說》第一，頁二十八）：五百六十一，乃「四百八十七」譌。○千葉玄之曰（《韋注國語》卷三，頁三〇）：中呂注「六千五百六十一」當作「六千四百八十七」，「萬三千一百二十二」當作「萬二千九百七十四」。○萬青案：四百八十七，李克家本、二乙堂本、陳仁錫本、道春點本、千葉玄之本、冢田本等作「五百六十一」。又寶善堂本「九千」誤作「九一」。〖校勘4〗○萬青案：姜恩本「二千」作「三千」。二千九百七十四，李克家本、二乙堂本、陳仁錫本、道春點

本、千葉玄之本、冢田本等作「三千一百二十二」，故渡邊操曰：「萬三千一百二十二，當作『萬二千九百七十四』。」（《國語解刪補》卷上，本卷頁 19）關脩齡曰：「三千一百二十一，乃『二千九百七十四』譌。」（《國語略說》卷一，本卷頁 28）沈鎔本、徐元誥本據項名達說於「倍之為」下增「全律」二字，改「六寸分寸之萬二千九百七十四」作「六寸萬九千六百八十三分寸之萬二千九百七十四」。審《晉書・律曆志》正作「六寸萬九千六百八十三分寸之萬二千九百七十四」，項名達恐亦據之為說。〖校勘 5〗○陳樹華曰（《春秋外傳考正》卷三，頁一五）：元明諸本「越」作「起」。○汪遠孫曰（《國語明道本考異》卷一，頁二〇）：「越」，公序本作「起」，是也。○萬青案：黃刊明道本及其覆刻本、上善堂本、寶善堂本、吳曾祺本、沈鎔本等「起」作「越」，陳奐亦校出。集賢殿校本、徐元誥本則從公序本改字作「起」。從語境而言，「起」勝於「越」，汪遠孫之說可從。〖校勘 6〗○汪遠孫曰（《國語明道本考異》卷一，頁二〇）：「正」上，公序本有「正月」二字，此脫。○萬青案：姜恩本「宣散於外」下有「也」字，不錄此下注文。集賢殿校本、黃刊明道本及其覆刻本、寶善堂本、吳曾祺本、徐元誥本等亦不重「正月」。陳奐已校出黃刊明道本與許宗魯本、金李本之異。《儀禮經傳通解》卷十三、《文獻通考》卷一三二引亦不重。重與不重，無礙於語義，但是斷句須有不同。若重「正月」，則第一個「正月」後當斷為句號。若不重，則「正月」之後當施逗號。張一鯤本、李克家本、綠蔭堂本、鄭以厚本、道春點本、千葉玄之本、冢田本、秦鼎本、高木本等此處出「正」字音注，云：「『正月』之『正』音『征』，下『正月』同。」關脩齡《國語略說》謂此十字誤衍，實際上這是張一鯤本等加上的，並非衍誤。

　　○千葉玄之曰（《韋注國語》卷三，頁二九～三一）：中呂三寸三分二釐九毫有奇，倍之，六寸一萬九千六百八十三分寸之一萬二千九百七十四。以隔八相生之法言之，則蕤賓下生大呂，夷則下生夾鍾，無射下生仲呂，故此三律皆短矣。夫十二律，黃鐘為極長，應鍾為極短。而自黃鐘至應鍾，漸漸短。大呂次黃鐘，則當長於大簇而卻短於應鍾也。夾鍾、中呂亦然。今以此三律倍本數，大呂為八寸餘，夾鍾為七寸餘，中呂為六寸餘，則十二管長次序長短相符，是謂倍律。《周禮・大師》注、《禮記・月令》注皆以倍律記之，然以倍律，則蕤賓、夷則、無射生大呂、夾鍾、中呂，俱非下生，可曰上生。至此，三分損益之法毀矣。渡邊氏問於春臺太宰氏，太宰氏答曰：先儒曾疑之，

善哉,問焉。先輩未有斷之者。竊以為其所謂三分損益籌術之法,推測理數而建焉,然未聞有實用也。唯夫截律管者先定黃鐘宮而後推是,已下漸漸至于短管也。如此而調聲律,聲律之協與否,復必用六八合竹吹之,以定聲律和諧否也。若夫古來書籍記律管寸法,亦其大略也。豈如後世籌術所臆斷邪?竹之肥瘦、肉之厚薄,空圍圓橢有毫髮之差,則聲調清濁高下過誤不尟矣。故云聲音之道甚精微也。今韋昭《國語注》兼取減律、倍律,則欲兩得之,齊女兩祖大可笑矣。渡邊氏聞之太宰氏,故今錄于茲。然渡邊氏亦未識律法之精微,猶俟達觀之士而正焉云爾。

○冢田虎曰(《增注國語》卷三,頁三二):中呂,無射之所下生,管長三寸三分,倍之為六寸六分,律長三寸萬九千六百八十三分寸之六千四百八十七,倍之為六寸萬九千六百八十三分寸之萬二千九百七十四,倍焉,則為無射之所上生。本注「五百六十一」當為「四百八十七」,「萬三千一百二十二」當為「萬二千九百七十四」。

○牟庭曰(國家圖書館藏校注本):取「中」字為說。

○秦鼎曰(《國語定本》卷三,頁二四):仲呂、無射長五寸,三分益一,得六寸六分六釐六毫有奇。此為六寸七分。仲呂比于黃鐘十七萬七千一百四十七分之一十三萬一千七十二也。用之乘除九寸,得六寸一萬九千六百八十三分寸之一萬二千九百七十四。此即六分五釐有奇也。

○董增齡曰(《國語正義》卷三,頁五六):《周禮·大師》注:「無射又上生中呂之上六。」蓋無射參分益一上生中呂。無射長四寸八分八釐四毫八絲,取三寸益一為四寸,又取一寸八分,益一為二寸四分,又取八釐四毫八絲,益一為一分八毫八絲,添前共得六寸四分一釐八毫八絲也。《淮南·天文訓》:「仲呂者,中充天〔1〕也。」《時則訓》高注:「是月陽散在外,陰實在中,所以旅陽成功,故曰中呂。」《史記·律書》:「仲呂者,言萬物盡旅而西行也。其於十二子為巳。巳者,言陽氣之已盡也。」《白虎通義》言:「陽氣將極中充大也。故復中言〔2〕之也。」《漢書·律曆志》:「中呂,言微陰始起未成,著於其中旅助姑洗,宣氣齊物也。」此皆助物成功之義也。《詩·小雅·正月》「繁霜」毛《傳》:「正月,夏之四月。」鄭《箋》:「夏之四月,建巳之月,純陽用事。」《疏》引昭十七年「夏六月甲戌朔日,有食之」《左傳》曰:「祝史請所用幣,平子禦之曰:『止也。唯正月朔,慝未作,日有食之,于是乎有伐鼓用幣,其餘則否。』大史曰:『在此月也。』」「《經》書『六月』,《傳》言『正

月』，太史謂『在此月』，是周之六月謂〔3〕正月。周六月是夏之四月……謂之正月者，以乾用事，正純陽之月。《傳》稱『慝未作』，謂未有陰氣，故此《箋》云『純陽用事』。《易‧稽覽圖》云：『正陽者，從二月至四月，陽氣用事時也。』獨以為四月者，彼以封〔4〕卦之六爻，至二月大壯用事，陽爻過用〔5〕半，故謂之正陽，與專指純陽者異義。〖校勘 1〗○萬青案：稿本「天」作「大」，是。〖校勘 2〗○萬青案：今檢《白虎通義‧五行》「言」作「難」。孫詒讓《白虎通校補輯補》謂：「難，《史記正義》影佐言，疑誤。」（見載於雪克輯校：《籒廎遺著輯存》，濟南：齊魯書社 1985 年版，頁 78）則董氏非引自《白虎通》原文，而是轉引自《史記正義》。〖校勘 3〗○萬青案：今檢孔疏本文「謂」作「為」。董增齡引《詩‧小雅‧正月》孔疏有省文。〖校勘 4〗○萬青案：稿本無「封」字。〖校勘 5〗○萬青案：稿本此處無「用」字。

○汪遠孫曰（《國語發正》卷三，頁一九）：《白虎通義》：「四月謂之仲呂何？言陽氣極將，故彼復中難之也。」（《史記‧律書》正義引「將在極上」無「彼」字，有「中充大也」四字）項氏名達曰：「應云管長六寸六分強，約法云：自無射下生得半律，三寸萬九千六百八十三分寸之六千四百八十七，倍之為全律，六寸萬九千六百八十三分寸之萬二千九百七十四。」

○高木熊三郎曰（《標註國語定本》卷三，頁二四）：注「正陽」云，月，陽月，亦非正陽之謂。正陽元非謬說。

○吳曾祺曰（《國語韋解補正》卷三，頁一〇）：《白虎通義》：陽氣將極，故復中難之也。

○萬青案：徐元誥引項名達說改易韋注本文，並引《禮記‧月令》鄭注、孔疏、《呂氏春秋‧孟夏季》高注、《白虎通義》為說。秦鼎《定本》引千葉玄之之說而未注出。

四閒林鍾，和展百事，俾莫不任肅純恪也。

【音義】

○《舊音》曰（《國語補音》卷一，頁二六）：音比。《補音》：必爾反。〖校勘〗○萬青案：張一鯤本、李克家本、綠蔭堂本、鄭以厚本、道春點本、千葉玄之本、冢田本、秦鼎本、高木本等此處不出「俾」字音注。《補音》「俾」字音注 2 見，另外一處為《晉語四》，《補音》注必耳，與此同。張一鯤本等不出者，或以此字為常見字，不需注出。

○宋庠曰（《國語補音》卷一，頁二六）：而林、而鳩二反，注同。〖校勘〗○關脩齡曰（《國語略說》第一，頁二十八）：而鳩，乃「鳩」譌。○萬青案：道春點本、千葉玄之本「鳩」誤作「鳩」，關脩齡《略說》用道春點本，故云。冢田本、秦鼎本、高木本等已改作「鳩」。

【匯校】

○汪遠孫曰（《國語明道本考異》卷一，頁二〇）：《禮記》注作「百物」。

○張以仁曰（《國語斠證》，頁一一七）：《禮·月令》疏引《國語》注云「言時務和審百事，無有詭（今韋注作『偽』）詐。」與韋注同，而言「百事」，則《禮記》注之作「物」，似有可議。《御覽》十六、《天中記》六、《廣博物志》三三皆作「事」。

○萬青案：和，閔齊伋本作「龢」。

【集解】

○鄭玄曰（阮刻本《十三經注疏》，頁一三七〇）：林鍾者，黃鍾之所生。三分去一，律長六寸。季夏氣至，則林鍾之律應。

○韋昭曰（《國語》卷三，頁二二）：六月曰林鍾〔1〕，坤初六也。管長六寸，律長六寸。林，眾也〔2〕。言萬物眾盛也〔3〕。鍾，聚也。於正聲為徵〔4〕。展，審也。俾，使也。肅，速也。純，大也。愅，敬也。言時務和審，百事無有偽詐〔5〕，使之〔6〕莫不任其職事，速其功，大敬其職也〔7〕。〖校勘1〗○萬青案：姜恩本、黃刊明道本及其覆刻本、上善堂本、寶善堂本、吳曾祺本、沈鎔本等無「曰」字。陳奐已校出黃刊明道本與許宗魯本、金李本之異。《儀禮經傳通解》、《文獻通考》引同。集賢殿校本、徐元誥本增之。〖校勘2〗○徐元誥曰（《國語集解》卷三，頁三二）：此下依項名達說刪「律長六寸」四字。○萬青案：沈鎔本、徐元誥本依項名達說刪「律長六寸」四字，又沈鎔《詳注》把下文「於正聲為徵」前置於「管長六寸」之下。上善堂本「律長六寸」之「寸」字誤脫去「丶」。姜恩本、黃刊明道本及其覆刻本、上善堂本、寶善堂本、吳曾祺本等「眾」下有「盛」字，沈鎔本、徐元誥本則無。恐以無「盛」字為是，因下文注中「眾盛」而於本處「眾」下誤衍。《儀禮經傳通解》、《文獻通考》引亦「眾」下亦有「盛」字。〖校勘3〗○汪遠孫曰（《國語明道本考異》卷一，頁二〇）：「林」下，公序本有「眾也言萬物」五字，此脫。○萬青案：姜恩本、黃刊明道本及其覆刻本、寶善堂本、吳曾祺本等無「言萬物眾盛也」六字注文。陳奐已校出黃刊明道本與許宗魯本、金李本之異。《儀

禮經傳通解》、《文獻通考》引亦無。集賢殿校本、徐元誥本則有之。〖校勘4〗
○萬青案：文津閣本「於」作「于」。徐元誥《集解》「正」誤作「五」。〖校勘5〗○陳樹華曰（《春秋外傳考正》卷三，頁一五）：《月令正義》引「偽」作「詭」。○萬青案：這二十六個字中，姜恩本只取「展，審也。肅，速也」六字。〖校勘6〗○萬青案：集賢殿校本、姜恩本、黃刊明道本及其覆刻本、上善堂本、寶善堂本、吳曾祺本、沈鎔本、徐元誥本等「使」下無「之」字。陳奐已校出黃刊明道本與許宗魯本、金李本之異。《儀禮經傳通解》、《文獻通考》引同。〖校勘7〗○陳樹華曰（《春秋外傳考正》卷三，頁一五）：元明諸本「使」下有「之」字，從宋本刪，與《〈月令〉正義》引韋注合。《正義》引韋注「大」上有「而」字。○萬青案：姜恩本「莫不任」下無「其職」二字，「其職」下有「事」字。《月令正義》增「而」字亦隨文勢而自增之，不必以此認為韋注原本也有「而」字。《禮記疏》引注見下。又《儀禮經傳通解》、《文獻通考》引注「職」下有「事」字，亦當屬此類。張一鯤本、綠蔭堂本、鄭以厚本、道春點本、千葉玄之本、冢田本、秦鼎本、高木本等注文之末出「徵」字音注，云：「徵，張里切，下同。」

　　○《禮記疏》引注曰：坤初六也。林，眾。鍾，聚。肅、速。純，大。恪、敬。言時務和，審百事，無有詭詐。使莫不任其職事，速其功而大敬其職。〖校勘〗○張以仁曰（《張以仁先秦史論集》，頁二一七）：此注幾全見於韋注。馬、王、黃、蔣未收。○萬青案：此處所引或即約略韋昭之言而為之者，故清代輯佚家多未徵引。

　　○關脩齡曰（《國語略說》第一，頁二七）：「言時務和審百事」七字句。

　　○冢田虎曰（《增注國語》卷三，頁三二）：林鍾，黃鍾之所下生，三分九寸之二，故管律皆六寸。展，信也。任肅，任其職而肅慎也。純恪，純其事而恪敬也。

　　○牟庭曰（國家圖書館藏校注本）：以「林」字取義也。

　　○秦鼎曰（《國語定本》卷三，頁二四）：林鍾、黃鐘長九寸，三分損一，得六寸。林鍾比于黃鐘三分之二也，用之乘除九寸，得六寸。

　　○帆足萬里曰（《帆足萬里全集》下，頁五二九）：容曰肅，事曰恪。

　　○董增齡曰（《國語正義》卷三，頁五七）：《周禮·大師》注：「黃鍾初九也，下生林鍾之初六。」賈《疏》：「黃鍾長九寸，下生林鍾，三分減一，去三寸，故林鍾長六寸。」《淮南·天文訓》：「林鍾者，引而止也。」又《時則訓》

「季夏之月，律中百鍾」高注：「百鍾，林鍾也。是月陽盛陰起，生養萬物，故曰百鍾。」《白虎通義》：「林者，眾也。言萬物成熟，種類多也。」〔1〕《漢書·律曆志》：「林，君也。言陰氣受任，助蕤賓君主種物，使長大楙盛也。」韋解用《淮南》、班固兩家之義。《史記·律書》：「林鍾者，言萬物就死，氣林林然。其于十二子為未。未者，言萬物皆成，有滋味也。」案：《月令》：「季夏……神農將持功。」則萬物生王〔2〕之時。至七月，律中夷則。《方言》：「夷，傷也。」則六月不得遽言就死，故韋不用之也。〖校勘1〗○萬青案：所引《白虎通義》恐亦出《史記·律書》「律中林鍾」正義，今所見《白虎通義》卷三無「言」字。〖校勘2〗○萬青案：頗疑「王」字為衍文，或為「長」字之誤。董增齡《國語正義》手稿本頁眉上有王引之案語云：「訓『林』為『君』及『萬物就死』之說俱與《國語》不合，似可不引。」是對董氏此條提出批評。

○汪遠孫曰（《國語發正》卷三，頁一九）：《白虎通義》：「六月謂之林鍾何？林者，眾也，萬物成熟，種類眾多也。」項氏名達曰：「既載管長，復無約分律長，句贅。」

○高木熊三郎曰（《標註國語定本》卷三，頁二四）：注純乾上云坤上六，此云純乾，不知何謂。展是陳布之義。任肅純恪，是四行。展無「審」義，肅無「速」義。

○俞樾曰（《群經平議》卷二八，頁一六）：「展」與「布」同義，故《小爾雅·廣言》曰：「布，展也。」然則「展」亦猶「布」也，「和」當讀為「宣」。《尚書·禹貢篇》「和夷厎績」，《水經·桓水篇》注引鄭注：「和讀曰桓。」「桓」與「宣」並從「亘」聲。「和」之讀為「宣」，猶「和」之讀為「桓」也。「和展百事」者，宣布百事也。《周官·小司寇職》曰：「正歲，帥其屬而觀刑象，乃宣布于四方。」《布憲職》曰：「執旌節以宣布于四方。」是其義也。韋讀「和」如本字而訓「展」為「審」，則「和」與「展」義不相屬矣。

○陳瑑曰（《國語翼解》卷二，頁二一）：六律首十一月，以十一月之律為乾初九。由是而正月九二，三月九三，五月九四，七月九五，九月上九，乾貞於子也。六呂首六月，以六月之律為坤初六。由是而八月六二，十月六三，十二月六四，二月六五，四月上六，坤貞於未也。

○蕭旭曰（《群書校補》，頁九九）：韋解固不安，俞說恐亦未得。和，讀為龢，《說文》：「龢，調也。」《廣雅》：「展，舒也。」任，信也。肅，敬也。

純，和諧也。下文「久固則純」，董增齡曰：「純訓和諧。」

　　○萬青案：吳曾祺《補正》引《白虎通》為義，徐元誥《集解》引項名達說改易韋注本文，二氏恐皆據汪遠孫《國語發正》為說。又徐元誥《集解》引《禮記‧月令》鄭注、孔疏、《呂氏春秋‧季夏紀》高注、《白虎通義》、俞樾之說。

五閒南呂，贊陽秀也。

【匯校】

　　○陳樹華曰（《春秋外傳考正》卷三，頁一五）：《月令》鄭注引《周語》曰：「南呂者，贊陽秀物。」

　　○孔廣栻曰（《國語解訂譌》）：《月令》「仲秋，律中南呂」注引此「秀」下有「物」字。疏引此注：「陰佐陽秀成物也。」

　　○恩田仲任曰（《國語備考》）：《月令》註引《周語》作「贊陽秀物」。

　　○汪遠孫曰（《國語明道本考異》卷一，頁二〇）：《禮記》注「秀」下有「物」。案：此本有空，似剜改刪去「物」字。

　　○吳曾祺曰（《國語韋解補正》卷三，頁一〇）：《禮記》注引作「贊陽秀物也」。

　　○徐元誥曰（《國語集解》卷三，頁三二）：贊陽秀物，各本無「物」字，今依《月令注》補正。

　　○張以仁曰（《國語斠證》，頁一一七～一一八）：《考異》蓋本《述聞》為說也。《御覽》十六、《天中記》六、《廣博物志》三三引皆脫「物」字。《御覽》「秀」復誤「季」。《禮‧月令》「孟秋之月」注引無「五閒」、「也」等字。「呂」下有「者」字，「秀」下有「物」字。

　　○萬青案：贊陽秀，徐元誥《集解》作「贊揚秀物」，實本王念孫之說說而徑云據《禮記》疏。據別本而輕易改字，恐亦未當。根據董增齡的理解，「贊陽秀」，即「陰贊陽使物秀」之義，是不著「物」字，其義亦通。汪遠孫《考異》以黃刊明道本有空格即以為《國語》原本有「物」字，恐亦缺乏直接證據。蓋引書往往增減文字以適應個人的表達習慣和前後語境的連貫性，據此而改原書，未為妥當。

【集解】

　　○鄭玄曰（阮刻本《十三經注疏》，頁一三七三）：南呂者，大蔟之所生，

三分去一，律長五寸三分寸之一。仲秋氣至，則南呂之律應。

　　○韋昭曰（《國語》卷三，頁二二）：八月曰南呂〔1〕，坤六二也。管長五寸三分，律長五寸三分寸之一〔2〕。榮而不實曰秀。南，任也。陰任陽事，助成萬物也〔3〕。贊，佐也〔4〕。〖校勘1〗○萬青案：姜恩本、黃刊明道本及其覆刻本、上善堂本、寶善堂本、吳曾祺本、沈鎔本等無「曰」字。陳奐已校出黃刊明道本與許宗魯本、金李本之異。集賢殿校本、徐元誥本等則增「曰」字。《儀禮經傳通解》、《文獻通考》引則無。〖校勘2〗○徐元誥曰（《國語集解》卷三，頁三二）：此依項名達說改正。○萬青案：姜恩本「管長五寸」之「五」誤作「三」。姜恩本注不取「榮而不實曰秀」以下文字。沈鎔本、徐元誥本依項名達之說改韋注「管長五寸三分，律長五寸三分寸之一」為「管長五寸三分強，約為五寸三分寸之一」。〖校勘 3〗○萬青案：黃刊明道本及其覆刻本、上善堂本、寶善堂本、吳曾祺本、徐元誥本等「助成萬物」下無「也」字。陳奐已校出黃刊明道本與許宗魯本、金李本之異。《儀禮經傳通解》、《文獻通考》引亦無之。集賢殿校本則有。〖校勘4〗○萬青案：正學本「佐」誤作「任」。

　　○《禮記疏》引注曰：坤六二也。南，任也。陰任陽事，助成萬物。贊，佐也。陰佐陽秀成物也。〖校勘〗○徐元誥曰（《國語集解》卷三，頁三二）：此七字據《月令》疏引補，○張以仁曰（《張以仁先秦史論集》，頁二一七）：韋注小異。馬、黃、蔣未收。王入唐固注附錄。○萬青案：徐元誥《集解》在韋注「贊，佐也」下增「陰佐陽秀，成物也」七字，此徐元誥實從王引之《經義述聞》之說。先看韋注的注釋順序，先總釋「南呂」，次釋「秀」字，次釋「南」字，次串講，次釋「贊」字。「南，任也」之「南」與「贊，佐也」之「贊」意義一致。則「陰任陽事，助成萬物」與《禮記》疏補充的「陰佐陽秀，成物也」的意思也是一致的。從這個角度看，《禮記》疏補充的七字注文似是為了文例的規整性，以與「南，任也。陰任陽事，助成萬物」對文。從語義上而言，則有重複之嫌。王引之以為韋注闕文，恐不當。而徐元誥《集解》遂據以改韋注，也失之武斷。

　　○關脩齡曰（《國語略說》第一，頁二七）：秀，禾吐華也。《詩·大雅·生民》曰：「實發實秀。」麥亦曰秀，若麥秀口口，是皆將衰之候，此言陰佐於長陽也。舊注是因襲之謬，於本義無當。

　　○冢田虎曰（《增注國語》卷三，頁三二）：南呂，大蔟之所下生。三分八

寸之二，故五寸三分寸之一。

○牟庭曰（國家圖書館藏校注本）：贊助，亦取「呂」字為義。陽秀，取「南」字為義。

○秦鼎曰（《國語定本》卷三，頁二四）：南呂、大簇長八寸。三分損一，得五寸三分三釐三毫有奇。此為五寸三分。南呂比于黃鐘廿七分之十六也，用之乘除九寸，得五寸三分寸之一。此即三分三釐三毫有奇也。

○董增齡曰（《國語正義》卷三，頁五七）：《周禮·大師》注：「太簇，又下生南呂之六二。」賈《疏》：「太簇下生南呂，三分減一，八寸取六寸減二寸，得四寸在，餘二寸，寸謂〔1〕三分，合為六分，去二分，四分在，取三分為一寸，添前四寸為五寸，餘一分在。是南呂之管長五寸三分寸之一也。」《淮南·天文訓》「南呂，任包大也」高注：「南，任也。言陽氣內藏，陰侶於陽，任成其功，故曰南呂。」又《時則訓》高注：「南，任也，言陽氣呂旅而志助陰，陰任成萬物也。」《史記·律書》：「南〔2〕者，言陽氣之旅入藏也，其于十二子為酉。酉者，萬物之老也，故曰酉。」《白虎通義》：「南，任也，言陽氣尚任包，大生薺麥也。」《漢書·律曆志》：「南，任也，言陰氣旅助夷則，任成萬物也。」《爾雅·釋艸》：「不榮而實謂之秀，榮而不實謂之英。」《山海經》郭注引《爾雅》：「榮而不實謂之蕡。」《類篇》：「蕡，艸名，不實。」是「秀」為「不榮而實」之名，宏嗣以「榮而不實」釋之，當別有所据也。《大雅·生民》「實發實秀」，是黍稷所重在秀。孔穎達曰：「其實黍稷皆先榮後實也。」然《夏小正》「七月秀葽葦」，此亦「榮而不實」者。則韋義亦得通也。《周語》富辰曰：「鄭伯，南也。」昭十三年《內傳》：「鄭伯，男也。」「南」、「男」古通字。《白虎通義》：「南之為言任也。」《詩·凱風》「自南」《釋文》沈重音「南」為乃林反。〔3〕《尚書》「二百里男邦」，《史記》作「二百里任國」，晚出《書》孔《傳》：「男，任也，任王者事。」孔《疏》：「男，聲近任，故訓為『任』。」是「南」有「任」義也。【校勘1】○萬青案：稿本「謂」作「為」，是，檢《周禮》賈疏字即作「為」。【校勘2】○萬青案：稿本「南」字下原有「旅」字，抹去。《史記·律書》作「南呂者」，故此處實省掉「呂」字，稿本誤作「旅」，故抹去，當補「呂」字。【校勘3】○萬青案：所引《釋文》出《詩·邶風·柏舟》「于南」條，注云：「于南，如字。沈云：協句，宜乃林反。今謂古人韻緩不煩改字。」

○王引之曰（《經義述聞》卷二〇，頁二四）：家大人曰，「秀」下有「物」

字，而今本脫之，則文不成義。據韋注云：「南，任也。陰任陽事，助成萬物也。贊，佐也。」（《月令正義》引此注下有「陰佐陽秀，成物也」七字。）則正文本作「贊陽秀物」，與「助陽宣物」文同一例，明矣。《律曆志》云：「南呂，南任也。言陰氣旅助夷則，任成萬物也。」說與韋注同。《月令》注引此正作「南呂贊陽秀物」。

〇汪遠孫曰（《國語發正》卷三，頁一九）：《白虎通義》：「八月謂之南呂何？南者任也，言陽氣尚有任生薺麥也，故陰拒之也。」項氏名達曰：「應云管長五寸三分強，約為五寸三分寸之一。」

〇《國語考》曰（日本弘化二年寫本）：南呂，二南之呂。

〇高木熊三郎曰（《標註國語定本》卷三，頁二四）：禾穗吐花曰秀，故假為長達之義。

〇萬青案：吳曾祺《補正》引《白虎通》為義，徐元誥引項名達說改易韋注本文，又引《禮記·月令》鄭注、孔疏、《呂氏春秋·仲秋季》高注為釋。

六閒應鍾，均利器用，俾應復也。

【匯校】

〇陳樹華曰（《春秋外傳考正》卷三，頁一四）：《〈禮記·月令〉正義》徵引已上各句下注文與今韋注不合，當是賈逵注，故不具錄。

〇萬青案：陳氏所云「上各句」分別為「所以宣養六氣九德也」、「贊陽出滯也」、「三曰姑洗」、「五曰夷則」、「六曰無射」、「二閒夾鍾」、「六閒應鍾」，但是是否就是賈逵注，恐亦值得商榷。

【集解】

〇鄭玄曰（阮刻本《十三經注疏》，頁一三八〇）：孟冬氣至，則應鍾之律應。應鍾者，姑洗之所生，三分去一，律長四寸二十七分寸之二十。

〇注曰：坤六三用事。應，當也。言陰當代陽應事。百物可珍藏則均利百工之器。俾應復者，陰陽用事，終而復始也。〖校勘〗〇徐元誥曰（《國語集解》卷三，頁三三）：引注為賈、唐注，與韋注不同。〇張以仁曰（《張以仁先秦史論集》，頁二一七）：韋注異。馬、黃、蔣皆未收。王入唐固注附錄。〇萬青案：此亦《禮記正義》所引，確實與韋注不同。

〇韋昭曰（《國語》卷三，頁二二）：十月曰應鍾〔1〕，坤六三也。管長四寸七分，律長四寸二十七分寸之二十〔2〕。言陰應陽用〔3〕事，萬物鍾聚，百

嘉〔4〕具備，時務均利，百官器用、程度庶品使皆應其禮，復其常也。《月令》：「孟冬命工師效〔5〕功，陳祭器、案〔6〕程度，無或詐偽〔7〕淫巧以蕩上心，必功致為上〔8〕。」〖校勘1〗○萬青案：姜恩本、黃刊明道本及其覆刻本、上善堂本、寶善堂本、吳曾祺本、沈鎔本等無「曰」字。陳奐已校出黃刊明道本與許宗魯本、金李本之異。集賢殿校本、徐元誥本則增「曰」字。《儀禮經傳通解》、《文獻通考》引注亦無「曰」字。董增齡本「十月曰」誤改作「十一月」。姜恩本注文只取「復其常也」，之後注文不錄。且在引錄的注文中，省掉「百嘉具備」、「程度庶品」八個字。〖校勘2〗○徐元誥曰（《國語集解》卷三，頁三三）：依項名達說改正。○萬青案：二十，李克家本、二乙堂本、陳仁錫本、道春點本、千葉玄之本、冢田本作「十九」，渡邊操曰：「二十七分寸之十九，當作『二十七分寸之二十』。」（《國語解刪補》卷上，本卷頁19）關脩齡曰：「十九，乃『二十』譌。」（《國語略說》卷一，本卷頁28）千葉玄之曰：「『應鐘』注『二十七分寸之十九』當作『二十七分寸之二十』。」（《韋注國語》卷三，頁30）沈鎔本、徐元誥本等依項名達說改韋注「管長四寸七分，律長四寸二十七分寸之二十」作「管長四寸八分弱，約為四寸二十七分寸之二十」。〖校勘3〗○萬青案：用，二乙堂本誤作「月」。〖校勘4〗○汪中曰（《國語校文》，頁五）：嘉，宋本作「器」。○汪遠孫曰（《國語明道本考異》卷一，頁二〇）：「器」，公序本作「嘉」，誤。○萬青案：黃刊明道本及其覆刻本、上善堂本、寶善堂本、吳曾祺本、徐元誥本等「嘉」作「器」。陳奐已校出黃刊明道本與許宗魯本、金李本之異。汪遠孫認為「嘉」是錯誤的，恐怕「嘉」字較「器」字更能符合文義。萬物具、百嘉備，正可對文。〖校勘5〗○萬青案：顧校明本「時務」之「務」誤作「物」。效，黃刊明道本及其覆刻本、上善堂本、寶善堂本、吳曾祺本、徐元誥本等作「効」，「效」、「効」異體字。〖校勘6〗○萬青案：案，集賢殿校本、黃刊明道本及其覆刻本、上善堂本、寶善堂本、吳曾祺本、徐元誥本等作「按」。「按」、「案」用同。〖校勘7〗○陳樹華曰（《春秋外傳考正》卷三，頁一五～一六）：元明諸本「度程」作「程度」，「毋」作「無」，「或」字作「為」，「訛」作「詐偽」。宋本類此皆轉寫之譌，茲依《禮記》本文勘正。（《呂覽》同）○關脩齡曰（《國語略說》第一，頁二九）：無或詐偽，《月令》作「毋或作為」。○汪遠孫曰（《國語明道本考異》卷一，頁二〇）：「毋作」二字，公序本作「無或詐偽」四字。案：《月令》「毋或作為淫巧」鄭注：「今《月令》作『為為詐偽』。」韋氏多引《明堂》、

《月令》，蓋即康成所云「今《月令》」也。○萬青案：集賢殿校本、黃刊明道本及其覆刻本、上善堂本、寶善堂本、吳曾祺本、徐元誥本等亦作「程度」、「毋作淫巧」。陳奐已校出黃刊明道本與許宗魯本、金李本之異。未知陳樹華所據何本而言有作「度程」者。《儀禮經傳通解》、《文獻通考》引注亦作「程度」、「毋作淫巧」。「毋作」似較「無或」更勝。〖校勘 8〗○萬青案：許宗魯本、黃刊明道本及其覆刻本、上善堂本、寶善堂本、吳曾祺本、徐元誥本等「為上」下有「也」字。陳奐已校出黃刊明道本與許宗魯本、金李本之異。《儀禮經傳通解》、《文獻通考》引注亦有「也」字。

　　○宋庠曰（《國語補音》卷一，頁二六）：程度，如字，下同。〖校勘〗○萬青案：張一鯤本、李克家本、綠蔭堂本、鄭以厚本、道春點本、千葉玄之本、冢田本、秦鼎本、高木本等此處不錄《補音》注文。

　　○關脩齡曰（《國語略說》第一，頁二七～二八）：「時務均利，百官器用」八字句。

　　○冢田虎曰（《增注國語》卷三，頁三三）：應鐘，姑洗之所下生，三分七寸九分寸之一之二，故四寸二十七分寸之二十。本注「十九」當為「二十」。案程度，今《月令》作「案度程」；「詐偽淫巧」作「作為淫巧」。

　　○牟庭曰（國家圖書館藏校注本）：取「應」字為義也。

　　○秦鼎曰（《國語定本》卷三，頁二四）：應鍾、姑洗長七寸一分，三分損一，得四寸七分三釐三毫，此為四寸七分。應鍾比于黃鐘二百四十三分之一百廿八也。用之乘除九寸，得四寸廿七分寸之廿，此即七分四釐零有奇也。〖校勘〗○秦鼎曰（《國語定本》卷三，頁二四）：大呂、夾鍾、中呂等注「分」、「寸」上有脫字，標注詳之。○萬青案：「標注詳之」之「標注」，不知道指何書。按說高木熊三郎的《標註國語定本》比秦鼎的《定本》晚出 80 多年，不當指的是高木。高木熊三郎的信息，網上又不多見，頗難細究。秦鼎此說比較費解，尚待進一步質實。

　　○帆足萬里曰（《帆足萬里全集》下，頁五二九）：應，應事成用也。復，可反復也。

　　○董增齡曰（《國語正義》卷三，頁五八）：《周禮·大師》注：「姑洗又下生應鍾之六三。」賈《疏》：「姑洗下生應鍾，三分去一，取六寸〔1〕，得四寸，又以餘一寸者為二十七分，餘一分者為三分，添二十七分為三十分，減十分，餘二十分在〔2〕。是應鍾之管長四寸二十七分寸之二十也。」《淮

南・天文訓》：「應鍾者，應其鍾也。」《時則訓》高注：「陰應於陽，轉成其功，萬物聚成，故曰應鍾。」《史記・律書》：「應鍾者，陽氣之應不用事也。其于十二子為亥。亥者，該也。言陽氣藏于下，故該也。」《白虎通義》：「應者應也，言萬物應陽而動下藏也。」《漢書・律曆志》：「應鍾，言陰氣應亡射，該藏〔3〕萬物而雜陽閡種也。」〖校勘1〗○萬青案：今檢賈疏本文「取六寸」下有「去二寸」三字，董氏引脫。〖校勘2〗○萬青案：今檢賈疏本文無「在」字。〖校勘3〗○萬青案：稿本「藏」作「臧」，檢《漢書・律曆志》字即作「臧」。

○汪遠孫曰（《國語發正》卷三，頁二〇）：《白虎通義》：「十月謂之應鍾何？鍾，動也，言萬物應陽而動下藏也。」項氏名達曰：「應云管長四寸八分弱，約為四寸二十七分寸之二十。」

○黃永堂曰（《國語全譯》，頁一四三）：應：遵照（禮制）。復，重復（以前的常法）。

○蕭旭曰（《群書校補》，頁一〇〇）：《左傳・宣公八年》：「復者，事畢也。」

○萬青案：吳曾祺《補正》引《白虎通義》為義，徐元誥《集解》引項名達說改易韋注本文，徐元誥《集解》又引《禮記・月令》鄭注、孔疏、《呂氏春秋・孟冬季》高注、《白虎通義》為釋。又顧頡剛《顧頡剛讀書筆記》卷三根據韋昭注，將十二律列一表，比較直觀（見顧著，頁373～374）。引如下：

	名	卦爻	管長	徑	圍	律　長	月
六律	黃鍾	乾初九	九寸	三分	九寸	九寸	十一月
	太蔟	乾九二	八寸				正月
	姑洗	乾九三	七寸一分			七寸九分	三月
	蕤賓	乾九四	六寸三分			八寸八十一分寸之二十六	五月
	夷則	乾九五	五寸六分			五寸七百二十九分寸之四百五十一	七月
	無射	乾上九	四寸九分			四寸六千五百六十一分寸之六千五百二十四	
六呂	大呂	坤六四	八寸八分				十二月
	夾鍾	坤六五	七寸四分			三寸二千一百八十七分寸之一千六百三十二	二月
	仲呂	坤上六	六寸六分			三寸萬九千六百八十三分寸之六千四百八十七	四月

林鍾	坤初六	六寸	六寸	六月
南呂	坤六二	五寸三分	五寸三分寸之一	八月
應鍾	坤六三	四寸七分	四寸二十七分寸之二十	十月

原文雖採取表格方式,並無實際表格,今為加上。對於比較六律、六呂還是有一定幫助的。清人探討樂律文章中亦多有列直觀表格以助論證者。又黃翔鵬云:「『利』、『用』二字已包含在句中了。如果以黃鐘為『宮』C,應鍾就是『變』,原位第七級音 B。」(氏著《黃翔鵬文存》,頁 745)也可為參。

律呂不易,無姦物也。

【音義】

○宋庠曰(《國語補音》卷一,頁二六):盈隻反,注同。〖校勘〗○萬青案:張一鯤本、李克家本、綠蔭堂本、鄭以厚本、道春點本、千葉玄之本、冢田本、秦鼎本、高木本等此處不出「易」字音注,前文已有之。

【集解】

○韋昭曰(《國語》卷三,頁二二):律呂不變易其常〔1〕,各順其時,則神無姦行,物無害生〔2〕。〖校勘 1〗○汪遠孫曰(《國語明道本考異》卷一,頁二〇):「正」作「常」。○萬青案:姜恩本注唯「物旡反生,神旡姦行」八字。集賢殿校本、黃刊明道本及其覆刻本、上善堂本、寶善堂本、吳曾祺本、沈鎔本、徐元誥本等字作「正」。陳奐已校出黃刊明道本與許宗魯本、金李本之異。《儀禮經傳通解》、《文獻通考》引注字作「正」。「常」、「正」二字在本語境中都可通。〖校勘 2〗○萬青案:集賢殿校本、黃刊明道本及其覆刻本、上善堂本、秦鼎本、高木本、寶善堂本、吳曾祺本、沈鎔本、徐元誥本等「生」下有「也」字。《儀禮經傳通解》、《文獻通考》引注亦有「也」字。

○關脩齡曰(《國語略說》第一,頁二七):淫姦沴惡之氣,陰陽順序,故無此災。「神無」至「害生」八字未妥。

○帆足萬里曰(《帆足萬里全集》下,頁五二九):物不中度曰姦。

○高木熊三郎曰(《標註國語定本》卷三,頁二四):姦物謂詐偽淫巧之類。

○萬青案:清人王文清《律呂分均考略(正義定論)》云:「不易者,言其各有條理,不相互易,而後無姦物。」(氏撰《王文清集》(二),長沙:嶽麓書社 2013 年版,頁 804)亦可參。

細鈞有鍾無鎛，昭其大也。

【音義】

○《舊音》曰（《國語補音》卷一，頁二六）：音博。《補音》：伯各反，終篇同。〖校勘〗○萬青案：張一鯤本、李克家本、綠蔭堂本、鄭以厚本、道春點本、千葉玄之本、冢田本、秦鼎本、高木本等此處唯錄《舊音》直音音注。《補音》音注與《類篇》同。

【集解】

○韋昭曰（《國語》卷三，頁二二）：細，細聲，謂角、徵、羽也。鈞，調也。鍾，大鍾。鎛，小鍾也。昭，明也。有鍾無鎛，為〔1〕兩細不相和，故以鍾為節〔2〕。節，明其大者，以大平細〔3〕。〖校勘1〗○萬青案：姜恩本無「細聲，謂」、「鍾，大鍾」、「昭，明也」等字，又「鈞」誤作「鎛」。為，集賢殿校本、姜恩本、黃刊明道本及其覆刻本、上善堂本、寶善堂本、吳曾祺本、徐元誥本等作「謂」。陳奐已校出黃刊明道本與許宗魯本、金李本之異。二字皆適用於本語境。「為」表原因，「謂」表指謂。〖校勘 2〗○陳樹華曰（《春秋外傳考正》卷三，頁一六）：「之節」二字從宋本。元明諸本「之」作「節」，則下「節」字贅矣。○汪遠孫曰（《國語明道本考異》卷一，頁二〇）：公序本衍「之」字，「節」下重「節」字，非。○萬青案：集賢殿校本、黃刊明道本及其覆刻本、上善堂本、董增齡本、寶善堂本、吳曾祺本、徐元誥本等作「之節」，且「節」字不重。陳奐已校出黃刊明道本與許宗魯本、金李本之異。秦鼎本、高木本亦不重「節」字。姜恩本「鍾為」下亦有「之」字。「明其大者，以大平細」是說鍾作為「節」的功能，故重「節」字更勝。又董增齡本「和」作「龢」。〖校勘3〗○萬青案：姜恩本無「節明其大者」五字。又集賢殿校本、姜恩本、黃刊明道本及其覆刻本、上善堂本、秦鼎本、高木本、寶善堂本、吳曾祺本、沈鎔本、徐元誥本等「平細」下有「也」字。冢田本於韋注之下增「為，于偽反」音注。

○關脩齡曰（《國語略說》第一，頁二八）：細，謂絲、竹、革、木。按前章曰：「重者從細，輕者從大。」謂金、石、瓦、絲也。匏、竹、革、木不在輕重之中也。

○高木熊三郎曰（《標註國語定本》卷三，頁二五）：鈞、均同韻、韻。其元一也。即後世所謂調也。

○徐元誥曰（《國語集解》卷三，頁三三）：先鄭云鎛為大鍾，朱駿聲亦

謂以聲求之，訓大鍾為長。「鏄」乃「鑮」之假借字。則非小鍾明矣。並與韋注異。然此文以訓「小鍾」為合。

　　○胡玉縉曰（《許廎學林》卷四，頁一三一～一三二）：鐘、鏄之不明，自韋注《國語》始。《說文·金部·鑮》云：「大鐘，淳于之屬，所以應鐘磬也。」此是本字。《儀禮》亦作「鑮」，《周禮》、《國語》作「鏄」，乃假「鏄鱗」字為之。鄭注《春官·序官·鏄師》及《大射儀》並曰：「如鐘而大。」誼與許合。其作《三禮圖》亦云：「鏄，大鐘。磬，大磬。皆特懸之。」（襄十一年《左傳》疏引）又云：「鏄，鐘之大者也。形如鐘，但大耳，其在虞亦一名而已。」（《初學記》十六引）悉同《禮》注，而語意尤備。顧野王《玉篇》、智匠《古今樂錄》（《初學記》十六引）、信都芳《樂書》（《御覽》五百七十五引）並用鄭義，以為如鐘而大，惟《周語》、《晉語》注以為小鐘，實與《外傳》本恉違戾，而陳祥道《禮書》、陳暘《樂書》、王黼《博古圖》反衍其說，是不可以不辯。《周語》曰：「細鈞有鐘無鏄，昭其大也。大鈞有鏄無鐘，甚大無鏄，鳴其細也。」是細鈞無鏄，大鈞無鐘，鏄大而鐘細甚明，安得以為鐘大鏄細乎？所以然者，細鈞聲細，用鏄則細抑大陵，故去鏄之大聲，所以昭細聲之大。鐘尚羽，重者從細，用其大聲使從細聲，正所以鳴大聲之細，如是則細不抑、大不陵，故下文曰「大昭小鳴，和之道也」。（本胡氏《樂律表微》）安得以有鐘無鏄為以大平細、有鏄無鐘以小平大乎？陳用之輩不此之察。《禮書》曰：《爾雅》大鐘謂之鏞、不謂之鏄。《儀禮》鏄從薄，與「鉥鏄」之「鏄」同。則鏄為小鐘之說，於理或然，殊弗思郭注《釋樂》云。《書》曰：笙鏞以間。亦名鏄，明乎《書》之鏞即《禮》之鏄。鏞為大鐘，則鏄為大鐘無疑。《儀禮》「鏄從薄」是其正字，安得反以為假借乎？鏄即是鏞，特懸而非編懸。郭注及鄭圖可證。而《樂書》以為鐘之小者為鏄，不得與鏞比，鏄之為用，其實編鐘；編鐘之用，其實歌鐘；一器而三異其名，則大射儀西階之西頌磬，其南鐘，其南鏄。鏄與編鐘明是二器。即不信大儒所定之禮圖，獨不信聖人所訂之禮經乎？《博古圖》載齊侯鏄鐘，其形制乃大於鐘，即如鐘而大之實據。而王氏以為春秋時等夷制度，無復先王之法。妄自夸大。《周官·制器》，首言鐘師，而鏄師次之，是其大小自異，則齊侯鏄鐘安見非周之法物？周官以職掌為次，不以器之大小為次，必謂鐘師先而鏄師後，即鐘大鏄小，二職之間又廁以笙師，將何說乎？凡此紕繆，皆自弘嗣啟之。近梁氏《左通補釋》號稱精博，而於襄十一年「鏄磬」，意主小鐘之義，則甚矣異說足以惑人。所當摧陷而廓清之也。朱子曰：

「鎛者，鐘之大，特懸鐘也。」（《樂律表微》引）當韋注盛行之後，而獨能根據禮圖，其識自卓。

〇唐蘭曰（《關於大克鐘》，同前）：直懸的鎛，在形制上是繼承直懸的大鐃或鏞的，不過把甬變成鈕了。大概側懸甬鐘的發展在西周前期，其所以要側懸，為的是可以從一個鐘上打出兩種聲音（這是在楚王酓章鐘上有記載的）。隨後又把直懸的大鐃或鏞，變甬為鈕。一般仍叫作鐘，加以區別時，就叫作鎛。《周禮・春官》有鍾師和鎛師之說，鄭玄注「鎛如鐘而大」，《左傳》說「歌鐘二肆及其鎛磬」，《國語・晉語七》作「歌鐘二肆及寶鎛」，可見鎛是不在二肆之內的。韋昭注《國語》說：「鎛，小鐘也。」是錯的。小鐘怎麼能稱寶呢？叔夷鎛和龢鎛都自稱為鎛，都是很大的。《說文》云：「鎛，大鐘淳于之屬，所以應鐘磬也。堵以二，金樂則鼓鎛應之。」不知有什麼根據。《晉語四》說「戚施直鎛」，戚施是有佝僂病的人，所謂「戚施不可使仰」，用來擊鎛，可見鎛因為比較大，懸在虡上，打擊的地方很低，所以讓有佝僂病的人去打擊，就不用彎腰了。《周禮・鍾師》疏說：「薄不編，特懸而已。」《儀禮・大射禮》載：「樂人宿懸於阼階東，笙磬西面，其南笙鐘，其南鎛，皆南陳……西階之西，頌磬東面，其南鐘，其南鎛，皆南陳。」鄭玄注：「鎛如鐘而大，秦樂以鼓鎛為節。」但《大射禮》並沒有指出鎛的數目，磬和鐘鎛，依次排列，這種鎛可能已是編鎛了。現在看到春秋時是有編鎛的，蔡侯墓就有一套而自稱為歌鐘。韋昭所說小鐘，《廣雅・釋器》所謂「鎛，鈴也」，是指這一類編鎛說的，跟寶鎛又不同了。

〇鄔國義等曰（《國語譯注》，頁一〇〇）：鎛，一種平口的樂鍾。一說，鍾與鎛之區別在於形狀的大小。

〇萬青案：《周禮・春官・宗伯》云：「鎛如鍾而大。」《中國音樂詞典》云：「鎛，古代銅制打擊樂器。其形體與鍾相近。無甬（柄）有鈕，平口，可直懸敲擊。鎛體多有繁複紋飾，並且大都有棱飾。鎛有單件特懸的；也有成組編懸的，如近年陝西寶雞縣太公廟村發現三件一組的秦公鎛，河南固始侯古堆一號墓發現八件一組的編鎛。以前出土銅器有銘文；自稱為鎛的，如齊侯鎛和子仲姜鎛，皆為齊器。所以有人認為鎛與鍾可通稱為鍾，而鎛或為齊地（今山東）的特別稱謂。」（中國藝術研究院音樂研究所《中國音樂詞典》編輯部編《中國音樂詞典》，北京：人民音樂出版社 1984 年版，頁 27）亦可參。又徐元誥《集解》引《補音》音注。

大鈞有鎛無鍾，

【集解】

　　○韋昭曰（《國語》卷三，頁二二）：大，謂宮商也〔1〕。舉宮商而但有鎛無鍾，為〔2〕兩大不相和，故去鍾〔3〕而用鎛，以小平大〔4〕。〖校勘1〗○汪遠孫曰（《國語明道本考異》卷一，頁二○）：「調」字誤，公序本作「謂」。○萬青案：姜恩本注唯「大，謂宮商也。兩大不相和，故去鍾用鎛，以小平大也」二十字。黃刊明道本及其覆刻本、上善堂本、寶善堂本、吳曾祺本、沈鎔本等「謂」字即誤作「調」。陳奐已校出黃刊明道本與許宗魯本、金李本之異。集賢殿校本、徐元誥本則改字作「謂」。〖校勘2〗○萬青案：為，集賢殿校本、黃刊明道本及其覆刻本、上善堂本、寶善堂本、吳曾祺本、徐元誥本等作「謂」。陳奐已校出黃刊明道本與許宗魯本、金李本之異。「為」、「謂」二字俱可通。〖校勘3〗○汪遠孫曰（《國語明道本考異》卷一，頁二○）：公序本無「云」字，此衍。○萬青案：董增齡本「和」作「龢」。黃刊明道本及其覆刻本、上善堂本、寶善堂本、吳曾祺本等「故」後有「云」字。陳奐已校出黃刊明道本與許宗魯本、金李本之異。「云」、「去」形亦近。〖校勘4〗○萬青案：集賢殿校本、黃刊明道本及其覆刻本、上善堂本、寶善堂本、吳曾祺本、沈鎔本、徐元誥本等「平大」下有「小」字，不辭，當為衍文。《六書故》引注也作「以小平大」，可證。

　　○冢田虎曰（《增注國語》卷三，頁三三）：為，于偽反。去，起呂反。下注同。

　　○萬青案：唐蘭認為鐘和鎛的區別在於：「鎛之制異於鐘者：鐘上為甬，故側懸，鎛上為鈕，故直懸；鐘口似盂，鎛口似囊。」（氏著《古樂器小記》，《燕京學報》第 14 期）而朱文瑋、呂琪昌《先秦樂鐘之研究》則認為鎛與鐘的區別主要在於功用，不在形式。該書提供各種考古材料頗多，他們認為：「鎛係由搏拊轉化而來，其初始形式乃源於搏拊之囊狀，又受銅鈴之影響；故其形如鈴如囊，鈕懸而擊之。鐘本於商庸，庸又本於竹筩；故庸形源自竹筩，以手執而擊之，其大者則植之。是『鎛』與『鐘』之初制，乃大相徑庭。及周世，庸而為鐘，則於旋上加幹，亦懸而擊之，鎛、鐘之制稍近，唯形式和紋樣仍有差異。稍後，以音樂之發展，音質要求益高；而以鎛、鐘之各具特質，遂互有引用，故其差異漸泯。又後，鎛、鐘之形制無異；所以別者，殆為其功用。」（臺北：天南書局 1994 年版，頁 20）可參。

甚大無鎛，鳴其細也。

【集解】

○韋昭曰（《國語》卷三，頁二二）：甚大，謂同尚大聲也，則又去鎛獨鳴其細。細謂絲竹革木。〖校勘〗○陳樹華曰（《春秋外傳考正》卷三，頁一六）：宋本「同尚」作「宮商」。案：上「大鈞」注云：「大謂宮商也。」則此處作「同尚」為是。○汪遠孫曰（《國語明道本考異》卷一，頁二〇）：「宮商」，公序本作「同尚」，《考正》云：「上『大鈞』注：『大，謂宮商也。』則此作『同尚』為是。」○萬青案：姜恩本注唯「細謂絲竹革木」六字。集賢殿校本、黃刊明道本及其覆刻本、上善堂本、寶善堂本、吳曾祺本等亦作「宮商」。陳奐已校出黃刊明道本與許宗魯本、金李本之異。徐元誥《集解》則從公序本改。《六書故》引注作「同尚」，與公序本同。

○皆川淇園曰（日本京都大學圖書館藏皆川淇園批校本）：甚大無鎛者，蓋有細鍾也。〖校勘〗○萬青案：鍾，弘化二年寫本《國語考》錄作「均」。

○帆足萬里曰（《帆足萬里全集》下，頁五二九）：「甚大無鎛」，故注文攙入。

○汪遠孫曰（《國語發正》卷三，頁二〇）：餘杭嚴氏杰曰：「大不踰宮，細不過羽。『細』、『大』是指聲言，昭其大、鳴其細，是指器言。細鈞有鍾無鎛，大鈞有鎛無鍾，是指調言。『鈞』即『均』字，今所謂調，即古所謂均。韋注條理秩然。」

○高木熊三郎曰（《標註國語定本》卷三，頁二五）：非常常大鈞而特尤高大者，故曰甚大也。則並鎛亦不用。

○徐元誥曰（《國語集解》卷三，頁三三）：嚴所云「均」即韻也。

○萬青案：徐元誥《集解》徑引嚴傑之說，實本汪遠孫《發正》而不注出。

大昭小鳴，和之道也。

【匯校】

○萬青案：和，閔齊伋本、文淵閣本、文津閣本、董增齡本等作「龢」。董增齡本注文字亦作「龢」。

【集解】

○韋昭曰（《國語》卷三，頁二二）：大聲昭、小聲鳴，和平之道。〖校勘〗

○萬青案：姜恩本本處無注文。集賢殿校本、黃刊明道本及其覆刻本、上善堂本、寶善堂本、吳曾祺本、徐元誥本等「道」下有「也」字。

　　○董增齡曰（《國語正義》卷三，頁五八～五九）：韋解以「鎛」為「小鍾」，「鍾」為「大鍾」。案：《鄉射禮》「其南鎛」鄭注：「鎛，如鍾而大。」《春官・鎛師》注同。賈《疏》以其形如鍾而大，獨在一簴。《說文》：「鎛，大鍾，錞于之屬，所以應鍾磬也。」《爾雅・釋樂》：「大鍾謂之鏞。」郭注：「亦名鎛。」《樂律表微》引朱子說：「鎛鍾甚大，特縣鍾也。」則鎛最大而鍾有大有小。《樂律表微》又云：「細鈞有鍾無鎛者，細鈞聲細，用鎛則細抑大陵，故云去鎛之大聲，所以昭細聲之大也。大鈞有鎛無鍾者，鍾尚羽，重者從細，用其大聲，使從細聲，正所以鳴大聲之細……如是則細不抑、大不陵，故曰『大昭小鳴，和之道也』。」「《博古圖》有周特鍾，有周大編鍾，有〔1〕周小編鍾。所謂鎛者，非大編鍾邪〔2〕？」「古時雖有三等鍾，當奏一鈞時，止用其一，並無循環互擊之理。楊傑言琴瑟塤篪奏一聲，而鎛鍾特鍾編鍾連三聲並應。此自宋樂之失。」非古法也。胡彥昇此議，與宏嗣互異。又案：宏嗣既以調解鈞調者，旋宮之法也。以均主言之謂之宮，合五聲言之謂之調，其實一也。宋姜夔《大樂議》引皇侃《禮記疏》：「十二管各備五聲，合六十聲，五聲成一調，故十二調。」〔3〕然則就一調言之，五聲俱全。就一均言之，七聲皆備，未可鑿分。大鈞止宮、商二聲，小鈞止角、徵、羽三聲也。〖校勘1〗○萬青案：今檢《樂律表微》卷七本文此處「有」字上有「又」字。〖校勘2〗○萬青案：今檢《樂律表微》卷七本文「邪」作「歟」。〖校勘3〗○萬青案：姜夔之言實亦出《樂律表微》卷五所引。

　　○劉台拱曰（《國語補校》，頁三～四）：細大有以聲言者，上章言「大不踰宮，細不過羽」是也，有以調言者，此言「細鈞」、「大鈞」是也；有以器言者，此言「昭其大」、「鳴其細」是也。「鈞」亦作「均」，《樂叶圖徵》曰：聖人立五均。《春秋》昭二十年服注云：「黃鍾之均，黃鍾為宮，大蔟為商，姑洗為角，林鍾為徵，南呂為羽，應鍾為變宮，蕤賓為變徵。」《續漢志》云：「天子常以日冬夏至，合八能之士聽樂均，冬至陽氣應，則樂均清；夏至陰氣應，則樂均濁。」西京郊祀，宗廟樂惟用黃鍾一均。章帝時，太常丞鮑業始旋十二宮，旋宮以七聲為鈞，蓋古所謂均，即今所謂調。五聲、十二律旋相為宮，為六十調，調皆具五聲，故有五均。而韋注細鈞為徵、羽、角，大鈞為宮商者，古人以聲命調，若孟子言徵招、角招，師曠言清商、清徵、清角，皆是調名。

韋氏之意或亦爾也。

　　○萬青案：劉台拱之說亦見其《經傳小記》（《劉端臨先生遺書》卷二，本卷頁 25～26）。「大昭」、「小鳴」同為主謂結構，兩個主謂結構聯合作主語。

龢平則久，

【匯校】

　　○萬青案：龢，姜恩本、詩禮堂本、薈要本、黃刊明道本及其覆刻本、上善堂本、寶善堂本、吳曾祺本、沈鎔本、徐元誥本等作「和」。

【集解】

　　○韋昭曰（《國語》卷三，頁二二）：久，可久樂也。〖校勘〗○萬青案：姜恩本本處無注文。

　　○宋庠曰（《國語補音》卷一，頁二六）：久樂，盧各反。下「則樂」、「故樂」同。

　　○關脩齡曰（《國語略說》第一，頁二七）：久蓋謂相續不絕，若所謂繹如。

　　○秦鼎曰（《國語定本》卷三，頁二五）：或云：久，繹如也。明，皦如也。樂，人樂之也。

　　○高木熊三郎曰（《標註國語定本》卷三，頁二五）：久，謂聲音之悠長，樂在後文，不當早發。

　　○萬青案：秦鼎引「或云」實關脩齡之言。其釋「樂」為「人樂之」恐亦亦未當。「久」自當是作樂時間長久，因為聲音和諧，故樂奏可長久。前文伶州鳩已提出「樂從和，和從平」，故此處云「和平則久」，蓋「和」與「平」是二事，非是一事，下文「久」、「固」相同，高木氏認為「久固」是一事，恐怕是不妥當的。

久固則純，

【集解】

　　○韋昭曰（《國語》卷三，頁二二）：固，安也。可久則安，安則純也。孔子曰：「從之，純如也。」〖校勘〗○汪遠孫曰（《國語明道本考異》卷一，頁二○）：「縱」作「從」，《舊音》：「『從』音『縱』。」○萬青案：姜恩本本處無注文。黃刊明道本及其覆刻本、上善堂本、寶善堂本、吳曾祺本、徐元誥本等字作「縱」。陳奐已校出黃刊明道本與許宗魯本、金李本之異。董增齡本改

「從」作「縱」。今檢《論語・八佾篇》多本字作「從」,讀作「縱」。

　　○《舊音》曰(《國語補音》卷一,頁二六):從之,音縱。《補音》:子用反。〖校勘〗○萬青案:張一鯤本、李克家本、綠蔭堂本、鄭以厚本、道春點本、千葉玄之本、冢田本、秦鼎本、高木本等此處唯取《舊音》直音音注。遞修本《補音》「從之」前脱「注」字。

　　○千葉玄之曰(《韋注國語》卷三,頁三一):注「從之,純如也」,見《論語・八佾篇》。

　　○關脩齡曰(《國語略說》第一,頁二七):固謂守而不變也。蓋言聲續不變,則五音和諧。「純如」,見《論語・八佾篇》。

　　○戶崎允明曰(《國語考》):久,謂樂之一成也,節度不違,音聲以和,至「從之純如也」。

　　○冢田虎曰(《增注國語》卷三,頁三三):固,堅固也。久固,謂久而不流淫也。

　　○董增齡曰(《國語正義》卷三,頁五九):「純」訓「和諧」,《論語・八佾》皇侃疏:「其聲純一而和諧也。」言不離析散逸也。

　　○高木熊三郎曰(《標註國語定本》卷三,頁二五):固如字。久、固是一事,非遞送。注引《論語》,傅會太甚。

　　○黃永堂曰(《國語全譯》,頁一四三):純,聲音不嘈雜。

　　○萬青案:董增齡已引皇侃疏,申述韋昭引《論語》的必要性與確當,高木氏之說恐未當。純,即專一不雜之義。

純明則終,

【集解】

　　○韋昭曰(《國語》卷三,頁二二):終,成也。《書》曰:「簫韶九成。」〖校勘〗○萬青案:姜恩本本處無注文。

　　○關脩齡曰(《國語略說》第一,頁二七):明,若所謂皦如,言既以和諧不相奪倫,則五音自明,而後樂以終矣。《書》,《虞書・益稷篇》。

　　○千葉玄之、秦鼎曰(《韋注國語》卷三,頁三一;《國語定本》卷三,頁二五):《書》曰,《益稷》。

　　○冢田虎曰(《增注國語》卷三,頁三三):明,所謂皦如也。

　　○王引之曰(《經義述聞》卷二〇,頁一八):明,成也。謂純成則終也。

故古謂樂一終為一成。

○來可泓曰（《國語直解》，頁一七八）：終，指一曲演奏結束。

○萬青案：徐元誥《集解》引王引之《述聞》之說。關脩齡之說似更可取。冢田虎之說當本關脩齡。

終復則樂，

【集解】

○韋昭曰（《國語》卷三，頁二二）：終復，終則復奏，故樂。〖校勘〗○千葉玄之曰（《韋注國語》卷三，頁三一）：注「終則復奏」之「奏」一作「夫」。○汪遠孫曰（《國語明道本考異》卷一，頁二〇）：「則」下，公序本有「復」字，是也。○李慈銘曰（《越縵堂讀書簡端記》，頁一一）：「樂」上，公序本有「復」字，是也，此脫。○章鈺曰（《文祿堂訪書記》，頁九二～九三）：陸仍明本與黃本異者：「終則復故樂也」，黃本「復」作「奏」。○萬青案：姜恩本本處無注文。李克家本「奏」誤作「夫」，陳仁錫本「復奏」之「奏」誤作「大」。集賢殿校本、黃刊明道本及其覆刻本、上善堂本、寶善堂本、吳曾祺本、沈鎔本、徐元誥本等「故樂」下有「也」字，又黃刊明道本及其覆刻本、上善堂本、寶善堂本、吳曾祺本、沈鎔本等「奏」前無「復」字。陳奐已校出黃刊明道本無「復」字。如果章鈺所看不誤，而陸貽典所據不誤，則錢鈔本原是有「復」字的，無「復」字只是黃刊明道本據有誤鈔本刻版造成的，而非明道本原本如此。

○關脩齡曰（《國語略說》第一，頁二七）：復，復歸也。言樂全歸終而後人樂之。

○冢田虎曰（《增注國語》卷三，頁三三）：復，反復也。

○帆足萬里曰（《帆足萬里全集》下，頁五二九）：終復，謂終則復也。

○萬青案：和、平，久、固，純、明，都是二事，前者是後者的前提和條件，後者是前者最終呈現出的結果或狀態。則「明」、「復」也當為二事。帆足萬里謂「終則復」，徐仁甫亦有相同的說法，見下文所引。

所以成政也。

【集解】

○韋昭曰（《國語》卷三，頁二二）：言政象樂也。〖校勘〗○萬青案：姜恩本本處無注文。

○宋庠曰（《國語補音》卷一，頁二六）：象樂，如字。〖校勘〗○萬青案：張一鯤本、綠蔭堂本、鄭以厚本、道春點本、千葉玄之本、冢田本、秦鼎本、高木本此處不錄《補音》注文。

○徐仁甫曰（《廣古書疑義舉例》，頁六九）：以此類推，原文就該這樣：「和則平，平則久，久則固，固則純，純則明，明則終，終則復，復則樂」，共八個遞句。從這裏可以看出王引之訓「明」為「成」，謂「純成則終」是不對的。「明」應與「皦」的意思相同。《論語》：「孔子曰：『縱之純如也，皦如也，繹如也以成。』」「皦」在「純」、「終」之間。何晏注：「言其音節明也。」這裏作「明」，放在「純」、「終」之間，（終即成也。）與孔子論樂相合。王氏不瞭解這是層遞句，所以就弄錯了。

○萬青案：徐仁甫在其著作《古書屬讀研究》的說法和他在《廣古書疑義舉例》的說法是一樣的，此處不再錄其《古書屬讀研究》文字。審前文單穆公曰：「夫政象樂，樂從和，和從平。」則「平」是臻於「和」的一個重要條件，無「平」則無「和」。假如按照單穆公的說法延伸，則伶州鳩的話應該是「和從平則久，久從固則純，純從明則終，終從復則眾」。從語義和語法形式來看，「和平」、「久固」、「純明」、「終復」實皆小句，「平」、「固」、「明」、「復」是「和」、「久」、「純」、「終」期望達到的狀態而非必然達到的狀態。

故先王貴之。」

【匯校】

○萬青案：《百家類纂》本不出「先王貴之」以下文字，所錄《周語》至此而止。除了其明顯的錯誤之外，就「脩」字之用以及文本相似度而言，《百家類纂》本與遞修本相似度較高。

【集解】

○韋昭曰（《國語》卷三，頁二二）：貴其和平，可以移風易俗。〖校勘〗○萬青案：姜恩本本處無注文。集賢殿校本、黃刊明道本及其覆刻本、上善堂本、寶善堂本、吳曾祺本、徐元誥本等「俗」下有「也」字。董增齡本「和」作「龢」。

○萬青案：紀大奎《古律經傳附考》引本篇至此，並解云：「鑄無射者，非鑄無射之一鍾也。蓋以無射為宮鍾，故統五鍾而名之曰無射。猶《大傳》之撞黃鍾、撞蕤賓也。然景王之鑄無射五鍾，將欲高出於正律之外，而不用武

王宮無射之制，以其非古律所有也，故未明言其意，而先問律制於州鳩。州鳩因備舉度律均鍾之法以告之也。立均者，立正間之兩均也。出度者，長短高下各有其度也。考中聲者，聲高為陽，聲下為陰。自陰而遞上之，自陽而遞下之。考其中間一聲謂之中聲，即黃鍾之宮是也。中聲得則陰陽十二筒以次制之，故中聲一律名之曰制。由中以制律，由律以制呂，考其分寸而上生下生之數定矣。故曰『以制度律』。六律六呂既定，律之陽以陰應之，呂之陰以陽應之。自中以高下，各十二鍾，而兩均之和定矣。故曰『以制均鍾』。度律均鍾而樂以之成，樂成而後上下以和、君臣相樂。此百官之所以軌儀也。紀之以三者，律呂長短皆合三分損益之數，故以三紀之。使制器者皆可因數以得聲也。平之以六者，律呂各得其六也。成於十二者，六律六呂皆有陰陽，各以十二管高下相應也。此皆天地自然之音，非人所能強為，故曰天地之道也。先考中聲而後紀之以三、平之以六、成於十二，可知中律在十二律之先，與《呂氏春秋》伶倫制律義合矣。聲自中而遞進，猶色自素而遞深，故曰『夫六，中之色』，猶言素之絢也。第之曰黃鍾、太簇、姑洗、蕤賓、夷則、無射，漸而加焉。律以陽統陰，故舉六陽之名也。他律皆釋字義，太簇獨曰『所以金奏』者，太簇正商，金奏以商鍾立名。故太簇為正宮金奏之名。樂重金奏，鍾師鎛師掌之，故獨表其制以示異也。色有正間，聲亦有正間，呂聲參介兩律之間，不可與六律正聲並奏，故名之曰六間。為之六間者，言另為一均，所以別於上文六律之一均也。元間大呂，次於黃鍾；二間夾鍾，次於太簇；三間仲呂，次於姑洗；四間林鍾，次於蕤賓；五間南呂，次於夷則；六間應鍾，次於無射。此長短之序也。呂以陰涵陽，故舉六陰之名也。揚沈伏黜散越者，黃鍾作則間聲之大呂伏，太簇作則間聲之夾鍾伏，黃鍾而淫於大呂，則正律之宮聲散越矣。太簇而淫於夾鍾，則正律之商聲散越矣。別之而自立一均，使之不雜於正聲。則自呂言之，而沈伏者揚；自律言之，而散越者黜。律呂之聲各自為同，兩不相易；律呂之器各自為用，兩不相姦。故曰『律呂不易，無姦物也』。經傳中律呂並言者始見於《尚書大傳》。更著四時，推六律六呂之文及此律呂不易之說，漢儒未知律呂不易之義，混而合之，以注《周官》之六同。此其所以誤也。自夫六以下，申平之以六之義，細鈞以下，則申成於十二之義也。兩均皆有十二律各以高下相應，聲高曰細，下曰大。如人以聲應律，下者大聲以協之，高者細聲以協之也。故一均之中又分為細鈞、大鈞。細鈞之金奏以鍾，鍾師掌之；大鈞之金奏以鎛，鎛師掌之。鎛亦鍾也。鍾則內空漸狹

則聲漸高而細，內空漸闊則聲漸下而大。以正律言之，細鈞之鍾八：夾鍾也，圓鍾也，黃鍾也，太簇也，姑洗也，蕤賓也，夷則也，無射也。有夾鍾者，起於羽，止於羽，首尾相應也。大鈞之鎛八：大呂也，應鍾也，南呂也，函鍾也，小呂也，夾鍾也，圓鍾也，黃鍾也。黃鍾者，終於公，始於宮，首尾相應也。『細鈞有鍾無鎛，大鈞有鎛無鍾』者，無兩鍾並擊之理，故細鈞鍾奏則不得擊鍾也。『細鈞有鍾無鎛，昭其大也』者，鍾奏細鈞，則眾音以大應，如奏黃鍾應大呂，奏太簇應鍾之類是也。若又以鎛之大者應之則眾音之大者不顯矣。故無鎛所以昭其大，使眾音得與鍾應也。『大鈞有鍾無鎛，鳴其細也』者，鎛奏大鈞，則眾音以細應，如奏大呂則應黃鍾，奏應鍾則應太簇，若又以鍾之細者應之則眾音之細者不顯矣。故無鎛所以鳴其細，使眾音得與鎛相應也。甚大無鎛者，大不踰宮，至大呂下宮而止，過此則踰矣。故不得干大呂之下再制一鎛也。而甚細無鍾亦可以知矣。大昭小鳴則眾音相得，故曰『和之道』也。和平則久，翕如之象也；久固則純，純如之象也；純明則終，皦如之象也；終復則樂，繹如之象也。故曰『所以成政』也。此一段於古人度律均鍾之大概，可謂明且晰矣。」（《四庫未收書輯刊》第叁輯第 9 冊，頁 41～44）亦可參。

王曰：「七律者何？」

【集解】

○賈逵曰：周有七音，謂七律，謂七器音也。黃鍾為宮，大蔟為商，姑洗為角，林鍾為徵，南呂為羽，應鍾為變宮，蕤賓為變徵。〖校勘〗○汪遠孫曰（《國語三君注輯存》卷一，頁一九）：上「謂」字疑衍，「器音」疑作「音器」。○張以仁曰（《張以仁先秦史論集》，頁二一八）：《左傳》疏未引正文。然《國語》言七律者罕見而此為首出，因從汪氏、蔣氏繫於此文。王未收。馬氏則以訓下「於是乎有七律」文，不知「七律」一詞已先見於此矣。又阮元校云：「段玉裁校本無上『謂』字，『器音』作『音器』。」段校甚順。○萬青案：上「謂」字釋「七律」之所以得名，下「謂」字釋七律為何事，並不矛盾，不必以無上「謂」字為是。又「七律」既然是音聲標準，則當為樂器所發之音，而非發音之樂器也，故「器音」不誤。

○韋昭曰（《國語》卷三，頁二二）：周有七音，王問七音之律，意謂七律為音〔1〕，器用黃鍾為宮，大蔟為商，沽〔2〕洗為角，林鍾為徵，南呂為

羽，應鍾為變宮，蕤賓為變徵也〔3〕。〖校勘1〗○冢田虎曰（《增注國語》卷三，頁三三）：本注「意謂七律為音」似有誤脫。○萬青案：意謂七律為音，徐元誥《集解》誤作「意七律謂音」。姜恩本注無「周有七音，王問七音之律，意謂七律為音，器用」等字。〖校勘2〗○萬青案：沽，集賢殿校本、正學本、姜恩本、張一鯤本、李克家本、綠蔭堂本、鄭以厚本、二乙堂本、陳仁錫本、詩禮堂本、薈要本、文淵閣本、文津閣本、道春點本、千葉玄之本、冢田本、黃刊明道本及其覆刻本、上善堂本、秦鼎本、董增齡本、高木本、寶善堂本、吳曾祺本、沈鎔本、徐元誥本等皆作「姑」。《玉海》卷六、明邢雲路《古今律曆考》卷九引字亦作「姑」。遞修本、顧校明本、許宗魯本字作「沽」為誤。〖校勘3〗○汪遠孫曰（《國語明道本考異》卷一，頁二〇）：「變」上，公序本俱有「為」字。○萬青案：姜恩本、黃刊明道本及其覆刻本、上善堂本、寶善堂本、吳曾祺本、沈鎔本、徐元誥本等無「應鍾」、「蕤賓」下二「為」字。陳奐已校出黃刊明道本與許宗魯本、金李本之異。又集賢殿校本、顧校明本、許宗魯本、正學本、姜恩本、金李本、叢刊本、張一鯤本、李克家本、綠蔭堂本、鄭以厚本、二乙堂本、詩禮堂本、薈要本、文淵閣本、文津閣本、道春點本、千葉玄之本、冢田本、秦鼎本、董增齡本、高木本等「變徵」下無「也」字。

　　○王懋竑曰（《讀書記疑‧國語存校》，頁三）：州鳩所對七律之義尤為難解，今皆缺之。

　　○朱亦棟曰（《群書札記》卷一，頁四）：韋昭注意謂七律為音器，用黃鐘為宮，太簇為商，姑洗為角，林鐘為徵，南呂為羽，應鐘為變宮，蕤賓為變徵。案韋氏之說即《晉書‧曆志》所云「宮生徵，徵生商，商生羽，羽生角，角生應鐘。不比正音，故為和。應鐘生賓，不比正音，故為謬」者是也。此七律也。考《呂氏春秋‧音律篇》：「黃鐘生林鐘，林鐘生太簇，太簇生南呂，南呂生姑洗，姑洗生應鐘，應鐘生蕤賓，蕤賓生大呂，大呂生夷則，夷則生夾鐘，生無射，生仲呂。三分所生，益之一分以上生，三分所生，去其一分以下生。黃鐘、大呂、太簇、夾鐘、姑洗、仲呂、蕤賓為上，林鐘、夷則、南呂、無射、應鐘為下。」（高注：「律呂相生，上者上生，下者下生。」）疑誤。附十二律圖：中呂（變徵六）姑洗（徵五）夾鐘（角四）太簇（商三）大呂（變宮二）黃鐘（宮一）蕤賓（羽七）。按此圖自下而上，（自黃鐘至蕤賓為上七調，自林鐘至應鐘為下五調）應鐘（清十二）無射（清十一）南呂（清十）夷

則（清九）林鐘（清八）。毛西河《竟山樂錄》云：十二律配七律，自《呂覽》始。然所配恰合，其以七調列上層，謂之上；以五調列下層，為之下。上為正調，下為清調。上之生下，下之生上，與三分損益隔八相生之數俱甚相符。間嘗究推之，以黃鐘、大呂、太簇、夾鐘、姑洗、中呂賓七律、列上層者，正七調也。一黃鐘為宮，二大呂變宮，三太簇為商，四夾鐘為角，五姑洗為徵，六仲呂為變徵，七蕤賓為羽，為七調。其餘五聲列下層，不立調，為七調之清聲。一林鐘為宮清，列黃鐘宮下；二夷則為變宮清，列大呂變宮下；三南呂為商清，列太簇商下；四無射為角清，列夾鐘角下；五應鐘為徵清，列始洗徵下，共五清。而仲呂變徵，與蕤賓羽皆高而無清，而十二律終焉。以此相生，則上生下，皆隔八而生，清下生上，皆隔八而生，正無所參變。以此旋宮，則自黃鐘蕤賓，自大呂至林鍾，凡七周而仍返之。黃鐘之始，無少間斷。此真三古相傳之遺法，而西京以還，徒知史遷、京房二學，而不明《呂覽》，宜其戾也。芹按以陰陽論，則律生呂為下生，為陽生陰。呂生律為上生，為陰生陽。此顯而易知者也。而以七、五分律列論，則不特黃鐘之生林鐘、太簇之生南呂、姑洗之生應鐘為下生，即大呂之生夷則、夾鐘之生無射亦下生也。不特林鐘之生太簇、南呂之生姑洗、應鐘之生蕤賓為上生，即夷則之生夾鐘、無射之生仲呂亦上生也。此微而難明者也。考伶州鳩曰：「南北之揆七同也，故以七同其數，而以律和其聲，於是乎有七律。」韋注：七同，合七律也。揆度也。歲在鶉火，午，辰星在天黿，子，鶉火。周分野天黿及辰，水星，周所出，自午至子，其度七同也。則自黃鐘至蕤賓為七律。西河之說信矣。或謂蕤賓不當為上，當在林鐘之首，此仍是陰陽對待之法，非呂氏意也。

　　○秦鼎曰（《國語定本》卷三，頁二五）：七律注文難讀，意疑者誤。傳疏引賈逵《國語注》曰：「周有七音，謂七律，謂七器音也。」韋解云云。今合二注而考之，賈注當作「謂七律為七音器也」，韋解當作「王問七音之律者，謂七律為七音器也。」

　　○董增齡曰（《國語正義》卷三，頁五九～六〇）：昭二十年《傳》杜注：「周武王伐紂，自午及子凡七日。王因此以數合之，以聲昭之，故以七同其數，以律和其聲，謂之七音。」孔《疏》：「聲之清濁，數不過五而得有七音者，終五以外更變為之也……五聲之外加以變宮、變徵。此二變者，舊樂無之，聲或不會，而以律和其聲，調和其聲使與五音諧會，謂之七音。由此也，武王始加二變，周樂有七音耳。以前未有七。」如杜、孔說，七音即七律也。

《樂律表微》有曰：「七律者，黃鍾一均之律也，而四宮亦各具七音。黃鍾之宮則有應鍾為變宮，蕤賓為變徵；太簇之宮則有大呂為變宮，夷則為變徵；夷則之宮則有林鍾為變宮，太簇為變徵；無射之宮則有南呂為變宮，姑洗為變徵。每宮各用七音成調也。」蔡氏《律呂新書》：「十二律各自為宮，以生五聲二變，其黃鍾、林鍾、太簇、南呂、姑洗、應鍾六律，則能具足。至蕤賓、大呂、夷則、夾鍾、無射、中呂六律，則取黃鍾、林鍾、太簇、南呂、姑洗、應鍾六律之聲，少下不和，故有變律律之。當變者有六，黃鍾、林鍾、太簇、姑洗、南呂、應鍾變律者，其聲近正律而少高于正律，然後洪纖、高下不相奪倫。變律非正律，故不為宮也。」《文選・七命》李善注引《禮斗威儀》「少宮主政」、劉向《雅琴賦》「彈少宮之際天」。此以少商佐少宮，別為一義也。

〔校勘〕○萬青案：董氏所引《律呂新書》亦轉引自《樂律表微》卷二。今檢《律呂新書》卷一原文「高于正律」、「然後洪纖」之間尚有一段文字，為《樂律表微》引省，而董氏亦從《樂律表微》引省。

○恩田仲任曰（《國語備考》）：賈逵云：「周有七音，謂七律。」謂七器音也。

○帆足萬里曰（《帆足萬里全集》下，頁五二九）：州鳩專以六律為言，故王問七律何故。

○汪遠孫曰（《國語發正》卷三，頁二一）：《淮南・詮言訓》注：「古琴五弦，至周有七律，增為七弦也。」韋注「七律為七音器用」本賈說（賈注見《內傳・昭二十年》疏）。又案：《書大傳》：「聖王巡十有十州，因論十有二俗，定以六律、五聲、八音、七始，箸其素。」鄭注云：「七始，黃鍾、大蔟、大呂、南呂、姑洗、應鍾、蕤賓也。」此《尚書》今文說，然則七音不始於周也。

○萬青案：朱亦棟誤會韋昭注，韋昭注並未直言「七律」為音器。關於變宮、變徵，清代方中履（1636～1686）《古今釋疑》卷十一專門論及，其文引述韋昭注並云：「《後漢志》說與此同。此說蓋以黃鍾為法，餘律並準此。《淮南子》曰：『姑洗生應鍾，比於正音，故為和；應鍾生蕤賓，不比於正音，故為謬。』《通典》曰：『按應鍾為變宮，蕤賓為變徵。自殷以前但有五音，自周以來加文、武二聲，謂之七聲。五聲為正，二聲為變。變者，和也。』蔡西山曰：『宮與商，商與角，徵與羽，相去皆一律。至角與徵，羽與宮，相去乃二律。相去一律則音節利，相去二律則音節遠。故角徵之間近徵，收一聲比

徵少下，故謂之變徵。羽宮之間近宮，收一聲少高於宮，故謂之變宮。自宮九寸，三分損一為徵六寸，徵三分益一為商八寸，而不可分。故止三統。乃析一寸為九分，共七十二分。三分損一生羽四十八，三分益一生角六十四，隔八下生，當得宮前一位，以為變宮。然其數三分之，各得二十有一，尚餘一分，不可損益，故五聲之正至此而窮。若欲生之，則須更以所餘一分析為九釐，共為五百七十六釐。三分損一，乃得三百八十四，生變宮。又自變宮隔八上生，當得徵前一位，三分益一，得五百十二，生變徵。自此又當下生而三分之，又餘二，此變聲所以止於二也。變宮、變徵，宮不成宮，徵不成徵，古人謂之和，繆。」又曰：『所以濟五聲不及也。』變聲非正，故不為調也。然有五聲而無二變，亦不可以成樂也。先中丞《周易時論》曰：『七音二變在先天為乾、坤、艮、巽之位，在後天為坎、離、乾、坤之位，本之孔子乾據始、坤正終之說。南方正用而坤以成之，北方正始而乾續，終始之際，故乾當應鍾變宮以轉黃鍾之坎，而離當蕤賓變徵以交林鍾之坤，兌為金商而列位配羽，以接乾、坎雙宮，土托亥、子以旋商，洗角同歸二火，離坤之用，豈非微至之，幾乎至其旋用，不據本位，八卦亦旋用，不據本位也。」（《續修四庫全書》第 1145 冊，頁 266）亦可參。徐元誥《集解》引《淮南·詮言篇》高注、汪遠孫《發正》為說。黃翔鵬《樂問》引《周語下》本章以上文字至此處，又引《呂氏春秋·古樂》：「昔黃帝令伶倫作為律。伶倫自大夏之西，乃之阮隃之陰陽，取竹於嶰溪之谷，以生空竅厚鈞者、斷兩節間、其長三寸九分而吹之，以為黃鐘之宮，吹曰『舍少』。次製十二筒，以之阮隃之下，聽鳳皇之鳴，以別十二律。其雄鳴為六，雌鳴亦六，以比黃鐘之宮，適合。黃鐘之宮，皆可以生之，故曰黃鐘之宮，律呂之本。」並加按語云：「這一段話敘述了伶倫制律的故事，其中下列幾點具有實質性意義：1.遠古制律是依靠聽覺來製作律管的。2.『十二』的製作，來源於『聽鳳凰之鳴，以別十二律』，暗示著『雄鳴為六』是六個陽律，『雌鳴亦六』是六個陰呂。3.律管的製作，最早是用竹，粗略的規格有二：其一是『生空竅厚鈞者』，要求空腔和腔壁的厚薄長得勻稱；其二是『斷兩節間』，要求避開竹節對於腔體的影響。4.遠古已有音高的標準化要求，叫做『黃鐘之宮』，但尚無所有十二律的全部律名。《呂氏春秋》另載全部律名於『音律篇』。5.十二律在『古樂篇』中不傳律數及其比率，《呂氏春秋》另載三分損益關係於『音律篇』，不載有關黃帝時期的傳說。6.個別有確切數據的『黃鐘之宮』，另有名稱叫做『舍少』，『其長三寸九分』，但它是

『十二筒』之外的一個標準器。『舍少』的律學意義，古今多有異說，至今並無確解。」（氏著《樂說》，見載於《黃翔鵬文存》，頁656）可參。

對曰：「昔武王伐殷，歲在鶉火，

【音義】

○《舊音》曰（《國語補音》卷一，頁二六）：音淳。《補音》：述春反，又常倫反，注同。〖校勘〗○萬青案：張一鯤本、李克家本、綠蔭堂本、鄭以厚本、道春點本、千葉玄之本、冢田本、秦鼎本、高木本等唯取《舊音》「鶉」字直音音注。《補音》音注與《左傳‧僖公五年》「鶉」字陸德明《釋文》同，張以仁已揭出。

○張以仁曰（《國語左傳論集》，頁二二五～二二六）：《補音》云云。《廣韻》「鶉」、「淳」皆常倫切，禪母諄韻。無作「述春反」者。《補音》既有異於《舊音》，宜有所說明也。《左傳‧僖公五年》「鶉之奔奔」《釋文》云：「鶉，述春反，又常倫反。」蓋《補音》所本也，惟《釋文》「述春」一反，祇此一見。他皆音「純」（《爾雅‧釋天》、《詩‧鄘風》鶉之奔奔，《左‧襄九年》「是故味為鶉火」），或「市春火」（《左‧昭八年》「歲在鶉火」），與「常倫反」同，而唐人音切如《慧琳音義》作「市均反」（卷五十八）、「垂輪反」（卷七十八），亦同「常倫反」。《希麟音義》亦作「常倫反」（卷九），無作「述春反」者，是可疑也。《說文》無「鶉」字。然有「鷻」字，義為「雕」也，引《詩》「匪鷻匪鳶」（《小雅‧四月》），大徐音「度官切」，小徐音「杜酸反」。而《毛詩》則作「鶉」，《釋文》云：「鶉，徒丸反，字或作鷻。」此鷻與鶉當是兩物無疑，而段玉裁《說文注》則以為：「鶉首、鶉火、鶉尾，字當為鷻。」其說如成立，則此文鶉當音「度官切」矣（《廣韻‧桓韻》度官切有「鷻」字云：「鳶之別名，《詩》亦作鶉，《傳》云：雕也。」）。然王筠則不以為然，《句讀》云：「至於朱鳥七宿，分鶉首、鶉火、鶉尾三次，其鶉當是鳳之別名，與鷻、雖皆無涉。」亦臆設而無確證也。《說文》又有「鷀」字，義為「雛屬」，學者咸認即「鶬鶉」字。「雛」字籀文從鳥作「鷀」，疑此從鳥之「鶉」蓋亦「雛」之籀文，特《說文》漏收耳。大徐音「常倫切」，小徐音「是倫反」，與《廣韻》同。

【匯校】

○孔廣杦曰（《國語解訂譌》）：殷，《周禮‧地官‧大司徒》疏引作「商」。

《春官‧小胥》疏「伐殷」作「商」。〖校勘〗○萬青案：今檢箋跋本校作：「《大司徒》疏引作『商』，《小胥》疏同。又『伐』，《小胥》疏作『克』。」是孔廣栻《國語解訂譌》錄文有誤。

　　○鄭良樹曰（《國語校證（上）》，《幼獅學誌》第七卷第四期，頁1～29）：《周禮‧大司徒之職》疏引「殷」作「商」，同。

　　○萬青案：《國語髓析》「伐」誤作「代」。宋鮑雲龍《天原發微》卷八、陳暘《樂書》卷一○七、《事物紀原》卷二、《新唐書》卷二七引《國語》「殷」亦作「商」。《詩經‧商頌‧玄鳥》：「天命玄鳥，降而生商。」朱彥民「殷」、「商」名辨》（《南開學報》1998年第1期）經過爬梳資料認為：「『殷』、『商』分別由地名上升為殷商時代的國名號、朝代名。在文獻中，二者糾葛攪繞，似不可強分。但若細究二者得名之由及其名稱性質之演變，仍可得其分別之處有三：其一，二者所稱出處不一。甲骨文、金文中皆稱『商』，無稱『殷』者，蓋『商』為當時人稱法，『殷』為周人及後世文獻的稱法。其二，二者得名有大小之分。『商』得名於漳水，其初意當指漳水流域一個大範圍。而『殷』得名於漳水附近的一個地名『衣』地。其三，二者得名時間有別。『商』名早而『殷』名晚。『商』之得名，蓋在商先人的相土或昭明之世。而『殷』之得名時，可能已到了王亥或上甲之世。商族建國後，以『商』為國名，而『殷』仍為一地名，直到『殷』地為都，文獻上纔稱其為國名。」其說可參。又「歲在鶉火」之句，亦見於《左傳‧昭公八年》。

【集解】

　　○韋昭曰（《國語》卷三，頁二二）：歲，歲星也。鶉火，次名，周分野也。從柳九度至張十七度為鶉火。謂武王始發師東行，時殷之十一月二十八日戊子，於夏為十月。是時歲星在張十三度。張，鶉火也。〖校勘〗○孔廣栻曰（《國語解訂譌》）：殷之十一月二十八日戊子，《公羊》疏「一」作「二」、「子」作「午」，下同。○黃丕烈曰（《校刊明道本韋氏解國語札記》，頁六）：當依別本作「十七度」。丕烈案：此《漢書‧志》文也。○汪遠孫曰（《國語明道本考異》卷一，頁二○）：「六」，公序本作「七」，《札記》云：「當作『七』，《漢書‧志》文也。」○徐元誥曰（《國語集解》卷三，頁三三）：各本作「十六度」，據《漢書‧律曆志》改。○萬青案：姜恩本注唯「從柳九度至張十七度為鶉火」十二字。集賢殿校本、黃刊明道本及其覆刻本、上善堂本、寶善堂本、吳曾祺本等「七」亦作「六」。陳奐已校出黃刊明道本與許宗魯本、金李

本之異。顧校明本、正學本「從」誤作「後」。為，二乙堂本作「謂」。又黃刊明道本及其覆刻本、上善堂本、寶善堂本、吳曾祺本、沈鎔本、徐元誥本等「時殷」下無「之」字。陳奐已校出黃刊明道本與許宗魯本、金李本之異。又冢田本「戊子」作「戊午」。

　　○宋庠曰（《國語補音》卷一，頁二六）：周分，扶問反。

　　○關脩齡曰（《國語略說》第一，頁二七）：己卯之年，歲星在鶉火之次，入張十二度。

　　○秦鼎曰（《國語定本》卷三，頁二五）：此己卯之年也。歲星在鶉火之次，入張十二度。

　　○董增齡曰（《國語正義》卷三，頁六〇～六一）：「歲，歲星」者，歲星，天之貴神，所在必昌。昭三十一年《傳》所謂「越得歲」是也。「鶉火，次名」者，《爾雅》「咮謂之柳。柳，鶉火也」郭注：「鶉，鳥名。火在南方。」《淮南·時則訓》高注：「鶉火，午之次。」《春秋》疏引《春秋文耀鉤》云：「咮為鳥陽，七星為頸。」宋均注：「陽猶首也。柳謂之咮。咮，鳥首也。七星為鳥頸也。『咮』與『頸』共在于午首，鳥之止宿，口屈在頸，七星與咮體相接連故也。」襄九年《傳》：古之火正，「或食于咮……是故咮為鶉火。」杜注：「火正之官，配食于火星。」《考工記》：「鳥旗七斿，以象鶉火。」邵晉涵曰：「鶉火，朱鳥宿之柳，其屬有星，星七星……南陸三次，曰鶉首，曰鶉火，曰鶉尾，皆取象鳥形……以鶉火居南陸三次之中。故《爾雅》舉鶉火以賅南陸之三次。」《漢書·律曆志》：「《三統》，上元至伐紂之歲，十四萬二千一百九歲，歲在鶉火張十三度。文王受命九年而崩，再期，在大祥而伐紂，故《書序》曰：『惟十有一年，武王伐紂。《太誓》。』八百諸侯會。還歸二年，乃遂伐紂克殷，以箕子歸，十三年也。故《書序》曰：『武王克殷，以箕子歸，作《洪範》。』《洪範篇》曰：『惟十有三祀，王訪于箕子。』自文王受命而至此十三年，歲亦在鶉火。故《傳》曰：『歲在鶉火，則我有周之分埜也。』」錢大昕曰：「古法，歲星與太歲常相應，歲星自丑右行，太歲自子左行，歲移一次，周則復始。如歲星在星紀，則太歲必在子；歲星在鶉火，則太歲必在未。《三統術》上元起丙子歲，依歲術步之，則武王克商之年當直辛未。孔氏《詩》疏云：『文王受命十三年，辛未之歲。殷正月六日殺紂。』孔疏所言，與《國語》『歲在鶉火』之文正相合……而後人譜紀年者，皆以周克殷為己卯歲，相較差八年者，蓋古術太歲與歲星皆有超辰之法，歲星一百四十四年而超一辰，

則太歲亦超一辰。年逾久，則超年亦漸多。今人以漢高帝元年為乙未，武帝太初元年為丁丑，而班孟堅於漢元年引《漢志》曰『太歲在午』，於太初元年引《漢志》曰『歲名困敦』。孟堅所引者，西京之注記，則西京猶用超長之法，而東漢臺官已鮮知之……相沿到今。以今法溯古年，則武王克殷固宜在己卯……而古法則必為辛未……若《竹書》『辛卯』、皇甫謐『乙酉』之說，則誕而不足信矣。」〖校勘〗○萬青案：今檢《爾雅》郭璞注本文「火在南方」之「在」字作「屬」。又董增齡引錢大昕說出《潛研堂文集》卷三十四《答大興朱侍郎書》，董氏引文文字略有減省。董增齡《國語正義》手稿上有王引之案語云：「太歲超辰之說出於劉子駿，古人無是也。丙子、丁丑，則十月為歲首，跨兩年之故，非超辰也。錢說非。」可見，王引之不贊同錢大昕之說。

　　○宋翔鳳曰（《過庭錄》，頁八八）：《周語》泠州鳩曰：「昔武王伐殷，歲在鶉火。」鶉火午宮，故《詩》正義推是年太歲在庚午。而《淮南·兵略篇》云：「武王伐紂，東面而迎歲。」高誘注云：「太歲在寅。」亦見《荀子·儒效篇》。又《尸子》曰：「武王伐紂。魚辛諫曰：『歲在北方，不北征。』武王不從。」則當時人人異說。《三統秝》言自周昭王以下無年數，故據周公伯禽目下為紀，魯公伯禽推即位四十六年，至康王十六年而薨。桉：《魯世家》無伯禽年數，則亦歆所肊度。又《三統術》引《魯世家》考公以下年數，多不與《史記》合。後漢尚書令忠奏言歆橫斷年數，損夏益周，考之表紀，差謬數百。則共和以前，上推武王伐殷之歲，其數已不可得。但可存《周語》「歲在鶉火」之說而已。

　　○汪遠孫曰（《國語發正》卷三，頁二一）：項氏名達曰：嘉定錢氏大昕以《三統術》推得是年歲星在張十三度者，惟三月戊寅以後七日，五月辛酉以後五日。韋氏誤指為師始發時，非是。案：武王伐殷年月日，韋氏悉本《三統術》，其年為己卯，今用《授時術》校之，推得年前亥月小，二十五日為戊子，較三統差三日。推歲星平度，年前在室四度，卯月與日合於壁七度，午月抵婁四度，由是退行亥月，留奎十度，計通年自娵訾而降婁，距鶉火不及四次。

　　○陳瑑曰（《國語翼解》卷二，頁二二）：錢詹事曰：「此周人述周事，必無差誤。」以《三統術》推之，得是歲積次，四百十五定次七，起星紀算外，歲在鶉火。又以六十除，積次，餘五十五，起丙子算外，太歲在辛未。他書或云「己卯」，或云「辛卯」，皆非也。又推得是歲，殷十一月辛酉朔，其月二十

八日得戊子。韋說是也。蓋謂距統首積日一十九萬二百六十四也。琭嘗以積日通為一千五百四十二萬三百八十四分。如月法,而一得積月六千四百四十二。不盈月法者,餘數二千一百二十。以月法乘積月,以日法除之,得一十九萬二百三十七日。以六十除之,得三千一百七十六,餘三十七。故錢氏以為殷十一月辛酉朔,小餘六十七,又以日法除不盈月法之餘數二千一百二十,得二十六日,小餘一十四,并兩小餘六十七與一十四,盈日法而成日。則武王發師之日,距統首積月六千四百四十二又二十七日也。故戊子為殷十一月之二十八日又三日,而周正月(天正建子)辛卯,合朔二十為壬辰。武成所謂「一月壬辰,旁死魄」是也。錢氏又推得是歲積度二十六起柳,九度算外,當入張十三度。

　　○管禮耕曰(《操觚齋遺書》卷四「《國語》、《漢書·律曆志》皆云『武王伐殷,歲在鶉火』,《詩正義》以為辛未之歲考」):《國語·周語》伶州鳩言「昔武王伐殷,歲在鶉火」,《漢書·律曆志》亦云三統上元至伐紂之歲十四萬二千一百九歲,歲在鶉火,張十三度。文王受命,九年而崩,再期在大祥而伐紂,故《書序》曰:「惟十有一年,武王伐紂。」《太誓》八百諸侯會,還歸。二年,乃遂伐紂。克殷以箕子歸,十三年也。故《書序》曰:「武王克殷,以箕子歸,作《洪範》。」《洪範篇》曰:「惟十有三祀,王訪於箕子。」自文王受命至此十三年,歲亦在鶉火,故傳曰「歲在鶉火,則我有周之分野也」,《詩·大雅·文王》正義云:「文王受命十三年,辛未之歲,殷正月六日殺紂。」一言歲星,一言太歲。考之,適合古法,歲星與太歲常相應,歲星自丑右行,太歲自子左行,歲移一次,周而復始。如歲星在星紀,則太歲必在子。太初元年,歲在星紀。班固引《漢志》曰「歲名困敦」是也。歲星在鶉火,則太歲必在未。錢氏大昕謂《三統術》上元起丙子歲,依歲術步之,則武王克商之年當直辛未,故知孔疏所言與《國語》、《漢志》正相合也。然則他書皆以武王伐殷為己卯歲,相差八年,何也?蓋古術太歲與歲星皆有超辰之法。歲星百四十四年而超一辰,則太歲亦超一辰,積年愈久,則超年亦漸多。此法廢於東漢,惟班孟堅、鄭康成諸儒知之,當時臺官已鮮知者,故虞恭宗訢等議以為太初元年歲在丁丑,而班孟堅獨據《西京舊志》以為在丙子也。康成注《周禮·馮相氏》「十有二歲」云:「歲星與日常應,太歲月建以見。」然則今術太歲非此也,猶是太歲,鄭何以云?今異於古,亦以當時不用超辰之法耳。《呂氏春秋》「維秦八年,歲在涒灘」高注云:「始皇八年也。」而《史記·六國表》「始皇

元年」徐廣曰：「乙卯。」八年當為壬戌，相差二年，亦不知有超辰之法也。東漢距西漢在百四十四歲以內，故差止一年，其距秦始皇則在百四十四歲以外，故差至二年，積至周初，已閱千有餘歲，故差至八年。以今法溯古年，則武王伐殷固宜在己卯而古法必為辛未不為己卯者，以與歲星有相應不相應之別也。若《竹書》辛卯、皇甫謐乙酉之說，則尤誕而不足信矣。

○高木熊三郎曰（《標註國語定本》卷三，頁二五）：鶉火星名，若以為次，則有數十度，大泛。堯時鳥星，後世張星，即鶉火云。

○章鴻釗曰（《中國古曆質疑》，頁九九）：自《周語》有「武王伐殷歲在鶉火」之文，後之論周年者必從考證此年入手，自劉歆以下率莫不然。今更得以分野之說證之。伶州鳩曰：「歲之所在，則我有周之分野。」（《周語》）是言周以鶉火為分野也。《周禮》：「保章氏以星土辨九州之地，所封封域皆有分星。」注引賈氏曰：「歲星或北或西，不依國地所在者，此古受封之日，歲星所在之辰，國屬焉。」周不以受封之月而從伐殷之年者，蓋周之繼殷自是年始，周之受命於天，猶諸侯之受封於天子，其義一而已矣。且依是解，則所謂伐殷者亦即為克殷之年無疑，延至於漢，其說仍不稍變。《漢書・地理志》曰：「周地柳七星張之分野也，……自柳三度至張十二度，謂之鶉火之次，周之分也。」《淮南子・天文訓》及《越絕書》亦均以柳七星實未符，雖或計入，而所得結論仍各異者，則其解釋必有一誤，抑或俱誤。

○戚桂宴曰（《戚桂宴先生文集》，頁九三～九六）：在西周銅器斷代研究中，諸王在位的年數是一個還沒有解決的問題，解決這個問題的一個前提是能否確定武王克殷是在哪一年。可是恰恰在這個時間問題上，古書中對當時的天象有不同的記載，這就使這個問題複雜化了，或則由於推算得不精確，或則由於對古書中的記載有不同的理解，這個問題一直沒有得到解決。近年來出土的西周銅器在這方面提供了極為珍貴的資料。1976 年陝西臨潼縣出土的利簋，銘中有「武王征商。唯甲子朝，歲鼎」的記載。銘中的「歲」字現在有兩種解釋：一為歲祭，一為歲星（見《文物》1977 年第 8 期、1978 年第 6 期，《考古》1978 年第 1 期）。我認為「歲鼎」一語只能解釋為歲星高照，這個天象對武王伐殷來說是個吉兆，所以《國語・周語》景王二十三年（公元前 522 年），記伶州鳩說：「昔武王伐殷，歲在鶉火。」歲星的行次在鶉火，武王一舉而克商，鶉火由此便成了周的分野，所以伶州鳩又說：「歲之所在，則我有周之分野。」歲星主征伐，而且它的行次是交戰國雙方吉凶的象徵，這在

古書中是有記載的。《左傳・昭公三十二年》：「吳伐越，史墨曰：越得歲，而吳伐之，必受其凶。」《史記・天官書》：「歲星贏縮，以其舍命國。所在國不可伐，可以罰人。」（《漢書・天文志》「罰」作「伐」）《周語》韋昭注：「歲星在鶉火，鶉火，周之分野也。歲星所在，利以伐之也。」這就是「歲鼎」的歲字之必為歲星的證據。利簋銘中有「歲鼎」的記載，這不僅證明了《周語》記載的當時的天象「歲在鶉火」是可信的，而且還證明了歲星記次法產生的時代至少可以上推至殷周之際。……新城新藏認為《周語》中的「歲在鶉火」不是武王伐殷時的實際天象，而是根據後來戰國中期天象的觀測，用歲星十二年而一周天的古率推算出來的，他在《東洋天文學史研究》第 41 頁說：「惟余曩日研究《左傳》、《國語》中此等歲星之記事，由所得之結果，察知此等記事悉為《左傳》、《國語》之原著者（戰國時代之人），以當時之天象觀測為基礎，由後推算所作者焉。故《左傳》、《國語》中『昔武王伐殷，歲在鶉火』之文句，乃絕非傳周初當時之事實，又非景王時伶州鳩之逸話所述也。《國語》之原著者於公元前 356 年，觀測歲星在星紀，由此，以每十二年繞天空一周之比例，溯及周初之年代，案計算而作此等記事者，是無疑也。由是可察此記事非直接傳周初之事實，故不能依劉歆所用之見解而採用之。然得以此資料，視為示戰國時代普通所信之周初年代者矣。」新城新藏推得武王伐殷之年為公元前 1066 年。章鴻釗也認為「歲在鶉火」不是武王伐殷時的實際天象，而是在春秋時代用歲星十二年而一周天的古率推算出來的，他在《中國古曆析疑》第 129 頁說：「據余所考，春秋與戰國時人之所述顯有不同，又當分別推證之。戰國時以周始伐殷之歲唯庚寅，正當公元前 1051 年；春秋時以克殷之年為歲在鶉火，乃當前 1055 年。……是年為合於古法之歲在鶉火，而非實在鶉火也。」新城新藏和章鴻釗都不認為「歲在鶉火」是武王伐殷時的實際天象，可是利簋銘的「歲鼎」卻證明了當時的天象確是歲星在鶉火之次，這就從根本上動搖了他們推算的基礎，因之他們推算的結果也都難以成立。利簋的出土既已證明了《周語》的「昔武王伐殷，歲在鶉火」的記載是可信的，那麼「歲在鶉火」可能是在哪幾年，根據現代科學的觀測，是完全可以準確地推算出來的。《中國古曆析疑》第 100 頁推算的結果是：「如公元前一○五七・五五至一○五六・五五年，一○四五・六九至一○四四・六九年，皆為歲在鶉火之年。」這個推算的數據是：公元前 1325.39 年歲星正在星紀之始，歲星的週期率是 11.8565 年。如果這兩個數據是精確的，這裏推算的結果也當是

正確的。章鴻釗已推算出了歲在鶉火之年，可是他在決定武王伐殷之年時並不選擇這裏推算的結果，而選取了用古率推算出來的歲星不在鶉火的公元前1055年，這是因為這個選擇還要受到古書中記載的許多其他條件的限制，他認為他推算的歲在鶉火之年不符合於那些條件。所以武王伐殷到底是在哪一年，現在只能作為一個懸案，留待曆法學家去解決，本節只是論證利簋銘中的「歲鼎」就是《周語》中的「歲在鶉火」。〖校勘〗○萬青案：戚桂宴此說最早發表於《山西大學學報》1979年第1期，故臚列於此，以見相關學者對該問題前後認識變化之跡。

○何幼琦曰（《「歲在」紀年考辨》，《西北大學學報》1990年第3期，頁86～93）：《國語》和《左傳》所記「歲在」的年份，分別來看，都有偏在的集中性；結合來看，又有統一的集中性。《國語》所記的，不計武王伐殷，僅限於重耳出亡到回國稱霸的22年，不但沒有在此以前、以後關於「歲在」的記事，而齊、魯、楚、吳、越都沒有一次「歲在」，似乎會講或者懂得「歲在」的，只有子犯、姜氏等人。《左傳》所記的，僅限於襄公末年到昭公時的35年，在此以前的180年和以後的二三十年，也都沒有一次「歲在」的記載。《國語》和《左氏春秋》的編者，大概誰也不會編得這麼偏頗，前後不協調的。這只能說明，兩書的原本中，都沒有「歲在」的文字。把《國語》同《左傳》聯繫起來考察，講「歲在」的時期，從子犯（前644年）到史墨（前510年），前後不過134年，很像是同一個人為了推算的方便，統一地安排在兩部書中的。他也該是歲在紀年的創造者。他雖說會推算年代，但他的星曆學知識並不高明。在星曆學的術語中，歲星在運行所處的動詞，只有「舍」、「居」二詞，絕不用「在」。他編出「歲在某次」，就顯示了他的外行；歲星超行進入前一次，專業術語叫做「失次」；他編寫的「歲棄其而旅於明年之次」、「歲在星紀而淫於玄枵」，雖說辭藻華麗，卻不是談論歲星的用語。至於占卜方面，各國和十二次的固定關係，戰國時只叫」分星「，漢末纔叫分野；歲居某次對於下國的妖祥，戰國時是「其國凶，不可起事用兵」，西漢時纔改稱「所在國不可伐，可以罰（伐）人」。《周語》的「武王伐殷，歲在鶉火——則我有周之分野也。」《左傳》的「越得歲（謂歲在星紀）而吳伐之，必受其凶。」前者是「可以伐人」，後者是「所在國不可伐」，都是按照西漢的占辭編制的，說明周勝、越勝的必然性。這又表明，「歲在紀年」出臺的時期，不會早於漢朝。司馬遷雖說是儒家，而他在《史記》中也寫了一些荒誕不經的徵兆，如周武王的白魚躍

舟，天火流為赤鳥；趙簡子夢中射熊羆；秦始皇沉璧，為華陰神人持還等。如果當時的文獻資料中，已經在伐殷時有歲在鶉火，伐越時已有歲在星紀的話，他還能棄而不用麼？這只能說明，在漢武帝時（公元前 100 年前後），歲在紀年還未曾出世呢。

○董立章曰（《國語譯注辨析》，頁一四三～一四四）：武王伐紂的年代，一直眾說紛紜。1978 年第 19 卷第 1 期《天文學報》發表紫金山天文臺長張玉哲的文章，他根據哈雷彗星與木星的運行規律，發現公元前 1057 年 3 月 7 日哈雷彗星距地球甚近，明亮可見，這年的頭三個月都能看到；此時木星的近日點為 127°2，恰在張宿中運動，正當鶉火之次，與《國語》本篇「武王伐殷，歲在鶉火」及《淮南子·兵略訓》所記「武王伐紂，冬面而迎歲……彗星出而授殷人其柄」完全相符。1976 年陝西臨潼出土的利簋銘文也證實了《國語》與《淮南子》及《尚書·牧誓》記載的正確可信：「武王征商，唯甲子期，歲鼎（迎），克昏夙有商。」溫少峰、袁庭棟又以卜辭大量的「王賓歲」記錄證實，殷人對歲星實行賓祭，與祭日月同例，歲星是商周時期為社會所重的主要觀測星宿之一，更使張玉哲的研究結果成為確論。

○張聞玉曰（《武王伐紂天象之辨析》，見載於氏著《西周王年論稿》，頁 56～67）：從一「昔」字透露，是春秋中期以後人用歲星 12 年一週期的規律逆推出來的。這樣逆推數百年前的木星位置，必然不會相合。怪不得 David W.Pankenier 說：「在《國語》和《左傳》裏有占星性質的記載所提到的木星位置幾乎都是錯誤的。」《國語》這一記載與其說是逆推的結果，不如說是一種附會。鶉火為周之分野，這是觀象授時的原始遺留。姬周的後裔視「歲在鶉火」為吉祥之歲，應該說是出於對祖先功德的崇拜，出於對姬周早期文化的仰重。他們將先公先王創造業績的重要年代冠以「歲在鶉火」，製造一個代表本民族的文化的表示吉利的天象依據，以示受命於天，這近乎銅器銘文「子子孫孫永寶用」的價值。

○江曉原、紐衛星曰（《〈國語〉所載武王伐紂天象及其年代與日程》，《自然科學史研究》1999 年第 4 期，頁 353～366）：意為木星在鶉火之次。但用「歲在鶉火」作為確定伐紂之年的依據，是不可靠的。

○武家璧曰（《武王伐紂天象及其年代日曆》，《古代文明》第 5 卷，頁 271～285）：商周之際，大約自柳 9～張 17 度為「鶉火」次，即商末周初張宿距度大部分仍在「鶉火」次，與「自鶉及駟七列」的描述相兼容。

○王寒冬曰（《論韋昭的文獻學成就》，安徽大學博士學位論文）：韋昭根據釋文的需要，介紹與之相關的曆法內容。

○陸星原曰（《卜辭月相與商代王年》，頁一六～一七）：《國語》和《左傳》等文獻大量記載的「歲在某某」非數字紀年法並不是當時的官方「商周曆」之紀年法而是民間「虞夏曆」之紀年法（如前述當時的官方曆法是以數字紀年、數字紀月為特徵的），因此我們絕不能像某些研究者那樣僅憑該紀年法暫未見於殷墟甲骨文或西周金文就武斷判定「武王伐殷，歲在鶉火」是後人偽造或後人按照後世的星象數據「逆推得到的」。事實上，殷墟王家卜辭和西周禮器銘文作為當時的官樣文本，其罕用民間紀年法是再正常不過的事情。試問，為什麼「歲在某某」紀年格式只見於《國語》和《左傳》而不見於同期的《春秋》經文？道理很簡單，那是因為《國語》和《左傳》本是私人編寫的民間教材而《春秋》本是魯國官方檔案的節錄轉抄；而同樣的，周武王伐商為什麼要用「歲在鶉火」這種民間的「虞夏曆」紀年而不用「唯王某祀」的官方紀年？道理也很簡單，那是因為在商、周兩王並立的歷史時刻假如採用「唯王某祀」紀年這對各路諸侯來說明顯有歧義（若據出土金文《夨王方鼎蓋》、《呂王壺》等推論則殷周之際自稱為「王」、自頒曆法的其實應遠不止殷、周兩家），但「夏數得天，百王所同」，「虞夏曆」的星座紀年「歲在鶉火」人人都能接受認同，哪怕是那些沒有文字、不通漢語的「庸、蜀、羌、髳」諸國，所以周武王只好用「歲在鶉火」、「辰在甲子」等民間通用紀時術語來與其華、夷諸盟國約期會師於牧野，並以同樣的紀年、紀日下書約戰商王紂（參見《呂氏春秋・歸因》「朝要甲子之期而紂為禽」及《逸周書・武寤解》「約期於牧，案用師旅」）。當然，除了以上的間接分析，我們還可以找到更直接的證據去證明「武王伐殷，歲在鶉火」並不是後出之偽說而是商周時代之史實。例如，在《尚書・洪範》中殷遺民箕子就明確告訴周武王，殷人雖已有官方曆法，但他們實際計算年月的方法並不都是單純統一的，而是協調雜用各種方法的，此即所謂「協用五紀」：「一曰歲，二曰月，三曰日，四曰星辰，五曰曆數。」很明顯，在上述的「五紀」中，除了「二曰月」、「三曰日」、「五曰曆數」是指商代的官方曆法「商王曆」，其餘「一曰歲」和「四曰星辰」都不是，因為我們知道殷墟甲骨文中的官方紀年格式一律都是「唯王幾祀」而非「唯王幾歲」，至於「幾歲」字樣在甲骨文中只用作「基數詞」以計算非正式的相對年數而不用作「序數詞」以記錄法定的絕對王年，此外甲骨文中的「商王曆」也

從無採用「星辰」來紀時的案例，故箕子所說的商代紀時法「一曰歲」和「四曰星辰」只能是指古老「虞夏曆」的「歲在鶉火」紀歲法何「五月初昏大火中」觀星紀月法，這兩者都是罕見於甲骨文等官方文檔的商代民間曆法之內容。

○萬青案：管禮耕（1884～1887），字申季，江蘇元和人。其父慶祺為陳奐弟子。撰有《操觚齋遺書》四卷。徐元誥《集解》引項名達說，實據汪遠孫《發正》而不注明。又徐元誥《集解》引《補音》「鶉」字音注。張政烺認為武王克殷在公元前 1070 年（見其《武王克殷之年》一文，見載於北京師範大學國學研究所編《武王克商之年研究》，北京師範大學出版社 1997 年版，頁284～286）。何幼琦《「歲在」紀年辨偽》（《西北大學學報》1990 年第 3 期）認為「歲在」紀年是劉歆創造的，並非先秦實有。則何氏對於《周語》史實的真實性是持懷疑態度。又劉次沅、周曉陸《武王伐紂天象解析》（《中國科學》A 輯 2001 年第 6 期）、劉次沅《從天再旦到武王伐紂：西周天文年代問題》（世界圖書出版公司北京公司 2006 年版）也對於伶州鳩之言有所辨析，謂早期文獻中的「歲在某次」的記載並不可靠，謂「BC1047.6 歲星入柳，BC1047.8出張，BC1047、BC1046」皆為「歲在鶉火」。董立章根據傳統文獻及天文學測算成果，推斷：「周之大本營在川陝，其文化包涵夏文化與彝文化，包括制曆計日。文王稱制改元，以歲躔張宿 13 度之公元前 1058 年亥月（夏正 10 月）朔為新元周曆正月初一，實行十月太陽曆，而仍兼奉殷正，這給西周曆法造成極大混亂，給金文曆譜的排定造成極大困難。自文王稱王改元至公元前 1045年之亥月，為文王改元——受天命之第 13 年。據其所行太陽曆，公元前 1045年亥月甲日（亦為甲子日）為周禮正月初一，該日出師東征；兩個月後之甲日（亦為甲子日）發起牧野之戰。」（氏撰《關於武王伐紂之年的再研究》，《華南師範大學學報》2003 年第 2 期，頁 85～94）亦可參。武家璧《武王伐紂天象及其年代曆日》（北京大學中國考古學研究中心、北京大學震旦古代文明研究中心編《古代文明》第五卷，北京：文物出版社 2006 年版，頁 271～284）於《國語》本篇相關語句頗有考辨，並認為武王伐紂之年「最近似的是公元前 1046 年 11 月 16 日甲子」。章啟群在其《星空與帝國：秦漢思想史與星占學》中認為：「伶州鳩的說法只能是後來者臆造。這也恰好證明占星學家為了宣揚他們的學說，而採取對上古歷史進行篡改和虛構的事實。」（北京：商務印書館 2013 年版，頁 71～76）這個說法倒可以和何幼琦的說法相呼應。

章氏並進而論證夏商周斷代工程以《周語》本處為依據所推定的武王克商之年是不正確的。陸星原在其《卜辭月相與商代王年》一書中對於「歲在鶉火」給出了「虞夏曆」的認定，如上所引，陸氏進而推斷：「『歲在鶉火』的第一天不是在周正正月而是在夏正正月（考慮商周曆的±1月歲首游移，可折合周王曆三月或二、四月）。畢竟，《漢書》引《武成》、《逸周書・世俘解》等古文獻早就明確指出，周武王伐商的歷程是從周王曆『一月壬辰』到『四月乙未成辟』，其間有可能恰好跨越了『虞夏曆』的『卒歲』點。而綜合上述兩方面的數據，我們的推算結果就將是：假設武王伐紂的可能年份是在 1100BC～1000BC 之間，那麼其『一月壬辰』準備出發的那天就屬於 1090BC、1078BC、1066BC、1054BC、1042BC、1030BC、1018BC、1006BC 中的某一個，這 8 個年份都是『歲在鶉火』；而其正式『成辟』成為天下共主的日期『四月乙未』則很可能已經進入下一年，該年已經是『歲在鶉尾』了。」（上海社會科學院出版社 2014 年版，頁 21）亦皆可參。

月在天駟，

【集解】

〇韋昭曰（《國語》卷三，頁二二～二三）：天駟，房星也。謂戊子日，月宿房五度。

〇孔廣栻曰（《國語解訂譌》）：謂戊子，其日月合宿於房五度。

〇董增齡曰（《國語正義》卷三，頁六一）：《漢書・律曆志》：「師初發，殷十一月戊子……是夕也，月在房五度，房為天駟。」《詩》疏引《爾雅》孫炎注：「龍為天馬，故房四星謂之天駟。」房四星下垂而長，故《天官書》云：「房為府，曰天駟，其陰右驂。」《索隱》引《詩紀曆樞》云：「房為天馬，主車駕。」《禮記・月令》疏：「月行疾，一月行天一帀三百六十五度四分度之一，過帀更行二十九度半餘，逐及于日。」武王發師為殷之十一月二十八日，「星次西流，月行東轉，東西相逆。」宏嗣本班《志》，推是夕為月宿房五度，則房度將畢矣。《文選・謝玄暉・始出尚書省詩》李善注引《春秋元命包》曰：「殷紂之時，五星聚房。房者，蒼神之精。周據而興。」是也。【校勘】〇萬青案：董所引《詩》疏，為《詩經・小雅・吉日》疏。又「星次西流，月行東轉，東西相逆」亦為《月令》疏之言。

〇汪遠孫曰（《國語發正》卷三，頁二一～二二）：項氏名達曰：依《授

時》推得年前亥月二十七日庚寅戌刻，月始入房，較遲二日。

　　○陳瑑曰（《國語翼解》卷二，頁二二）：錢詹事曰：戊子日夜半月，在氐八度五百七十九分，其夕加時在亥，月行入房五度（每一時月行一度一百七十五分半）。〖校勘〗○萬青案：錢大昕本處之語，王先謙《漢書補注》亦引之。未知出於錢氏何書。

　　○徐元誥曰（《國語集解》卷三，頁三四）：項名達曰：依《授時》推得年前亥月二十七日庚寅戌刻，月始入房，較遲二日。《爾雅》：「天駟，房星也。」郭注云：「龍為天馬。故房四星謂之天駟。」《史記・書》「房為府，曰天駟，其陰右驂」《索隱》引《詩氾曆樞》云：「房為天馬，主車駕。」宋均云：「房既近心為明堂，又別為天府，及天駟也。」元誥按：天駟或簡稱駟，亦稱天馬，又簡稱馬。

　　○江曉原、紐衛星曰（《〈國語〉所載武王伐紂天象及其年代與日程》，《自然科學史研究》1999 年第 4 期，頁 353〜366）：從字面上理解，「月在天駟」當然是指月球運行至與天駟在一起之處。根據我們的研究，此句關係極大，卻常被研究者所忽視。「天駟」星名，即天蠍座 π 星（Scoπ）。特別值得注意的是，這顆星也正是二十八宿中房宿的距星。此處韋注正可證明這種解釋。

　　○武家璧曰（《武王伐紂天象及其年代日曆》，《古代文明》第 5 卷，頁 271〜285）：天駟為房星，又稱為農祥星，《史》、《漢》、韋注並同，古今無異詞。「月在天駟」是合朔前偕日出的殘月，只在日出前的黎明纔能見到。按伶州鳩所述「王以二月癸亥夜陳」，即武王指揮伐紂軍隊按照「自鶉及駟七列」、「南北之揆七同」的天象在「癸亥夜」布陣。然而「月在天駟」在「癸亥夜」是看不到的，且夜陳「未畢而雨」，顯然陰雨之夜不可能見星月。故癸亥夜「月在天駟」非實測，而是推算所得。其他如日在位置、合辰位置等不可能肉眼看到，只能推算。也就是說癸亥夜武王的軍（樂）隊是按照推算好的天象來布置陣勢的。這一推算最近的基點是癸亥朝，以此根據月行的平均速度推算「癸亥夜」、「月在天駟」是完全可行的，至「甲子朝」月亮再見再見時已不在天駟而入心宿範圍。

　　○萬青案：從徐元誥《集解》注文可知，其采董增齡《正義》、汪遠孫《發正》之說而未注出。另外，董增齡引作《詩紀曆樞》，而徐元誥引作《詩氾曆樞》。今檢夏傳才主編《詩經學大辭典》字作「氾」，各家引文以及《史記》三家注本字亦作「氾」，又文獻中亦有作「泛」、「汎」者，則該書名字當作

「氾」，董增齡引「紀」當為「氾」字之誤。

日在析木之津，

【音義】

○《舊音》曰（《國語補音》卷一，頁二六）：音錫。《補音》：星歷反。〖校勘〗○萬青案：張一鯤本、李克家本、綠蔭堂本、鄭以厚本、道春點本、千葉玄之本、冢田本、秦鼎本、高木本等此處唯取《補音》反切音注。審《經典釋文》「析」亦有直音「錫」，《補音》音注與《釋文》同。

【匯校】

○萬青案：正學本誤脫「日」字。上海圖書館藏正學本上有批校，已經予以填補。

【集解】

○韋昭曰（《國語》卷三，頁二三）：津，天漢也。析木，次名，從尾十度至斗十一度〔1〕為析木，其閒為漢〔2〕津。謂戊子日，日宿箕七度〔3〕。〖校勘1〗○陳樹華曰（《春秋外傳考正》卷三，頁一六）：宋本「斗」上有「南」字。○汪遠孫曰（《國語明道本考異》卷一，頁二〇）：公序本無「南」字，脫。○萬青案：姜恩本無「析木次名」四字。靜嘉堂本、顧校明本「次」誤作「文」。集賢殿校本、黃刊明道本及其覆刻本、上善堂本、寶善堂本、吳曾祺本、沈鎔本、徐元誥本等「斗」上有「南」字。陳奐已校出黃刊明道本與許宗魯本、金李本之異。董增齡引《爾雅》郭注亦可為證。今檢《晉書·律曆志》、《開元占經·分野略例》、《乙巳占》云：「自尾十度至南斗十一度為析木。」則汪遠孫謂公序本脫「南」字者可從。〖校勘2〗○萬青案：集賢殿校本此「漢」字在排版時誤將活字模倒置，故呈現出來的字為「𣾰」形，從此一字也看出集賢殿校本活字本的真實性。〖校勘3〗○孔廣栻曰（《國語解訂譌》）：《公羊》疏「宿」作「在」。○汪遠孫曰（《國語明道本考異》卷一，頁二〇）：公序本重「日」字，非。○萬青案：姜恩本、黃刊明道本及其覆刻本、寶善堂本、吳曾祺本、沈鎔本、徐元誥本等不重「日」字。陳奐已校出黃刊明道本與許宗魯本、金李本之異。且姜恩本脫「七」字。就注文語境而言，恐怕重「日」字更當，否則不辭。又集賢殿校本、黃刊明道本及其覆刻本、上善堂本、寶善堂本、吳曾祺本、沈鎔本、徐元誥本等「度」下有「也」字。審《玉海》引注文「度」下亦無「也」字。

○董增齡曰（《國語正義》卷三，頁六一）：「津，天漢也」者，昭十七年《傳》：「漢，水祥也。」《小雅·大東》「維天有漢，監亦有光」鄭《箋》：「漢，天河也，有光而無所明。」《大雅·棫樸》「倬彼雲漢，為章于天」鄭《箋》：「倬然，天河水氣也。精光轉運于天。」「析木，次名」者，《爾雅》「析木之津，箕、斗之間，漢律也」郭注：「箕，龍尾。斗，南斗。天漢之津梁。」《史記·天官書》：「箕為敖客，曰口舌。」《小雅》鄭《箋》：「箕星哆然，踵狹而舌廣。」昭二十五年《傳》孔疏「箕于次分在析木之津」是也。「斗六星重列如北斗。《天官書》『南斗為廟，其北建星』，建星者，旗也。……以建星識南斗所在也。」[1] 昭七年《傳》杜注：「箕、斗之間有天漢，故謂之析木之津。」劉光伯謂：「箕在東方木位，斗在北方[2]，分水、木，以箕星為隔，隔河須津梁以度。故謂此次為析木之津。不言析水而言析木者，此次自南而北[3]，故依此次而名析木。」《漢書·律曆志》：「十一月戊午[4]，日在析木箕七度。」蓋將離東而入北，故下文以北維賅之也。【校勘1】○萬青案：「斗六星重列如北斗……以建星識南斗所在也」一段文字出邵晉涵《爾雅正義》卷九。【校勘2】○萬青案：檢《左傳》孔疏引劉炫說「北方」下有「水位」二字，「分」下有「析」字，董氏引誤省。【校勘3】○萬青案：孔疏「而」、「北」之間有「盡」字。【校勘4】○萬青案：今檢《漢書·律曆志》本文「戊午」作「戊子」，董氏引誤。

○汪遠孫曰（《國語發正》卷三，頁二一～二二）：項氏名達曰：依《授時》推得亥月十八日新巳日，躔箕初度，二十五日戊子至箕七度，二十八日新卯入斗初。

○陳瑑曰（《國語翼解》卷二，頁二二～二三）：謂戊子日宿箕七度也。錢詹事曰：戊子日夜半，日在箕六度，大強加時，在丑，入箕七度。【校勘】○萬青案：陳瑑此處所引和上文出處當同。《漢書補注》亦引之。

○高木熊三郎曰（《標註國語定本》卷三，頁二五）：天漢有一處名析木，曰渡漢而行，故稱津。亦以其處諸星紀之也，不必曰次名。注所謂漢津即實析木耳。注稱「戊子」既為汏矣，此又舉後三日朔，是汏之甚者。

○鄔國義等曰（《國語譯注》，頁一〇一）：析木是標誌歲星行度的名稱之一，其位置大致在東北偏東。津即現在所說的銀河。

○江曉原、紐衛星曰（《〈國語〉所載武王伐紂天象及其年代與日程》，《自然科學史研究》1999年第4期，頁353～366）：《左傳》、《國語》提到「析木」

時總跟著「之津」二字，「津」為天河，說明「析木」所指的天區位於黃道上橫跨銀河之處。《漢書・律曆志》中，《三統曆》定析木之次對應範圍為尾 10 度，跨箕宿，至斗 11 度，案之星圖，正在銀河之中。這也說明《三統曆》所述二十八宿與十二次之間的對應關係，應有很早的起源（注意我們據此確定析木之津的範圍時，並不要求在商周之際就存在十二次系統）。析木之津所占天區，公元前 1100 年～公元前 1000 年間的黃經範圍在 223°～249°之間。此處先要特別指出：月球運行每一天，太陽每年一週天，因此很多稍具天文常識的學者都會認為，「月在天駟」每月都會出現一次，因而是一年可以見到 12 次的天象，而實際上精密的天文學計算和演示都表明，這種天象在週地竟要平均 10 年纔能與「日在析木之津」同時被觀測到一次。

○武家璧曰（《武王伐紂天象及其年代日曆》，《古代文明》第 5 卷，頁 271～285）：《爾雅・釋天》云：「析木謂之津，箕斗之間，漢津也。」《史記・天官書》正義：「尾為析木之津，於辰在寅。」《晉書・天文志上》：「箕四星……亦曰天津。」《國語》韋昭注：「津，天漢也。析木，次名，從尾十度至南斗十一度為析木，其間為漢津。」韋昭所引次度用劉歆《三統曆》，以歲差前推至商周之際則析木當從尾 18～南斗 19 度為次，仍然符合析木之津在「箕斗之間」的說法。按伶州鳩敘述的次序，伐紂之時，太陽先在析木之津，若干天後纔與從天駟西來之月合辰（朔）於南斗之柄，則「日在析木之津」的本來位置必在「箕斗之間」無疑。日在恆星背景中的位置除發生日食以外，肉眼是看不到的，但可以根據月亮位置與合朔日期推算得到，也可以根據晨見昏伏星或昏旦中星（《夏小正》有載）推算得到。

辰在斗柄，

【彙校】

○沈寶研曰（沈跋本《國語》卷三，頁二二）：《漢書・班固・幽通賦》顏師古注引此作「辰在斗杓」。

○陳樹華曰（《春秋外傳考正》卷三，頁一六）：《漢書・班固・幽通賦》顏師古注引作「斗杓」。

○萬青案：《漢書・律曆志下》引《傳》曰「辰在斗柄」，又《毛詩注疏》、《周禮疏》、《春秋左傳正義》、李善《文選》注引《國語》字亦俱作「柄」。《說文・木部》：「杓，枓柄也。」（《說文解字》，頁 122）徐鍇《繫傳》云：「杓，

北斗之柄弟一星取此為名。」（《說文解字繫傳通釋》，頁 114）又《漢書・天文志》孟康注云：「杓，斗柄也。」（中華書局 1962 年點校本，頁 1274）是「杓」、「柄」在此語境下意義相同。又「杓」、「柄」同紐字。

【集解】

〇韋昭曰（《國語》卷三，頁二三）：辰，日月之會。斗柄，斗前也。謂戊子後三日，得周正月辛卯朔，於殷為十二月，夏為十一月。是日月合辰斗前一度。〖校勘〗〇陳樹華曰（《春秋外傳考正》卷三，頁一六）：嘉靖本「斗」字始缺二筆，後遂譌為「十」字。〇孔廣栻曰（《國語解訂譌》）：謂戊子後三日，得周二月辛酉朔日月合朔於箕十（元本一）度，在斗前一度。〇秦鼎曰（《國語定本》卷三，頁二五）：「是日」下，諸本皆脫「日」字。〇陳奐曰（國家圖書館藏陳奐校跋本）：金作「會」。〇萬青案：姜恩本注唯「辰，日月之會也。斗柄，斗前也」十一字。綠蔭堂本「戊」誤作「戌」。許宗魯本「日月之會」之「會」作「合」，陳奐已經校出。集賢殿校本「是日月合」之「日」字處空白無字，當係漏刻。明德堂本「斗前」之「前」誤作「角」。集賢殿校本、黃刊明道本及其覆刻本、上善堂本、寶善堂本、吳曾祺本、沈鎔本、徐元誥本等「度」下有「也」字。金李本、《叢刊》本、張一鯤本、綠蔭堂本、鄭以厚本、詩禮堂本等「斗」字即誤作「十」。秦鼎本、高木本「是日」下增「日」字。重「日」字於語義更為明晰。

〇董增齡曰（《國語正義》卷三，頁六二）：《史記・天官書》「南斗為廟，其北建星。建星，旗也」張守節曰：「南斗六星在南。」蓋斗北宮之宿，以夏、秋之間見于南方，故謂之南斗。斗六星重列如北斗。孟秋之月昏，建星中，以建星識斗所在。《月令》「仲冬之月，日在斗」孔《疏》引《漢書・律曆志》：「仲冬之月〔1〕，日在斗十二度。《三統曆》：大雪，日在斗十二度。」此據建子之月節氣言之，蓋大雪為子月節也。《漢書・律曆志》云：「師初發以殷十一月戊子……後三日得周正月辛卯朔，合辰在斗前一度，斗柄也。」昭二十年《傳》孔疏：「武王以殷之十二月二十八戊子〔2〕發師……後三日，得周二月辛酉朔，日月合宿于箕十度，在斗前一日〔3〕。」案：《漢書・律曆志》又言：「癸巳，武王始發，丙午還師，戊午渡孟津。去〔4〕周九百里。師行三十里，故三十一日而度。」班氏此言與《尚書》「王次于河朔」、《呂氏春秋》「膠鬲甲子之期」合。若如孔《疏》所言，則自發師至擒紂，止七日矣，殊未審鎬京與牧野相去之道里耳。故當從「戊子」、「辛卯」為是。韋解本《漢志》，言

「周正月辛卯朔」，是時在小雪之後，而未至大雪，斗杓在北，故初入斗一度。斗值星紀之初，為丑之次。《逸周書・周月解》云：「日月俱起于牽牛之初，右回而行，月周天進一次，而與日合宿。日行月一次而周天，列會〔5〕于十有二辰。」《月令》獨言日而不言月。方慤謂：「陽以成歲，而陰特從之，故以日為主。與《書》言『出日』、『納日』而不及月同意。」〔6〕故宏嗣據《周月解》而言「所會」也。〖校勘 1〗○萬青案：今檢《禮記》疏「月」作「初」。〖校勘 2〗○萬青案：稿本「子」作「午」，今檢孔疏本文「子」即作「午」。〖校勘 3〗○萬青案：檢孔疏本文「日」作「度」。董氏引昭二十年《傳》孔疏與原文不盡同，今檢原文為：「武王以殷之十二月二十八日戊午發師，其年歲星在鶉火之次也，其日月合宿於房五度，房即天駟之星也。日在箕七度，箕於次分在析木之津也。日月之會謂之辰。斗柄，斗前也。戊午後三日，得周二月辛酉朔，日月合於箕十度，在斗前一度，是為『辰在斗柄』也。」（阮刻本《十三經注疏》，頁 2094）董氏約略引之，文字稍有不同。〖校勘 4〗○萬青案：稿本「去」上復有「孟津」二字，今檢《漢書・律曆志》即有「孟津」二字。〖校勘 5〗○萬青案：檢《逸周書》本文「會」作「舍」。〖校勘 6〗○萬青案：所引方慤之言見王應麟《六經天文編》卷下、明胡廣《禮記大全》所引。董氏在《周語上》實已經引述之。方慤，宋人，字性夫，有《禮記集解》等書。

　　○汪遠孫曰（《國語發正》卷三，頁二二）：項氏名達曰：依《授時》推得平朔為甲午，差遲三日。定朔為癸巳，差遲二日。日月合辰在斗一度九十九分，差兩度有奇。

　　○陳瑑曰（《國語翼解》卷二，頁二三）：錢詹事曰：日月合辰在箕十度，少距南斗一度有奇。〖校勘〗○萬青案：錢大昕此言，《漢書補注》亦引之。

　　○高木熊三郎曰（《標註國語定本》卷三，頁二五）：辰謂辰星，是五緯之一，即水星也。斗有魁有柄，而辰次于其柄也。注「斗前」未允。日月之會，古有是語，然在此章不可用。星謂是夜中星，無指辰星單呼星之理。

　　○江曉原、紐衛星曰（《〈國語〉所載武王伐紂天象及其年代與日程》，《自然科學史研究》1999 年第 4 期，頁 353～366）：韋昭注「日月之會」（即太陽和月亮運行到黃經相等之處）在這裏確實是唯一合理的解讀。斗柄祇能是南斗。「辰在斗柄」的唯一合理釋讀就是：日、月在南斗（斗宿）合朔。

　　○黃翔鵬曰（《黃翔鵬文存》，頁六五六）：「辰在斗柄」與「辰在戌上」可

能是同一個意思，即北斗斗柄大略指向大角與大火之間的房星（或韋注之「辰馬，謂房、心星也」），這對周人有著特殊的意義。

○楊小明曰（《〈國語〉「武王伐殷」天象檢討——兼論江曉原、紐衛星之〈回天〉》，《科學技術與辯證法》2002 年第 6 期，頁 57〜60）：在武王伐殷的動態進程中沒有什麼實在與獨立的信息，是當時共有而靜態的天象，但對周人卻具有莫大的心理激勵——自我暗示作用，房星晨正，辰馬農祥，不是更加強了周人「我太祖后稷之所經緯」的現實根據與歷史意義嗎？因此，周人纔可能將之作為重要的天象而傳述下來。惟其如此，不僅正與伶州鳩此對的核心思想——「天人感應」、「神人合一」一脈貫通，而且以上牴牾不諧之處方得有望迎刃而解。退一步說，固然韋注「辰在斗柄」有其合理與自洽之處，當不便妄論，但至少「辰在戌上」之「辰」絕非韋注之「日月之會」。至於「辰在戌上」，「戌上」也者，周正建子，周二月初北斗斗柄昏指戌位（即西偏北30°方向）是也。

○武家璧曰（《武王伐紂天象及其年代日曆》，《古代文明》第 5 卷，頁 271〜285）：南斗以斗宿一（人馬座 ϕ）為距星，位於斗升（魁）與斗柄的交界處；構成斗柄的斗宿二（人馬座 λ）位於斗宿距星之前（西），所以「斗柄」在斗前。所謂「辰在斗柄」是指日月合朔的位置在斗一（人馬 ϕ）至斗三（人馬座 μ）之間。「辰在斗柄」與「月在天駟、日在析木之津」是互相適應的，即日、月所在唯一決定其最近的合朔位置。日在及合朔位置肉眼無法觀測，但合朔日期是可以觀測到的，它在新月初生的前 1〜2 天。古人規定太陽每天行一度，據此可以推知月行一日的平均速度，再根據實測月亮位置與合朔日期，就可以推算出日在及合朔位置，「辰在斗柄」可能就是這樣推算出的合朔位置。

○萬青案：徐元誥《集解》引項名達說，實據汪遠孫《發正》而未注出。楊小明之說出其《〈國語〉「武王伐殷」天象檢討——兼論江曉原、紐衛星之〈回天〉》（《科學技術與辯證法》2002 年第 6 期），本書所引楊氏文字皆出此。

星在天黿。

【音義】

○《舊音》曰（《國語補音》卷一，頁二六）：音元。《補音》：隅袁反。
【校勘】○萬青案：張一鯤本、李克家本、綠蔭堂本、鄭以厚本、道春點本、

千葉玄之本、冢田本、秦鼎本、高木本等「黿」字音注唯取《舊音》直音音注。《經典釋文》「黿」亦音元，並音徒河。《一切經音義》則音「魚袁」、「阮袁」。「隅」、「魚」聲紐同。

　　○沈鎔曰（《國語詳注》第三，頁一○）：音元。

【彙校】

　　○孔廣栻曰（《國語解訂譌》）：《馮相氏》疏引「黿」作「元」。

　　○萬青案：阮元校刻《十三經注疏》引浦鐘云：「『黿』誤『元』。」（頁822）

【集解】

　　○韋昭曰（《國語》卷三，頁二三）：星，辰星也。天黿，次名，一曰玄枵。從須女八度至危十五度為天黿。謂周正月辛卯朔。二日壬辰，辰星始見。三日癸巳，武王發行〔1〕。二十八日〔2〕戊午，度孟津〔3〕，距戊子〔4〕三十一日。二十九日〔5〕己未〔6〕晦，冬至，辰星在須女伏天黿之首〔7〕。〖校勘1〗○陳樹華曰（《春秋外傳考正》卷三，頁一六）：補修元本、弘治本、許本並作「伐商師行」。○孔廣栻曰（《國語解訂譌》）：胡竹岩先生云：「武王發商師。」○陳奐曰（國家圖書館藏陳奐校跋本）：金作「武王發行」。○籛跋本曰（國家圖書館藏王籛校跋本）：「武王發」本作「伐商師」。○萬青案：姜恩本注作「從須八度至危十五度為天黿。星，辰星也」。顧校明本、明德堂本、許宗魯本等「武王發」亦作「伐商師」，正學本「武王發行」作「伐商行師」。陳奐已揭出金李本、黃刊明道本與許宗魯本之異。「武王發行」者，「行」亦「起師」之義。就語義的明晰性而言，「伐商師」似更清楚易曉。〖校勘2〗○萬青案：集賢殿校本「日」字處空白無字，當係漏刻。〖校勘3〗○萬青案：度，薈要本、文淵閣本作「渡」。「度」、「渡」音同可通。〖校勘4〗○陳樹華曰（《春秋外傳考正》卷三，頁一六）：宋本「拒」從「才」旁，後多放此，概不復識。○汪遠孫曰（《國語明道本考異》卷一，頁二○～二一）：「拒」，公序本作「距」，依《說文》作「距」，無「拒」字。○萬青案：集賢殿校本、黃刊明道本及其覆刻本、上善堂本、寶善堂本、吳曾祺本、沈鎔本等字作「拒」。陳奐已校出黃刊明道本與許宗魯本、金李本之異。徐元誥《集解》字則作「距」。「拒」、「距」音同可通，正字當作「距」。〖校勘5〗○陳樹華曰（《春秋外傳考正》卷三，頁一六）：補修元本、弘治本、許本「二」作「又」，非。○陳奐曰（國家圖書館藏陳奐校跋本）：金作「二十九日」。○萬青案：明顧校明本、

德堂本「二」亦作「又」，頗疑顧校明本、弘治本、明德堂本、許宗魯本是一個版本系統，顧校明本和明德堂本都是明德堂刊本，二者稍有不同。陳奐亦校出金李本、黃刊明道本與許宗魯本之異。【校勘6】○萬青案：未，集賢殿校本誤作「木」。道春點本、千葉玄之本「己」誤作「巳」。【校勘7】○汪遠孫曰（《國語明道本考異》卷一，頁二一）：「與」，公序本作「在」，誤。《〈詩·大明〉疏》引《國語》同。《文選·幽通賦》注亦脫。○萬青案：黃刊明道本及其覆刻本、上善堂本、寶善堂本、吳曾祺本、沈鎔本、徐元誥本等「在」作「與」。陳奐已校出黃刊明道本與許宗魯本、金李本之異。審《玉海》卷二、《玉海》卷六引注文字亦作「在」，恐「在」字不誤。集賢殿校本、黃刊明道本及其覆刻本、上善堂本、寶善堂本、吳曾祺本、沈鎔本、徐元誥本等「首」下有「也」字。陳奐已校出黃刊明道本與許宗魯本、金李本之異。

　　○宋庠曰（《國語補音》卷一，頁二六）：玄枵，許驕反。【校勘】○山田直溫等曰（日本內閣文庫藏批校本）：計，李本作「許」。○萬青案：驕，集賢殿校本作「交」。又張一鯤本、綠蔭堂本、鄭以厚本、道春點本、千葉玄之本、冢田本、秦鼎本、高木本等「許」字誤作「計」。《補音》音注與《經典釋文》、《五經文字》音同。

　　○鮑雲龍曰（《天原發微》卷三上，頁一二）：愚嘗攷之。周之興也，鶉火直軒轅之虛，稷星係焉。房與歲星相經緯，以屬威靈仰之神，后稷感以生焉。鶉首又當山河之右，太王以興而后稷封焉，及周師之出也，在箕十度，則析木之津，月在房四度，則升陽之駟。又三日，得周正月庚寅朔，日月會南斗一度，則辰在斗柄也。是時，火星與周師俱進，而水星伏于天黿，所以告顓帝而終水行之運。自天黿及析木，歲星及鶉火又退行而旅於鶉首，而後進及鳥帑，所以反復其道，以經綸周室者，豈人力哉？宜其卜世三十歷年八百，為古今有道之長也。星象昭昭，詎不信乎？後世欲以人力勝之，烏乎可？

　　○秦鼎曰（《國語定本》卷三，頁二五）：辰星即水星。辰星十一月冬至見牽牛，出以辰戌，入以丑未。《品字箋》云：按《國語》，則是辰星次天黿。天黿非辰星之定次明矣。蓋云辰星是月在須女次天黿之首也。《授時曆》：辰星留於須女二日。

　　○董增齡曰（《國語正義》卷三，頁六二～六三）：「星，辰星也」者，《史記·天官書》：「察日辰之會，以治辰星之位。曰北方水，太陰之精，主冬，日壬、癸。」「仲冬冬至，晨出郊東方，與尾、斗、牽牛俱西。」《索隱》引皇甫

謐曰:「《元命苞》云:『北方辰星水,生物布其紀,故辰星理四時。』」張守節引《天官占》云:「辰星,北水之精,黑帝之子,宰相之祥,一名細極,一名鉤星,一名爽星,一名伺祠,徑一百里。」「天黿,次名,一曰玄枵」者,玄枵,虛也。襄二十八年《傳》:「淫于玄枵……玄枵,虛中也。枵,耗名也。」《分野署例》云:「自須女八度至危十五度,於辰在子為玄枵也。」〔1〕《爾雅》邵疏:「玄者,黑也,北方之色。枵者,耗也。十一月之時,陽氣在下,陰氣在上,萬物幽死……天道〔2〕空虛,故曰玄枵。」黿出于水,其色黑,故得為通名。《漢書・律曆志》:「師初發,以殷十一月戊子,後三日,得周正月辛卯朔合,明日壬辰,晨星始見。癸巳,武王始發。丙午,還師。戊午,度孟津。明日己未冬至,晨星與婺女伏,歷建星及牽牛,至于婺女天黿之首。」昭二十年《傳》孔《疏》:「辰星在婺女之宿,其分在天黿之宿次是也。」蓋天黿之次自女八至危十五,共三十五度,甫踰牽牛而入須女之初度,故云「首」也。〔校勘1〕○萬青案:襄二十八年《左傳》及《分野略例》引文實亦俱出邵晉涵《爾雅正義》。〔校勘2〕○萬青案:今檢邵晉涵《爾雅正義》本文「天道」作「天地」。

　　○汪遠孫曰(《國語發正》卷三,頁二二～二五):項氏名達曰:「錢氏以《三統術》推得是年周正月二日壬辰,辰星夕始見,在南斗十五度。二十四日甲寅入天黿之次,二十六日丙辰留女八度,二十七日丁巳出天黿之次,二十八日戊午退在女六度而伏。韋氏云:『伏天黿之首。』與本術不合。案:依《授時》推辰星平度,是年前亥月二十六日己丑,辰星夕見於南斗十五度,由是疾行至周正月十二日甲辰推女三度,二十六日戊午留虛二度,二十八日庚申晦東至,丑月初七日己巳伏女六度。」項氏又曰:「克商之歲,《鑑紀》載:『武王定位,起己卯。』與《漢志》同。孔穎達《詩經正義》以為辛未,皇甫謐《世紀》以為乙酉,《竹書》曰:『十一年庚寅,周始伐商。』今多從《鑑紀》,蓋本《三統術》,緣《三統》詳考三代年月,以算術證經書,不同臆斷也。但《三統》算術疎,所定歲朔實過,贏二百年氣差一日,三百年朔差一日,諸家早有定議。又未用歲差,宿度難確。史稱自漢太初迄唐麟德有二十三家,雖與天近而未密,至大衍術考古證今,始稱密合其曆。議曰:歲在己卯,迺文王崩、武王成君之歲。明年,武王即位,孟春定朔,丙辰為商二月,故《周書》曰:『維王元紀。』二月丙辰朔,武王訪於周公。《竹書》:『十一年庚寅,周始伐商。』而《管子》及《家語》以為十二年,蓋通成君之歲也。十

年，夏正十月戊子，周師始起。考歲差，日在箕十度，則析木津也，晨初月在房四度，房升陽之駟也。又三日得周正庚寅朔，日月會南斗一度，故曰辰在斗柄。壬辰辰星夕見，在南斗二十度，凡月朔而未見曰死魄，夕而成光曰朏。朏或以二日，或以三日，故《武成》曰：『維一月壬辰，旁死魄，翌日癸巳，王朝步。』自周于征伐商，是時辰星由建星歷牽牛、須女，涉顓頊之虛，戊午師渡盟津而辰星伏於天黿。是歲，歲星始及鶉火。其明年，周始革命，歲又退行旅於鶉首，而後進及鳥帑，又曰：『自伐紂至畢命，五十六年。』朏、魄日名上下無不合，《三統》以己卯為克商之歲，非也。是大衍專主《竹書》庚寅之說，今亦以《授時》校之，庚寅年前亥月二十八日為戊子前一日丁亥，日在箕十度，晨初月在房五度，周正經朔為庚寅，定朔為己丑，日月會南斗一度，辰星壬辰日尚晨伏尾十六度，十六日乙巳與日合於斗十四度，二十五日甲寅夕見女初，丑月初三日癸亥抵虛二度，歲星於年前亥月在虛六度，寅月三日壬辰與日合危十二度，未月留壁二度，戊月退至室九度，計通自玄枵，而娵訾不及鶉火五次。夫《三統》己卯、《大衍》庚寅相距十一年，兩校以《授時》，庚寅年氣朔日名與《大衍》均合，己卯年天正朔較《三統》遲兩日，且朔為癸巳，則壬辰在晦，與《武成》『一月壬辰』之文不合。辰星推己卯，與《三統》大致相符。推庚寅，遲於《大衍》。歲星則皆遲四次，因思古今曆最善者，無如唐之《大衍》、元之《授時》。《授時》算春秋日食，莫不密合，以考周初，斷不至差及兩日。然《授時》所長在至朔躔離，而五星從畧，嘗以其術推經史所載歲星，率皆後天，究其故，歲星之行，古遲今疾，《授時》所定合律過贏，宜今而不宜古。《三統》見數贏歲數歉，又宜古而不宜，今惟《大衍》有前後兩率，以合其變，故今古胥宜。」由是言之，《大衍》以庚寅為伐紂之年，其所推本《傳》日月星躔度，較《三統》己卯似為足據，特詳誌之，以俟知者。

　　○黃模曰（《國語補韋》卷一，頁一二）：徐發曰：「星，辰星，即五行之水星。天黿在斗牛度，即今之天黿。元武之義本此。」（《天元曆理》）

　　○陳瑑曰（《國語翼解》卷二，頁二三）：《漢書·律曆志》載《三統術》云：「明日己未冬至，農星與婺女伏，歷建星及牽牛，至於婺女、天黿之首。故《傳》曰『星在天黿』。」錢詹事曰：《術》云「明日己未冬至，農星與婺女伏」不云「戊午伏」者，蓋五星距日十五度以外而見，十五度以內而伏，若正當十五度，則在見伏之交。上云「始見」，言自此以後乃見。此竟云「伏」，則

始伏，在其前可知。云「歷建星及牽牛，至于婺女天黿之首」者，言水星夕見，內自二十四日甲寅以後三日又一時，在天黿之次，以證傳星在天黿也。韋云「伏天黿之首」，與《術》不合。

　　○高木熊三郎曰（《標註國語定本》卷三，頁二五～二六）：天黿是星名，形似黿，故名，非次名。即是初民中星矣。天黿以上天駟，蓋敘癸亥夜之天象也，唯一夕之事，注乃分疏為三十餘日之事，是謬之甚矣。周未改正朔，此不得稱周正月。星者，中星天黿。辰者，辰星，在斗柄赤道中，分判南北。

　　○江曉原、紐衛星曰（《〈國語〉所載武王伐紂天象及其年代與日程》，《自然科學史研究》1999 年第 4 期，頁 353～366）：辰星即水星。水星常在太陽左右，其大距極限僅 28°左右——也就是說水星之多祇能離開太陽 28°遠。此句意為「水星在玄枵之次」。這也給出了相對獨立的信息——在武王伐紂的過程中，應該能見到「星在天黿」的天象。

　　○武家璧曰（《武王伐紂天象及其年代日曆》，《古代文明》第 5 卷，頁 271～285）：辰星即今水星。韋注用漢志次度，復原到商末周初則「天黿（玄枵）」範圍應為虛 4～室 7 度；將虛宿對應於天黿，符合「自鶉及駟」以後的又一個「七列」。南斗初度是「辰在斗柄」的東界，虛宿四度是「星在天黿」的西界，從斗初至虛四積石氏距度五十度，合今 49.3°。即使用漢志次度從斗初至女八也積石氏距度四十二度，合今 41.4°。這兩個數值都大大超過了水星與太陽之間的最大角距 28°，因而「月在天駟，辰在斗柄」時「星在天黿」是不可能的。出現這樣的情況，有可能是周人為了湊合「南北之揆七同」附會而成的，或者因純技術原因推算錯了，或者韋注錯了。但其排列的順序應該是對的，即水星應在太陽之東，以符合歲、月、日、辰、星自西向東排列的次序。

　　○萬青案：徐元誥《集解》引項名達說，實據汪遠孫《發正》而未注出。徐元誥《集解》又引《補音》「黿」字音注。

星與日辰之位，皆在北維。

【匯校】

　　○陳樹華曰（《春秋外傳考正》卷三，頁一六）：《內傳‧昭廿年》正義引無「日」字。李善注《班固‧幽通賦》引無「皆」字。

　　○萬青案：孔廣栻《國語解訂譌》校與陳樹華同。《漢書‧敘傳》顏注、《毛詩正義》、《新唐書》卷二七《曆志》引《國語》與今本《國語》同。

【集解】

　　○賈逵曰（《本邦殘存典籍による輯佚資料集成》）：北維，北方也。

　　○韋昭曰（《國語》卷三，頁二三）：星，辰星也。辰星在須女，日在柝木之津，辰在斗柄，故皆在北維。北維，北方水位也。【校勘】○萬青案：姜恩本注唯「北維，乃北方水位也」八字。顧校明本、許宗魯本、正學本、金李本、叢刊本、張一鯤本、李克家本、綠蔭堂本、鄭以厚本、陳仁錫本、詩禮堂本、薈要本、文淵閣本、文津閣本、道春點本、千葉玄之本、冢田本、秦鼎本、董增齡本、高木本等「星，辰星」下無「也」字。陳奐已校出黃刊明道本與許宗魯本、金李本之異。

　　○董增齡曰（《國語正義》卷三，頁六三）：《淮南・天文訓》：「帝張四維，運之以斗。」則「維」有邊方之義，須女及斗皆在北方，故言北維。《荀子・儒效篇》「武王之誅紂也……東面而迎太歲」楊倞注引《尸子》曰：「武王伐紂，魚辛諫曰：『歲在北方，不北征。』武王不從。」案：伐紂為辛未年，歲星在鶉火，則太歲必在未，當言「太歲在西南」。今言北者，因此《傳》「北維」而誤傅合也。

　　○《國語考》曰（日本弘化二年寫本）：北維，子、丑、寅。

　　○陳瑑曰（《國語翼解》卷二，頁二三～二四）：《淮南・天文訓》曰：「帝張四維，東北曰報德之維。」許慎注：「四角為維。」今星在須女，女虛、危室本在北方宿，日在柝木之津，自尾十度至斗十一度也。尾為東方之宿，斗牛為東北之宿。東北曰變天，其星、箕、斗、牽牛亦見《天文訓》。則北維者言北方，兼言東北也。解義未備。

　　○江曉原、紐衛星曰（《〈國語〉所載武王伐紂天象及其年代與日程》，《自然科學史研究》1999 年第 4 期，頁 353～366）：「星與辰之位皆在北維」也沒有什麼獨立信息——當太陽和水星到達玄枵之次時，它們就是在女、虛、危諸宿間，這些宿皆屬北方七宿，此即「北維」之意也。

　　○楊小明曰（《〈國語〉「武王伐殷」天象檢討——兼論江曉原、紐衛星之〈回天〉》，《科學技術與辯證法》2002 年第 6 期，頁 57～60）：結合韋昭關於這之後「（我姬氏出自天黿）及柝木者，有建星及牽牛焉」的註解，即「從斗一度，至十一度，分屬柝木，日辰所在也」可知，韋注此「日在柝木之津」，當非武王始發師東行戊子日之彼「日在柝木之津」（其時，韋注：「謂戊子日晦，日宿箕七度。」箕，東方是宿也）而是三日後發生合朔之位，韋注：「辰，

日月之會。斗柄，斗前也。謂戊子後三日，得周正辛卯朔……是日月合辰斗前一度。」斗前一度，位在析木之津。斗，北方之宿也。此韋注「……日在析木之津……故皆在北維」之意。然此解又使「星與日辰之位皆在北維」之語顯得冗贅了！已如前述，若「日」即戊子日「日在析木之津」之「日」，則與「星與日辰之位皆在北維」相左；若「日」已非戊子日之「日」，而是三日後運行至斗柄且發生合朔之「日」。那麼，「辰」即「朔」──「日月之會」之所在自然就是日、月的位置。如此，「星與日辰之位皆在北維」一句中的「日」字當為多餘，而這種冗贅在惜字如金的簡帛時代是不大可能發生的。退一步說，此間若是重複強調「日」的位置，又為何不同時重複列出「月」也一併強調呢？

　　○萬青案：《說文・糸部》：「維，車蓋維也。」（《說文解字》，頁276）段玉裁注云：「引申之，凡相系者曰維。」（《說文解字注》，頁658）《廣雅・釋言》、《廣韻》、《集韻》等「維」俱訓「隅」，是「維」有「方位」、「邊」、「角」之義。故「北維」可訓作「北方」。

　　顓頊之所建也，

【音義】

　　○沈鎔曰（《國語詳注》第三，頁一○）：顓，音專。

　　○宋庠曰（《國語補音》卷一，頁二六）：顓頊，專，下許祿反。〖校勘〗○萬青案：祿，張一鯤本、李克家本、綠蔭堂本、鄭以厚本、道春點本、千葉玄之本、冢田本、秦鼎本、高木本等作「六」，「六」、「祿」音同。

　　○沈鎔曰（《國語詳注》第三，頁一○）：頊音旭。〖校勘〗○萬青案：今「顓頊」之「頊」音陰平，按照沈鎔的直音標註，則為陽平了。

【匯校】

　　○鄭良樹曰（《國語校證（上）》，《幼獅學誌》第七卷第四期，頁1～29）：《玉海》二、六引此「顓頊」作「顓帝」。

　　○萬青案：《通志》卷四○云：「若顓帝之所建，帝嚳受之。」（《景印文淵閣四庫全書》第373冊，頁498）亦用「顓帝」。義則相同。

　　帝嚳受之。

【音義】

　　○宋庠曰（《國語補音》卷一，頁二六）：苦毒反。〖校勘〗○萬青案：

《補音》音注與《經典釋文》同。

　　○沈鎔曰（《國語詳注》第三，頁一〇）：音酷。

【集解】

　　○韋昭曰（《國語》卷三，頁二三）：建，立也。顓頊，帝嚳所代也。帝嚳，周之先祖，后稷所出也〔1〕。《禮·祭法》曰：「周人禘嚳而郊稷。」顓頊，水德之王，立〔2〕於北方。帝嚳木德，故受之於水。今周亦木德〔3〕，當受殷之水，猶帝嚳〔4〕之受顓頊也。〖校勘1〗○萬青案：姜恩本注唯出「顓頊，水德之王，立於北方。帝嚳木德，受之於水。今周亦木德，當受殷之水」。集賢殿校本、黃刊明道本及其覆刻本、上善堂本、寶善堂本、吳曾祺本、徐元誥本等「后稷所出」下無「也」字。陳奐已校出黃刊明道本與許宗魯本、金李本之異。董增齡本「后稷」下有「之」字。〖校勘2〗○萬青案：立，李克家本、二乙堂本作「位」。作「位」字，義亦不誤，唯不與《國語》多本同，當從《國語》多本作「立」。〖校勘3〗○李慈銘曰（《越縵堂讀書簡端記》，頁一二）：「周亦水德」，「水」字，公序本作「木」，是也。○萬青案：黃刊明道本及其覆刻本、上善堂本、寶善堂本、吳曾祺本、沈鎔本等「周亦木德」之「木」字皆誤作「水」。陳奐已校出黃刊明道本與許宗魯本、金李本之異。〖校勘4〗○萬青案：黃刊明道本及其覆刻本「嚳」上無「帝」字。陳奐已校出黃刊明道本與許宗魯本、金李本之異。

　　○秦鼎曰（《國語定本》卷三，頁二五～二六）：自斗至壁為北方七宿，顓頊都帝丘，在春秋衛地，營室東壁之分野也，為北維。故曰「顓頊之所建也」。《爾雅》曰：「玄枵，虛也。」顓頊之虛也。北陸虛也。或以建為建都，恐非韋君意。

　　○帆足萬里曰（《帆足萬里全集》下，頁五二九）：帝嚳受顓頊以為法也。

　　○董增齡曰（《國語正義》卷三，頁六三～六四）：《楚語》：「少昊之衰，九黎亂德，顓頊受之。」《漢書·律曆志》：「顓頊，帝蒼林昌意之子也。金生水，故為水德，天下號曰高陽氏。」「帝嚳，清陽玄囂之孫也。水生木，故為木德，天下號曰高辛氏。帝摯繼之，不知世數……周人禘之。」班氏因少昊金天氏，故以顓頊為水受金也。云「帝嚳，周之先祖，后稷之所出也」者，《詩·生民》毛《傳》：「姜姓也，后稷之母，配高辛氏，帝焉。」鄭《箋》：「姜姓者，炎帝之後，有女名嫄，為高辛氏世妃。」《史記》及宋元諸儒並宗毛義。案：《春秋緯》：「顓頊傳九世，帝嚳傳十世，則堯非嚳子。稷又年少于堯，則嫄不

得為嚳妃。鄭《志》〔1〕：當堯之時為高辛氏世妃，謂其後世子孫之妃也。」孔《疏》引張融云：「稷、契年稚于堯，堯不與嚳並處帝位，則稷、契安得為嚳子？若使稷、契必嚳子，是堯之兄弟也。堯有賢弟七十不用，須舜舉之？此不然明矣……必如毛《傳》及《史記》之說，嚳為稷、契之父，帝嚳聖夫，姜嫄正妃，配合生子，人之常道。《詩》何故但歟其母，不美其父，而止云『赫赫姜嫄』乎？」則鄭《箋》之義確不可易。《禮・月令》孔疏：「郊天，各祭所感帝。殷祭黑帝汁光紀，周祭蒼帝靈威仰。」〔2〕故周為木德，殷為水德也。〖校勘1〗○萬青案：檢孔疏本文，「鄭志」作「故云」。〖校勘2〗○萬青案：〖校勘1〗○萬青案：今檢孔疏本文作：「郊天之時，各祭所感之帝。殷人則祭汁光紀，周人則祭靈威仰。」

○沈鎔曰（《國語詳注》第三，頁一二）：顓頊，姬姓，祖黃帝，父昌意，以水德紹金天氏政。初國高陽，故號高陽氏。帝嚳，姬姓，名夋。祖曰玄囂，父曰蟜極。以木德代高陽氏為天子，以其肇基於辛，故號高辛氏。周之先祖后稷出於帝嚳。

○萬青案：沈鎔在自注之後，尚引述韋注之文於下。

我姬氏出自天黿，

【集解】

○韋昭曰（《國語》卷三，頁二三）：姬氏，周姓。天黿，即玄枵，齊之分野也〔1〕。周之皇妣王季之母大〔2〕姜者，逢伯陵之後〔3〕，齊女〔4〕也，故言出於天黿。《傳》曰：「有逢伯陵因之，蒲姑氏因之，而後太〔5〕公因之。」又曰：「有星出於〔6〕須女，姜氏、任氏實守其祀。」〔7〕〖校勘1〗○萬青案：姜恩本無「姬氏周姓」四字。集賢殿校本、姜恩本、黃刊明道本及其覆刻本、上善堂本、寶善堂本、吳曾祺本、沈鎔本、徐元誥本等「分野」下無「也」字。陳奐已校出黃刊明道本與許宗魯本、金李本之異。《玉海》卷二引注「分野」下無「也」字，卷六引注「野」下則有「也」字。〖校勘2〗○萬青案：集賢殿校本、姜恩本、黃刊明道本及其覆刻本、上善堂本、寶善堂本、吳曾祺本、沈鎔本、徐元誥本等「皇妣王季」下無「之」字。陳奐已校出黃刊明道本與許宗魯本、金李本之異。大，黃刊明道本及其覆刻本、上善堂本、董增齡本、寶善堂本、吳曾祺本、沈鎔本、徐元誥本等作「太」。「大」、「太」古今字。〖校勘3〗○渡邊操曰（《國語解刪補》卷上，頁一九）：百，當作「伯」。

○千葉玄之曰（《韋注國語》卷三，頁三二）：「我姬氏」注「百陵」之「百」當作「伯」。《傳》曰，見《左傳・昭公二十九年》。○關脩齡曰（《國語略說》第一，頁二八）：逢百，乃「伯」字譌。○萬青案：鄭以厚本、道春點本二「伯」字即誤作「百」，故渡邊操、關脩齡有說。逢，姜恩本、陳仁錫本、黃刊明道本及其覆刻本、上善堂本、董增齡本、寶善堂本、沈鎔本、徐元誥本等字則作「逢」。「逢」、「逢」可通，辨詳見下文。〖校勘4〗○萬青案：綠蔭堂本、董增齡本「齊女」下有「是」字，恐誤增，並不影響語義，當然，也可看出董增齡本和綠蔭堂本等一類張一鯤本重刻本的關係。姜恩本「齊女也」之下唯「故云」二字，其後注文不再錄。〖校勘5〗○萬青案：太，集賢殿校本、張一鯤本、李克家本、綠蔭堂本、道春點本、千葉玄之本、冢田本等作「大」。〖校勘6〗○萬青案：於，集賢殿校本、黃刊明道本及其覆刻本、上善堂本、寶善堂本等作「于」。〖校勘7〗○陳樹華曰（《春秋外傳考正》卷三，頁一六～一七）：《內傳》「須女」作「婺女」，「其祀」作「其地」。○秦鼎曰（《國語定本》卷三，頁二六）：「地」舊作「祀」，誤也。須女，《傳》作「婺女」。○萬青案：薈要本、文淵閣本、文津閣本、秦鼎本、高木本等「祀」即作「地」。作「祀」、作「地」都於義無礙。

○宋庠曰（《國語補音》卷一，頁二六）：大姜，它蓋反，下「大王」皆倣此。〖校勘〗○萬青案：它蓋，張一鯤本、李克家本、綠蔭堂本、鄭以厚本、道春點本、千葉玄之本、冢田本、秦鼎本、高木本等作「他盖（蓋）」。

○《舊音》曰（《國語補音》卷一，頁二六）：逢伯，白江反，按下皆同。〖校勘〗○萬青案：白，集賢殿校本作「伯」。《舊音》釐字作「逢」，故音注「白江」。《補音》既然不出他音、校記，恐怕也是以此處之字當為「逢」。「逢」、「逢」可以通用，詳見下文。

○宋庠曰（《國語補音》卷一，頁二六）：任氏，而林反。

○渡邊操曰（《國語解刪補》卷上，頁一九）：《傳》曰，見《左傳・昭公二十年》。

○關脩齡曰（《國語略說》第一，頁二八）：《傳》，襄三十年，又昭十年《傳》。但「須」作「婺」，「祀」作「地」。

○秦鼎曰（《國語定本》卷三，頁二六）：「有逢」之「有」，或說為「有無」之「有」，非也。《傳》曰，昭廿年。又曰，昭十年。

○董增齡曰（《國語正義》卷三，頁六四）：惠氏《禮說》：「鼓矇世奠繫……

《易林》曰：「剛柔相呼二姓為家。」……殷之德陽，以子為姓。周之德陰，以姬為姓。殷王以男書子，周王以女書姬。」案：黃帝以姬水，姓姬，傳至帝嚳之子孫，姬姓中衰而失序，堯因棄有播穀之功，賜之姬姓，以續姬水之舊，亦猶共工之從孫佐禹，復賜姜姓，以續神農之後也。《爾雅·釋親》：「男子謂姊妹之子為出。」成十三年《傳》「康公，我之自出」是也。則謂之出者，就齊言之耳。《呂氏春秋·季秋紀》高注：「虛，北方宿齊之分野。」虛即玄枵也。昭二十年《傳》杜注：「逢伯陵，殷諸侯，姜姓。蒲姑氏，殷、周之間代逢公者。」《漢書·地理志》：「瑯琊姑幕縣，或曰蒲姑。」《後漢書》注：「姑幕故城在今密州莒縣東北，古蒲姑氏之國。」〔1〕《括地志》：「蒲姑故城，在青州博昌縣東北六十里，今博興縣。」昭九年《傳》杜注：「樂安博昌縣北，有蒲姑城。」《輿地記》：「青州千乘縣有蒲姑城。」〔2〕孔穎達曰：「齊于成王之世，乃得蒲姑之城〔3〕。」是齊與蒲姑為因國之在其地也。昭十年《傳》：有星出于婺女。裨竈曰：「今茲歲在顓頊之虛，姜氏、任氏實守其地。」杜注：「顓頊之虛，謂玄枵。姜，齊姓。辥，任姓〔4〕。齊、辥二國，守玄枵之地。」引此者，證姜姓之世居天黿之次也。〖校勘1〗○萬青案：引《後漢書》注出《後漢書》卷十一《劉玄、劉盆子列傳》「轉掠至姑幕」下注文。〖校勘2〗○萬青案：今檢王應麟《詩地理考》卷四「城東方」條即引《括地志》、《輿地記》。董氏所引或即本王應麟《詩地理考》。〖校勘3〗○萬青案：稿本「城」作「地」，今檢孔疏本文「城」即作「地」。〖校勘4〗○萬青案：「辥」、「任」當倒誤，正當作「任，辥姓」。

○萬青案：有的學者認為「天黿」即「軒轅」，故以「天黿」為黃帝部族的族徽。劉桓《商周金文族徽「天黿」新釋》（《歷史研究》2010年第1期）則梳理了各家說法，認為「天黿」就是玄枵，進一步佐證了韋昭注文的合理性。逢為古國名，董增齡《正義》已經揭出，又逢振鎬《山東古國與姓氏》有較為詳細的考辨，亦可參。

及析木者，有建星及牽牛焉，

【匯校】

○陳樹華曰（《春秋外傳考正》卷三，頁一七）：《漢書》注引「及」作「又」。

○萬青案：《漢書》之景祐本、慶元本、蔡琪本、白鷺洲本、大德本、汲

古閣本、文淵閣四庫本等引「及」字皆作「又」。審載籍中唯《漢書》作「又析木」，《國語》以及各書所引皆作「及析木」。「又析木者」，「又」字領起全句。「及析木者」，「析木」為「及」之賓語，動賓結構加「者」作名詞性成分。就《國語》本文語境而言，「及」、「又」字皆可通，然以「及」字更合文義語境以及語法關係。審韋注「至析木之分」語，知《國語》之韋昭本確作「及」。《漢書》「又」或「及」筆劃模糊所致，雖於義可通，然未守《國語》。

【集解】

○韋昭曰（《國語》卷三，頁二三）：從斗一度至十一度，分屬析木，日辰所在也。建星在牽牛閒，謂從辰星所在。須女，天黿之首。至析木之分，歷建星及牽牛，皆水宿，言得水類也。【校勘】○秦鼎曰（《國語定本》卷三，頁二六）：「在牽牛閒」恐有誤。○萬青案：集賢殿校本「日」字處空白無字，當係漏刻。須，張一鯤本作「湏」。「須」、「湏」異體字。姜恩本注無「從斗一度至十一度，分屬析木，日辰所在也。建星在牽牛閒，謂」諸字，又姜恩本、黃刊明道本及其覆刻本、上善堂本、寶善堂本、吳曾祺本、沈鎔本、徐元誥本等「析木之分」上無「至」字。陳奐已校出黃刊明道本與許宗魯本、金李本之異。又姜恩本「水類」之下無「也」字，「水」、「類」之間有「之」字。

○董增齡曰（《國語正義》卷三，頁六四～六五）：《淮南・天文訓》高注：「析木，寅之次。」始尾十度，至斗十一度，尾終十八度而入箕，箕終十一度而入斗，斗六星重列如北斗。〔1〕《史記・天官書》：「南斗為廟，其北建星。建星，旗也。」《月令》：「仲冬之月，日在斗。」「仲春之月，旦建星中。」「孟秋之月，昏建星中。」〔2〕以建星識南斗所在。斗終二十〔3〕六度而入牽牛，牛終八度而入婺女。女八度即屆天黿之次。《史記・天官書》「牽牛為犧牲」《正義》謂牽牛亦為關梁。《史記・律書》：「牽牛者，言陽氣牽引萬物出之也。牛者，冒也，言地雖凍，能冒而生也。」「牛六星腹下蹄廢，角上岐。」〔4〕建星在南斗之北，居析木之末。牽牛在婺女之末，居天黿之中。故云皆水宿，得水類也。至《爾雅》「荷鼓謂之牽牛」，此即《大東》之「睨彼牽牛」，三星中豐而兩頭銳下，故曰「荷鼓」。與此《傳》之牽牛同名而異星也。【校勘1】○萬青案：董氏所引高注不見於《淮南子》、《呂氏春秋》高注，亦未知見於何處。今檢清人孫希旦《禮記集解》卷十五「孟冬之月，日在營室，昏參中旦尾中」注引孔氏曰：「析木者，寅之次。」【校勘2】○萬青案：邵晉涵《爾雅正義》亦引《天官書》、《月令》文字，引述順序與董增齡相同。【校勘3】○

萬青案：稿本「二十」作「廿」。〖校勘4〗○萬青案：稿本「岐」作「歧」。「牛六星腹下蹄廢，角上岐」為邵晉涵《爾雅正義》之言，董氏襲用而未注出。

○《國語考》曰（日本弘化二年寫本）：愿按：及，猶至也。

○林麗玲曰（《韋昭〈國語解〉據異文為訓詁考》，《臺北大學中文學報》第20期，頁131～160）：《國語》言「有」為突出天黿至析木間之星宿，而韋昭釋「有」為「歷」，則為突出天黿至析木間，會歷經建星、牽牛。考韋昭之所本，或出於《漢書‧律曆志下》之異文：「明日己未冬至，晨星與婺女伏，歷建星及牽牛，至於婺女天黿之首，故傳曰：『星在天黿。』」可見韋昭訓釋正好與《漢書》所載相合，此亦或韋昭據《漢書》異文為訓之例。

○萬青案：皆川淇園所釋「及」字是。從公序本韋注「至析木之分」上可知，韋注即已釋「及」為「至」。

則我皇妣大姜之姪伯陵之後，逢公之所馮神也。

【音義】

○宋庠曰（《國語補音》卷一，頁二六）：馮，皮冰反。〖校勘〗○萬青案：《補音》「馮（即「憑」之古字）」字音注3見，此為第2見。

【匯校】

○陳樹華曰（《春秋外傳考正》卷三，頁一七）：「逢」、「逢」之分，《說文》、《玉篇》所未見。郭忠恕駁顏之推之說，亦不詳其原委。石經亦無「逢」字。今從許本作「逢」。宋本「馮」作「憑」（《漢書》注同），非是。李善注《幽通賦》引此無「之」字。

○鄭良樹曰（《國語校證（上）》，《幼獅學誌》第七卷第四期，頁1～29）：《左》昭十年《傳》疏、《左》昭二十年《傳》疏、《文選‧班孟堅‧幽通賦》注、《玉海》二、六引此「憑」皆作「馮」。「馮」、「憑」古通。

○萬青案：大，董增齡本作「太」，注同。又集賢殿校本、沈鎔本、徐元誥本等字作「逢」、「憑」，注及下文同。陳奐已校出許宗魯本、金李本「憑」作「馮」。黃刊明道本及其覆刻本、上善堂本、寶善堂本、吳曾祺本字作「憑」，而字作「逢」不作「逢」，是亦「逢」、「逢」同現。許宗魯本、姜恩本、綠蔭堂本、二乙堂本、閔齊伋本、《國語髓析》、薈要本、文淵閣本、文津閣本、千葉玄之校本「逢」亦作「逢」。《說文》有「逢」無「逢」。《干祿字書》

云：「逢、逄，上俗下正。」（施安昌編《顏真卿書干祿字書》，頁14～15）《正字通》對於二字有較詳細之考證，云：「《孟子》『逄蒙學射手羿』，孫奕《示兒編》以『逢』為『逄』，誤。又曰：『字異而義同者：逢蒙，《荀子·王伯篇》作蠭門，《淮南子》、《王襃頌》作逢門，《七略》作蠭蒙。』後『逢』註中从丰，與从牛不同。顏師古《刊誤正俗》：『逄姓之逄與逢遇之逢要為別字。』又曰：『逢、逄之別，豈可雷同？』按：此皆惑于曲說而誤也。孫奕、郭忠恕分『逢』、『逄』為二，韻書仍之，獨唐祕書監顏元孫《干祿字樣·東韻》載逢、逄二文註云：『逢俗逄正。』諸同聲者並準此，唯降字等从羍。考《說文》有『逢』無『逄』，顏非臆說明甚。郭、孫二說迂繆不足信。《洪武正韻·一東·篷部》『逢』註引《詩》『鼉鼓逢逢』，《馮部》『逢』註：『遇也，迎也。』《風部》『逢』註引《封禪書》『大漢之德逢涌』師古曰：『逢，讀爇。言如爇火之升。』《十七陽·旁部》『逄』註：『人姓，齊逄丑父。亦作蠭、逢。』『逢』註《孟子》『逄蒙楊子羿逢蒙』、『蠭』註《荀子》『羿蠭蒙』，『逄』與『逢』兩存，『逢』與『蠭』強合。未詳『逢』俗作『逄』。《封禪文》本作『風』，誤作『逢』。『逄蒙』本作『逢』，誤作『蠭』。『逢丑父』本作『逄』，誤作『逢』。非『逢亦作逄』、『爇、蠭與逢通』也。《韻會》『逢扗』（《東韻》）、『逄扗』（《江韻》）載毛氏所引顏之推說，謂：『逢、逄固異，狀《楊子》、《淮南子》傳寫作逄，今並收入，以示傳疑。』不知逢兼『馮』、『篷』、『房』三音，無『風』音，非以从『丰』、从『牛』為分別。舊本沿《正韻》、《韻會》，故承誤如此。」（張自烈撰，清廖文英續：《正字通》，《續修四庫全書》第235冊，頁580）許宗魯本「逢」作「逄」，持論與《正字通》相似，即以「逢」、「逄」二字為異體字，「逄」字較「逢」字為古。

【集解】

　　○韋昭曰（《國語》卷三，頁二三）：皇，君也。生曰母，死曰妣〔1〕。大姜，大王之妃、王季之母，姜女也〔2〕。女子謂昆弟之子，男女皆曰姪。伯陵，大姜之祖有逄伯陵也。逄公，伯陵之後，大姜之姪〔3〕。殷之諸侯，封於齊地。齊地屬天黿，故祀天黿，死而配食，為其神主，故云馮。馮，依也。言天黿乃皇妣家之所馮依〔4〕，非但合於水木〔5〕相承而已，又我實出於水家。周道起於大王，故本於大姜〔6〕。〖校勘1〗○萬青案：妣，李克家本誤作「姓」。〖校勘2〗○陳樹華曰（《春秋外傳考正》卷三，頁一七）：弘治本作「王季之所生母也」。○萬青案：顧校明本、明德堂本、正學本「母姜」作「所生母」，

與今《國語》其他各本異，與陳樹華所謂弘治本同。因為本注是解釋正文「大（太）姜」的，且注文前有「大（太）姜」二字，顧校明本、弘治本、明德堂本作「所生母」，或以「姜女」有重複之嫌而改，《國語》多本作「姜女」不誤，當從多本。姜恩本注無前九字。又黃刊明道本及其覆刻本、上善堂本、寶善堂本、吳曾祺本等此處作「大」不作「太」，亦古今字同現。冢田本「妃」誤作「姁」。【校勘3】○陳樹華曰（《春秋外傳考正》卷三，頁一七）：《漢書》注引「姪」作「姓」。○萬青案：姜恩本「昆弟」上無「女子謂」三字。根據韋注以及《國語》本文，則逢公為大姜之侄，為伯陵之後，故「大姜之姪」、「伯陵之後」同為「逢公」的身份限定，不當斷開。審載籍中亦唯《漢書》字作「姓」，他皆從《國語》作「姪」。「姓」、「姪」字形亦相近。若照韋注解釋，則《漢書》注當依從今傳《國語》作「姪」，相應斷句亦當更易。【校勘4】○萬青案：姜恩本「故祀」上有「是」字，又其引錄注文至「故云馮」即止，以下文字不再錄。集賢殿校本、黃刊明道本及其覆刻本、上善堂本、寶善堂本、吳曾祺本、沈鎔本、徐元誥本等「依」下有「也」字。陳奐已校出黃刊明道本與許宗魯本、金李本之異。【校勘5】○萬青案：水木，黃刊明道本及其覆刻本、上善堂本、寶善堂本、吳曾祺本等作「木水」。沈鎔本、徐元誥本則作「水木」。從上注文看，恐作「水木」更是。【校勘6】○孔廣栻曰（《國語解訂譌》）：家，元本作「象」。○萬青案：許宗魯本「水家」之「家」誤作「象」。陳奐已校出黃刊明道本與許宗魯本、金李本之異。從本條或可看出許宗魯本底本與元本的淵源關係。集賢殿校本、黃刊明道本及其覆刻本、上善堂本、董增齡本、寶善堂本、吳曾祺本、沈鎔本、徐元誥本等「姜」下有「也」字。文津閣本此處注之「於」皆作「于」。

　　○孔晁曰：大姜，大王之妃、王季之母也。女子謂昆弟之子曰姪。伯陵，大姜之祖。逢公，大姜之姪、伯陵之後。逢公，殷諸侯也。【校勘】○張以仁曰（《張以仁先秦史論集》，頁二一八）：王、蔣未收。馬氏則但收鄭、賈、黃注，不及他家。韋注大同。

　　○董增齡曰（《國語正義》卷三，頁六五～六六）：《說文》：「皇，大也，從自。自，始也。始皇者，三皇大君也。」「生曰母，死曰姁」者，《曲禮》文。《爾雅・釋親》「母曰姁」郭注引《公羊傳》：「仲子者何？桓之母也。」「《倉頡篇》曰：『考姁延年。』……明非生死之異稱。」案：《說文》云：「姁，殁母也。」《釋名》云：「母死曰姁。姁，比也，比之于父亦然也。」是漢儒多據

《曲禮》，故宏嗣亦遵之也〔1〕。《釋親》又云：「女子謂昆〔2〕弟之子為姪。」郭注引《左傳》：「姪其從姑。」案：襄二十三年「繼室以其姪」，成二年《公羊傳》「蕭同姪子者，齊君之母也」，皆專指女子子而言。然《喪服・大功成人章》云：「姪丈夫婦人報。」《傳》曰：「姪者何也？謂吾姑者，吾謂之姪。」鄭注為：「姪，男女服同。」是姪統男、女也。〔3〕《山海經》：「炎帝生器，器生伯陵。」〔4〕是知伯陵姜姓，炎帝後，前封于齊，而太公其繼焉者也。夏有蠡蒙，《穆天子傳》逢公，其後也。〔5〕地今開封逢池，一名逢澤，蓋伯陵前封逢，後改於齊。故《山海經》有「北齊之國姜姓，是兩齊」云。《路史》注謂杜預指伯陵為夏之諸侯，非也。蓋因晏子序爽鳩在其前耳。〔6〕《太常禮書》以伯陵為伏羲孫，《益州太守高頤碑》以伯陵為顓頊之苗裔，殷湯受命，陵有功，食采齊口樂邑。俱失之妄。〔7〕昭十年《傳》孔疏：「陵是逢君之始祖……然則伯陵之後世為逢君，皆是逢公。」《傳》言妖星出于婺女，是天黿之次戊子，逢公以登星，因逢公之卒而出。故逢公既卒，其神即馮依于星次也。〔8〕【校勘1】○萬青案：稿本抹去「之」字。【校勘2】○萬青案：稿本「昆」作「晜」。【校勘3】○萬青案：稿本本段之首原有「《路史・國名紀》：逢，伯爵，伯陵之國，黃帝所封」諸字，抹去。【校勘4】○萬青案：今檢「「炎帝生器，器生伯陵」二句相聯，較早見於《路史》卷二四「析」字條，且明言出自《書》，非出自《山海經》。今檢《山海經・海內經第十八》：「黃帝之孫伯陵。」又謂：「戲噐生祝融。」全書無「炎帝生器，器生伯陵」之語，是董氏引誤。【校勘5】○萬青案：今檢《路史》卷二四「逢」條云：「伯爵，伯陵之國，黃帝所封。夏有逢蒙，《穆天子傳》逢公，其後也。地今開封蓬池，一曰逢澤。」董增齡注文當即本《路史》。【校勘6】○萬青案：稿本抹去「夏有蠡蒙，《穆天子傳》逢公，其後也。地今開封逢池，一名逢澤，蓋伯陵前封逢，後改於齊。故《山海經》有『北齊之國姜姓，是兩齊』云。《路史》注謂杜預指伯陵為夏之諸侯，非也。蓋因晏子序爽鳩在其前耳」諸字。【校勘7】○萬青案：今檢《路史》卷一三「伯陵為黃帝臣，封逢實始於齊」注云：「《經》云：炎帝之孫伯陵，左氏言齊之先逢伯陵是也。故《周語》云『太姜之姪，伯陵之後，逢公之所憑神』。而說者謂為夏之諸侯，非也。蓋因晏子序爽鳩在其前耳，《太常禮書》以伯陵為伏羲孫，《高頤碑》以為顓帝之苗，俱失之妄。」董增齡之說亦本《路史》。《太常禮書》即宋陳祥道《禮書》。《益州太守高頤碑》為漢碑，碑立於建安十四年（209）八月，「齊」字下為闕文標識，非文

字。〖校勘8〗○萬青案：稿本本面貼有浮簽，云：「洪亮吉《乾隆府州廳縣志》：逢山在青州府臨朐縣西二十五里，殷諸侯逢伯陵之國。」下有「班固云臨朐縣有逢山」，復抹去。

○汪遠孫曰（《國語發正》卷三，頁二五）：《內傳·昭十年》杜注以逢公為殷諸侯（昭二十年《傳》注：「逢伯陵，殷諸侯。」）非是，孔晁說同。逢公，殷諸侯。伯陵為逢公之祖，當更在前。考《海內經》「炎帝之孫伯陵」，《漢書·人表》逢公伯陵列局厘之後，費昌終古之前，蓋夏之諸侯也。

○陳瑑曰（《國語翼解》卷二，頁二四）：《爾雅·釋親》：「女子謂昆弟之子為姪。」郭注：「《左傳》曰：『姪，其從姑。』」邵學士曰：《公羊》莊十九年《傳》云：「姪者何？兄之子也。」成二年《傳》云：「蕭同姪子者，齊君之母也。」《左氏》襄二十三年《傳》云：「繼室以其姪。」皆專指女子子而言。然《喪服·大功成人章》云：「姪，丈夫婦人報。」傳曰：「姪者何也？謂吾姑者，吾謂之姪。」鄭注為「姪，男女服同」，是女子於昆弟之男子、女子子均稱為姪，不專指姪娣也。

○顧頡剛曰（《顧頡剛讀書筆記》卷九，頁四○七～四○八）：韋昭說由《左傳·昭二十年》晏嬰云「昔爽鳩氏始居此地，季荝因之，有逢伯陵因之，蒲姑氏因之，而後太公因之」來。彼書杜注：「季荝，虞夏諸侯，代爽鳩氏者。逢伯陵，殷諸侯，姜姓。蒲姑氏，殷、周之間代逢公者。」韋、杜均確定逢伯陵為殷諸侯，是則太公之祖昔嘗被滅於蒲姑，及周滅蒲姑，復姜姓之宇而封太公於是。竊意此皆周末人不瞭古史，以齊君所奉之祖當殷世，因視為殷之東方諸侯，說為蒲姑氏所代。夫逢伯陵，太公之祖也，太公封於齊，逢公之神安得不憑依於齊地乎！若齊地之舊主人，則爽鳩氏也，季荝也，蒲姑氏也。觀韋解於「太姜」云「太王之妃，王季之母，姜女也」，則為太姜之姪之逢公與王季為同輩，已當殷末，蒲姑氏之居齊地為時不太短乎？

○楊小明曰（《〈國語〉「武王伐殷」天象檢討——兼論江曉原、紐衛星之〈回天〉》，《科學技術與辯證法》2002年第6期，頁57～60）：天黿者，玄枵之次也，在武王伐殷時代位置約在黃經278°～306°之間；析木之津，則在黃經223°～249°範圍之內。是故天黿之首須女之黃經不小於278°，而析木之分之黃經不大於249°，自天黿及析木其間相距黃經至少29°，中間歷經建星及牽牛。與太陽的視運動相似，冬至前後，金、水兩內行星在正常的順行期間即遠離了留、逆的干擾，一日而一度強，故水星27日東行29度甚至更多是

完全自然的；然而，水星逆行視運動的最大黃經也不會超過20°。可見，於水星的逆行，伶州鳩之言與實際還是有出入的。可能，當時確有水星的逆行現象；而且，從天黿之首須女逆行出來後，水星也可能「歷牽牛」（但不可能「歷建星」）。周人為與之前祖先的事跡附會，即「我皇妣大姜之姪伯陵之後逄公之所憑神」，而略有所誇張。

　　○萬青案：徐元誥《集解》引《舊音》「逄白江反」為釋。《新唐書·曆志》云：「商六百二十八年，日卻差八度。太甲二年壬午歲冬至應在女六度。《國語》曰：『武王伐商，歲在鶉火，月在天駟，日在析木之津，辰在斗柄，星在天黿。』舊說歲在己卯。推其朏魄，迺文王崩，武王成君之歲也。其明年，武王即位，新曆孟春，定朔丙辰，於商為二月，故《周書》曰：『維王元祀二月丙辰朔，武王訪于周公。』《竹書》『十一年庚寅，周始伐商』，而《管子》及《家語》以為十二年，蓋通成君之歲也。先儒以文王受命九年而崩，至十年，武王觀兵盟津，十三年復伐商，推元祀二月丙辰朔，距伐商日月不為相距四年，所說非是。武王十年夏正十月戊子，周師始起，於歲差日在箕十度，則析木津也。晨初月在房四度，於《易》雷乘乾曰大壯。房，心象焉。心為乾精，而房升陽之駟也。房與歲星實相經緯，以屬靈威仰之神。后稷感之以生，故《國語》曰：『月之所在，辰馬農祥，我祖后稷之所經緯也。』又三日，得周正月庚寅朔，日月會南斗一度，故曰『辰在斗柄』。壬辰，辰星夕見，在南斗二十度，其明日，武王自宗周次于師所，凡月朔而未見曰死魄，夕而成光則謂之朏，朏或以二日，或以三日，故《武成》曰：『維一月壬辰旁死魄，翌日癸巳，王朝步自周，于征伐商。』是時辰星與周師俱進，由建星之末歷牽牛、須女，涉顓頊之虛。戊午，師度盟津，而辰星伏于天黿。辰星，汁光紀之精，所以告顓頊而終水行之運，且木帝之所繇生也。故《國語》曰：『星與日辰之位皆在北維，顓頊之所建也。帝嚳受之，我周氏出自天黿，及析木有建星牽牛焉，則我皇妣太姜之姪，伯陵之後，逄公之所憑神也。』是歲，歲星始及鶉火。其明年，周始革命，歲又退行，旅於鶉首，而後進及鳥帑，所以返復其道，經緯周室。鶉火直軒轅之虛，以爰稼穡，稷星繫焉，而成周之大萃也。鶉首當山河之右，太王以興，后稷封焉，而宗周之所宅也。歲星與房實相經緯，而相距七舍，木與水代終而相及七月，故《國語》曰：『歲之所在，則我有周之分也。自鶉及駟七列，南北之揆七同。』其二月戊子朔哉生明，王自克商還，至于酆，於周為四月，新曆推定望甲辰而乙巳旁之，故《武成》曰：『維

四月，既旁生魄。粵六日庚戌，武王燎于周廟。』《麟德曆》：『周師始起，歲在降婁，月宿天根，日躔心而合，辰在尾，水星伏於星紀，不及天黿。』」也可以幫助理解《周語》本段故事。

歲之所在，則我有周之分野也。

【音義】

　　○冢田虎曰（《增注國語》卷三，頁三五）：分，扶門反。

【匯校】

　　○陳樹華曰（《春秋外傳考正》卷三，頁一七）：《漢書·律曆》引作「歲在鶉火」，「野」作「埜」。《內傳正義》引無「有」字。

　　○孔廣栻曰（《國語解訂譌》）：一本無「也」字，《左傳·昭二十年》疏有。《周禮·地官·大司徒》疏引無「有周」二字。

　　○汪遠孫曰（《國語明道本考異》卷一，頁二一）：公序本下有「也」字。《內傳·昭二十年》疏及《詩·大明》疏引《國語》同。《文選·幽通賦》注亦脫。〖校勘〗○萬青案：陳奐已校出黃刊明道本與許宗魯本、金李本之異。

　　○徐元誥曰（《國語集解》卷三，頁三五）：「也」字，據昭二十年《內傳》疏引補。

　　○鄭良樹曰（《國語校證（上）》，《幼獅學誌》第七卷第四期，頁1～29）：《玉海》二、六引此「分野」下並有「也」字，乃與下句「月之所在，辰馬農祥也」一律，是也。今本皆奪，當據補。

　　○張以仁曰（《國語斠證》，頁一一八）：金、秦、董本皆有。《廣博物志》三三引亦有「也」字。惟《周禮·保》韋氏注、《司徒》疏、《左傳·襄九年》疏引皆無「也」字。而《玉海》六凡四引，二有二無，難以為斷。

　　○萬青案：姜恩本、黃刊明道本及其覆刻本、上善堂本、寶善堂本、吳曾祺本、沈鎔本等「分野」下無「也」字，集賢殿校本有之，徐元誥《集解》增之。有無「也」字，於義無害。姜恩本本處正文之下無注。

【集解】

　　○韋昭曰（《國語》卷三，頁二三）：歲星在鶉火。鶉火，周之分野〔1〕。歲星所在，利以伐人〔2〕。〖校勘1〗○萬青案：董增齡本不重「鶉火」。集賢殿校本、黃刊明道本及其覆刻本、上善堂本、寶善堂本、吳曾祺本、沈鎔本、徐元誥本等無「之」字，「野」下有「也」字。陳奐已校出黃刊明道本與

許宗魯本、金李本之異。今檢《玉海》引注「分野」下亦無「也」字。〖校勘2〗○汪遠孫曰（《國語明道本考異》卷一，頁二一）：「之」，公序本作「人」。○章鈺曰（《文祿堂訪書記》，頁九二～九三）：陸仍明本與黃本異者：「周之分野也」，黃本無「之」字。○萬青案：集賢殿校本「人」下有「也」字。黃刊明道本及其覆刻本、上善堂本、寶善堂本、吳曾祺本、沈鎔本、徐元誥本等「人」作「之」且「之」下有「也」字。陳奐已校出黃刊明道本與許宗魯本、金李本之異。

　　○秦鼎曰（《國語定本》卷三，頁二六）：或云：以下論樂有七音始于武王。蓋樂家所傳之說，其實非始武王，舜時已有七始。七始見于《漢書》。

　　○董增齡曰（《國語正義》卷三，頁六六）：《呂氏春秋·季夏紀》高注：「柳，南方宿，周之分野。」《爾雅》：「咮謂之柳。」即鶉火之次也。《史記·天官書》索隱引《天官占》云：「歲星一曰應星，一曰經星，一曰紀星。」《物理論》云：「歲行一次，謂之歲星。」《正義》引《天官》云：「歲星，東方木之精，蒼帝之象也，其色明而內黃，天下安甯……歲星盈縮，所在之國不可伐，可以伐人……所居國人主有福。」故知利以伐人。

　　○彭益林曰（《〈國語·周語〉校讀記》，《華中師範大學學報》1985 年第5 期，頁97～103）：何幼琦先生云「有周」義同「先周」，乃後代稱前代之詞，如今稱先秦然。且時人但無稱本朝為「有某」之例。因以「我有周」為一證據，定《周語》此章為劉歆偽造。筆者認為「我有周」一語由來尚矣，特為古人習語也。

　　○萬青案：彭益林的看法比較公允可從。呂季明《「分野」考辨》（山東省語言學會編《語海新探》第 2 輯，濟南：山東教育出版社 1989 年版，頁 81～90）、甄明《「分野」一詞始於何時》、呂季明《〈「分野」考辨〉續》（二文皆見呂季明、楊克定等主編《中國成人教育語文論集·詞彙編》，濟南出版社 1991年版，頁 485～488、頁 489～499。甄明實即呂季明筆名）皆對「分野」進行過考辨。《「分野」考辨》認為：「自《國語》出現分野一詞以來，截止到西漢時期，尚未見到這一語詞。分野概念以其完備的內涵意義及語詞形式在史籍中大量出現是在東漢時期。已知東漢的班固、鄭玄、高誘、王充等人都多次運用分野一詞。魏晉以後，分野於史籍雖有記載，但遠不如東漢時期使用得那樣廣泛。」並推測「分野一詞在《國語》中的唯一用例，係東漢學者或者後學修訂史籍之痕跡。由此可大致勾勒出分野一詞的出現時間：始於西漢昭帝

（前86年）以後，至東漢章帝（76年始）時已經流行。」《〈「分野」考辨〉續》提出「分野」一詞不應始見於《國語》的五條理由：1.分野觀念同「分野」的語詞形式並非同時出現，已有較多的史料作為證據；2.《史記・天官書》和《淮南子・天文訓》均未使用「分野」一詞；3.據考證，「分野」一詞在史籍中大量出現是在東漢時期；4.《國語》中「周之分野」的言語特徵更符合東漢後期的言語習慣；5.現存《國語》版本係經漢代人所修改。《「分野」一詞始於何時》認為「分野一詞在《國語》中的唯一用例，係東漢學者或者後學修改史籍之跡；分野一詞當最早始於西漢末，至東漢時期廣為流行。」可以參考。

　　月之所在，辰馬農祥也。

【集解】

　　○賈逵曰（《本邦殘存典籍による輯佚資料集成》）：辰馬，房星也。祥，猶象也。房星中而農事起也。

　　○韋昭曰（《國語》卷三，頁二三）：辰馬，謂房、心星也〔1〕。心星所在大辰之次為天駟。駟，馬也，故曰辰馬。言月在房，合於農祥也〔2〕。祥，猶象也。房星晨正而農事起〔3〕，故謂之農祥〔4〕。〖校勘1〗○汪遠孫曰（《國語明道本考異》卷一，頁二一）：「馬」字衍，詳《發正》。公序本「也」下有「心星」二字。○萬青案：姜恩本無「謂」字。集賢殿校本、黃刊明道本及其覆刻本、上善堂本、寶善堂本、吳曾祺本、沈鎔本、徐元誥本等「也」字下無「心星」二字。徐元誥《集解》無「辰」字，王樹民、沈長雲謂：「據公序本補。」（見二氏點校本《國語集解》，頁141）實《國語》各本俱有「馬」字，不必云「據公序本補」。汪遠孫在其《發正》中言此處「馬」字為衍文，詳見下文。丁山云：「襄九年《左傳》則謂：『陶唐氏火正閼伯居商丘，祀大火而火紀時焉；相土因之，故商主大火。』相土，即殷之邦社，亦即殷之農神。由《孝經・聖治》『周公郊祀后稷以配天』為例，則相土為社，郊祀配天即為大辰。相土作乘馬，故《國語》又謂大辰曰『辰馬』。」（氏著《古代神話與民族》，南京：江蘇文藝出版社2011年版，頁224）如丁說可信，則「辰馬」實「大辰」異稱，「馬」字不當為衍文。《史記・天官書》「房曰天駟」，又汪遠孫自謂「房、心、尾皆為大辰，辰時也，農時最重，故房星專名辰，房又為天馬，故曰辰馬」，似可證明此處「馬」字不當為衍文。且《國語》上文云「月在天駟」，此處云「月之所在，辰馬農祥也」。此處「辰馬」之「馬」正對上文

「天駟」，恐怕徐元誥《集解》因此而刪注首「辰」字而保留「馬」字。頗疑《國語》「辰馬」之「辰」為類名，非專名。故渡邊操、千葉玄之、秦鼎等人都從「辰」字上著眼，認為注文有文字之誤，恐怕也是不妥當的。又王、沈點校本《集解》在「也」下補「心星」二字。〖校勘2〗○萬青案：「心星所在」至「言月」之「言」字，姜恩本不錄。集賢殿校本、姜恩本、黃刊明道本及其覆刻本、上善堂本、寶善堂本、吳曾祺本、沈鎔本、徐元誥本等「農祥」下無「也」字。〖校勘3〗○陳樹華曰（《春秋外傳考正》卷三，頁一七）：從宋本增「焉」字。○萬青案：姜恩本無「祥，猶象也」四字，又「起」上脫「事」字。集賢殿校本、黃刊明道本及其覆刻本、上善堂本、寶善堂本、吳曾祺本、沈鎔本、徐元誥本等「起」下有「焉」字，陳奐亦校出。又吳曾祺《補正》「晨」誤作「辰」。〖校勘4〗○萬青案：姜恩本「謂之」作「云」。秦鼎本、高木本「祥」下有「也」字，這是秦鼎本的一個特徵，即經常在句尾自增「也」字以足辭氣。

　　○渡邊操曰（《國語解刪補》卷上，頁一九）：《韻會》：「房心尾為大辰，其中心星亦獨為大辰。」又《公羊傳》：「大火為大辰，伐亦大辰，北辰為大辰。」

　　○千葉玄之曰（《韋注國語》卷三，頁三二）：「月所在」注「大辰之次」，《公羊傳》：「大火為大辰伐，亦大辰。北辰亦曰大辰。」《韻會》：「房心尾為大辰，其中心星亦獨為大辰。」

　　○秦鼎曰（《國語定本》卷三，頁二六）：《爾雅》曰：「大辰，房心尾也。」「大火，謂之大辰。」疏：「大火，大辰之次名也。」本注「房心星」恐當作「房心尾」也。《晉語》解「辰為農祥，后稷經緯之，以成善道」，又視農祥以戒農事相視也。

　　○董增齡曰（《國語正義》卷三，頁六六）：《說文》：「辰者，農之時也。」故房星為辰，田候也。《史記・天官書》索隱引《詩記曆樞》云：「房為天駟，主車駕。」宋均曰：「房既近心，為明堂，又別為天府，及天駟也。」《集解》引張晏曰：「龍左角曰天田，則農祥也，晨見而祭。」薛綜《東都賦》注：「農祥，天駟，即房星也。」張銑注：「房星，正月中晨見南方，農之祥候也。」〖校勘〗○萬青案：稿本「詩記」之「記」作「汜」，是。

　　○汪遠孫曰（《國語發正》卷三，頁二六）：《爾雅》：「大辰，房心尾也。」《說文》：「晨，房星，為民田時者。」「晨或省辰」下云：「辰，房星，天時

也。」「辱」下云：「辰者，農之時也，故房星為辰，田候也。」「曟」、「晨」、「辰」古通用，《史記‧天官書》：「房為府，曰天駟。」《索隱》引《詩氾曆樞》云：「房為天馬，主車駕。」房、心、尾皆為大辰，辰時也，農時最重，故房星專名辰，房又為天馬，故曰辰馬。韋注注首「辰馬」，「馬」字當衍，房心為辰，故連言心耳，下云「心星所在，大辰之次，為天駟」，此「心」字當作「房」字，今本皆繆亂不可讀。

　　○高木熊三郎曰（《標註國語定本》卷三，頁二六）：「祥」字已自通。

　　○萬青案：徐元誥《集解》引汪遠孫《發正》之說。千葉玄之亦引《公羊傳》、《韻會舉要》之語，唯次序顛倒，實仍可見其因襲之跡。秦鼎引述《爾雅》經傳之說，謂韋注「房心星」之「星」當為「尾」字。渡邊操、千葉玄之雖未明言，恐怕意思和秦鼎是一致的。辨見上文。韋注或賈逵用聲訓之法釋之，以明其語源，高木氏不瞭，故謂「『祥』字已自通」。

我太祖后稷之所經緯也，

【集解】

　　○韋昭曰（《國語》卷三，頁二四）：稷播百穀，故「農祥，后稷之所經緯也」。《晉語》：「辰以成善，后稷是相。」〖校勘〗○陳樹華曰（《春秋外傳考正》卷三，頁一七）：宋本無「曰」字，「辰」作「農」，「相」作「祖」，皆非。《補音》有說。○趙懷玉曰（《校正國語序》）：蓋辰為農祥，周先后稷所經緯以成善道。相，視也。宋本乃作「農以成善，后稷是祖」，則宋本之誤也。○汪遠孫曰（《國語明道本考異》卷一，頁二一）：「農」作「辰」，「祖」作「相」，見《補音》云，「按《晉語》作『農』、『祖』者非。」○徐元誥曰（《國語集解》卷三，頁三五）：「辰」字、「相」字據《補音》改。○萬青案：姜恩本本處無注文。黃刊明道本及其覆刻本、上善堂本、寶善堂本、吳曾祺本、沈鎔本等「辰」作「農」、「相」作「祖」。陳奐已校出黃刊明道本與許宗魯本、金李本之異。董增齡本「辰」改作「農」，當是從明道本。又顧校明本、許宗魯本、正學本、金李本、叢刊本、張一鯤本、綠蔭堂本、鄭以厚本、詩禮堂本、薈要本、文淵閣本、文津閣本、道春點本、千葉玄之本、冢田本、秦鼎本、董增齡本、高木本等「晉語」下有「曰」字，遞修本無，與集賢殿校本、黃刊明道本及其覆刻本、寶善堂本等同。當然，有無「曰」字無礙於文義。

○宋庠曰（《國語補音》卷一，頁二六）：是相，息亮反，舊本注引《晉語》曰：「農以成善，后稷是祖。」今按《晉語》曰：「辰以成善，后稷是相。」是則「作農」以及「是祖」者非。〖校勘〗○萬青案：拙撰《〈國語補音〉異文研究》云：「今傳《晉語四》：『辰以成善，后稷是相。』《玉海》卷九九、《通志》卷一八一引同。若依今本，則『是相』當是正文中文字，未知《補音》出『注是相』者何據？」（頁430）論定實誤，《補音》此處音注實為韋注文字，故著「注」字，今揭出，以補前非。《補音》之尊經書院本與遞修本同。「晉語曰農」之「農」，《補音》之四庫本作「辰」。「后稷是祖」之「祖」，《補音》之四庫本、遺書本作「相」。

○董增齡曰（《國語正義》卷三，頁六六）：《詩‧周頌》疏：「周以后稷為始祖，文王為太祖，『雍禘太祖』謂文王也。后稷以初始感生，謂之始祖。又以祖之〔1〕，並稱為太祖。」《家語》孔子曰：「唐叔封于晉，以經緯其民。」王肅曰：「經緯，猶織以成之。」〔2〕《呂氏春秋‧有始篇》高注：「子、午為經，卯、酉為緯。四海之內，緯長經短。」《淮南‧墜形訓》「東南神州曰農土」高注：「東南辰為農祥，后稷之所經緯也，故曰農土。」言后稷之功廣及天下也。〖校勘1〗○萬青案：今檢孔疏本文「祖之」下有「尊大」二字。董氏引述省掉「尊大」二字，不辭。〖校勘2〗○萬青案：引《家語》王肅注恐出《文選‧冊魏公九錫文》「以君經緯禮律為民軌儀」李善注引文。今檢《孔子家語‧正論解第四十》「以經緯其民者也」王肅注云：「經緯，猶織以成文也。」

○汪遠孫曰（《國語發正》卷三，頁二六）：陳氏奐曰：「周以后稷為大祖。《禮記‧王制》注云：『大祖，后稷是也。』《詩‧生民》疏據《雝》箋『禘大祖，謂文王』乃云：『后稷以初始感生謂之始祖，又以祖之尊大，並謂之大祖。』引此《周語》為解，其說非也。」

○汪濟民等曰（《國語譯注》，頁七七）：經緯，規劃治理。

○黃永堂曰（《國語全譯》，頁一四四）：經緯，治理之意。

○萬青案：徐元誥《集解》引陳奐之說實本汪遠孫《發正》。班固《典引》「至於經緯乾坤」呂向注：「經緯，猶政治也。」（《六臣注文選》，同前，頁920）《漢書》卷二二《禮樂志二》「經緯冥冥」顏師古注：「經緯，謂經緯天地。」（中華書局1962年點校本，頁1047）「經緯」在《國語》本句中為動詞，意義固定，可以看作合成詞。

王欲合是五位三所而用之。

【彙校】

　　○孔廣栻曰（《國語解訂譌》）：《馮相氏》注引「王合位於三五」。

　　○萬青案：合，顧校明本、正學本、閔齊伋本誤作「因」。從本條，或可尋繹閔齊伋本與明德堂本以及正學書院本之淵源關係。

【集解】

　　○韋昭曰（《國語》卷三，頁二四）：王，武王也。五位，歲、月、日、星、辰也〔1〕。三所，逢公所馮神，周分野所在，后稷所經緯也〔2〕。〖校勘1〗○陳樹華曰（《春秋外傳考正》卷三，頁一七）：眾本誤以「星」字在「辰」字上，從《詩·大雅·大明篇》正義勘正。（《文選》李善《幽通賦》注引此亦誤）○孔廣栻曰（《國語解訂譌》）：星辰，《詩·大雅·大明》疏引作「辰星」，孔駁韋注。《左傳·昭二十年》疏：「三所者，星辰與日辰之位，是一所也；歲之所在，是二所也；月之所在，是三所也。」○萬青案：姜恩本「月日」作「日月」。陳樹華隸作「歲月日辰星」，次序與諸本不同。今檢《毛詩正義》、《左傳正義》作「辰星」，但是《史記索隱》、《莊子》注引司馬、《漢書》孟康注皆作「星辰」。「星辰」、「辰星」似於義無違，不必從他書引文改。又董增齡本下文引《詩疏》作「星辰」。今檢阮元《十三經校勘記》云：「閩本、明監本、毛本同。」（阮刻本《十三經注疏》，頁512）可見阮元所參《毛詩正義》諸本皆作「辰星」，不作「星辰」，董增齡或據別本。又顧校明本、正學本「辰也」之「也」誤作「之」。〖校勘2〗○陳樹華曰（《春秋外傳考正》卷三，頁一七）：李善引無「神」字，「緯」下有「者」字。《詩正義》引「神」下、「在」下俱有「也」字。（類此本不應復識，偶牽連及之）○千葉玄之曰（《韋注國語》卷三，頁三二）：「五位三所」注，一本「馮神」下有「也」字，「所在」之下有「也」字。○秦鼎曰（《國語定本》卷三，頁二六）：《詩·大雅·大明》孔《疏》引此注「馮神」、「所在」下並有「也」字，見于《刪補》。○萬青案：姜恩本「經緯」下無「也」字。千葉玄之據渡邊操之說，而謂《國語》某本有「也」字，實誤。

　　○冢田虎曰（《增注國語》卷三，頁三五）：五位，謂鶉火。天駟，析木之津。斗柄，天黿也。

　　○董增齡曰（《國語正義》卷三，頁六七）：《詩》疏：「歲、月、日、星、辰，五者各有位，謂之五位。星、日、辰在北，歲在南，月在東，居三處，故

言三所……韋昭云：『……三所，逢公所馮[1]神也，周分野所在也，后稷所經緯也。』《國語》文云：星與日、辰之位皆在北維，歲之所在，月之所在，言五位三所。謂五物在三處，當以此五在為三所，不得以所字充之。若必以所字充之，則周之分野不言所也。又正合五位，則五物皆助。若三所惟數逢公，則日之與辰不助周矣。韋氏之言非也……天之五位所以得助周者，以辰星在須女八度、日在箕七度，日月合度[2]，斗前一度，謂在箕十度也。此三者皆在東北，維東北水木交際，又辰星所歷建星及牽牛皆水宿，顓頊水德而王，帝嚳以木受之。今周亦木德，當受殷水，星與日、辰在其位，當如帝嚳之代顓頊，是一助也。又天黿一名女枵，齊之分野，太姜之祖有逢伯陵者，殷之諸侯，封之齊地。逢公之死，其神馮焉。我周出于姜姓，為外祖所佐，是二助也。歲星在張十三度，鶉火之次，周之分野，歲星所在，利以伐人，是三助也。月在房五度，房心為大辰。大辰晨正而農事起，謂之農祥。后稷播殖百穀，月在農祥之星，則月亦佑周，是四助也。以于伐紂之歲[3]，有此五物助周，武王能上應天意，合而用之……又鄭注《尚書》謂文王受命，武王伐紂，時日皆用殷曆。劉向《五紀論》載殷曆之法，唯有氣朔而已。其推星在天黿，則無術焉。」案：孔《疏》雖與韋異義，亦得通一家也。[4]〖校勘1〗○萬青案：稿本此處「馮」作「憑」。〖校勘2〗○萬青案：今檢孔疏本文「度」作「辰」。〖校勘3〗○萬青案：今檢孔疏本文「歲」作「時」。〖校勘4〗○萬青案：稿本「孔疏」下原作「深合傳義，殊勝韋解也」，朱筆抹去，改作今字。

　　○恩田仲任曰（《國語備考》）：《毛詩正義》曰：「言正合會天道於五位三所而用之，歲、月、日、辰、星五者各有位，謂之五位。日辰在北，歲在南，月在東，居三處，故言三所。」

　　○汪遠孫曰（《國語發正》卷三，頁二六～二七）：《詩‧大明》疏駁韋《解》云：「按其文云：『星與日、辰之位皆在北維，歲之所在，月之所在。』言五位三所謂五物在三處，當以此五在尾，三所不得以所字充之，若必以所字充之，則周之分野不言所也，又正合五位，則五物皆助，若三所唯數逢公，則日之與辰不助周矣。韋昭之言非也。又云：『歲、月、日、辰、星，五者各有位，謂之五位。星、日、辰在北，歲在南，月在東，居三處，故言三所。』」《內傳‧昭二十年》疏云：「三所者，星與日、辰之位，是一所也；歲之所在，是二所也；月之所在，是三所也。」

○黃模曰（《國語補韋》卷一，頁一二～一三）：言會合天道于五行三所而用之。歲、日、月、辰、星五者各有位，謂之五位。星、日、辰在北，歲在南，月在西，居三處，故言三所。韋昭云：「五位，歲、日、月、辰、星也。三所，逢公所憑神也，周分野所在也，后稷所經緯也。」案：其文云星與日、辰之位皆在北維，歲之所在，月之所在，言五位三所，謂五物在三處。當以此五在為三所，不得以所字充之。若必以所字充之，則周之分野不言所也，又正合五位，則五物皆助。若三所惟數逢公，則日之與辰不助周矣。韋昭之言非也。（《〈大明〉詩疏》）

○高木熊三郎曰（《標註國語定本》卷三，頁二六）：五位，謂歲、月、日及辰星與中星。

○盧央曰（《中國古代星占學》，頁二一五～二一六）：武王伐殷時觀測了當時的天象，即所謂「五位三所」，即以本家之星土為主，以外家之星土為輔，本家星土二位二所，外家星土三位一所，合為五位三所。本家的二位二所即是歲與月二位。歲在鶉火午宮，居於南方；月在天駟，駟即房宿，位於大火之次，居於東方。此南方與東方即為二所。而歲之所在為「我有周之分野」，而「月之所在，辰馬農祥」。房星，《爾雅》注謂：「龍為天馬，故房四星謂之天駟。」古代於晨觀測房星在中天則開始農事，所以說「辰馬農祥」。這正是「我太祖后稷之所經緯也」，因為據說后稷始播種百穀，為農業之開始。所以歲月兩位二所為本家之星土，而外家之三位一所則是指星、日、辰三位，此三位均在北維，故為三位一所。據孔穎達《左傳》疏說，「星在天黿」是指辰星（即水星）在婺女（女宿），伏於天黿之首。因為天黿即元枵（玄枵），元枵之次是自女宿8度至危宿15度。「日在析木之津」，析木寅宮，自尾10度至斗11度。而日在箕7度。由此可以算得辰星與日相去至少45¼度以上。水星最近太陽，水星與太陽的最大角距離不能超過28度（按周天360度說），所以不能說這是同一天的天象。「辰在斗柄」，辰謂日月之會，更不是日在箕7度，月在房5度的天象。為此引劉歆三統術之推算，自文王受命至此13年，歲在鶉火。師初發以殷曆十一月戊子，日在析木箕7度，是夜月在房5度。後3日得周正月辛卯朔，合辰在斗前1度，即日月合朔於斗前1度，即當合朔於箕10度。說「辰在斗柄」，當時斗柄所指在此。明日壬辰，晨星始見。此晨星皆以為是辰星，即五大行星中之水星。癸巳武王始發，丙午還師，戊午渡於孟津。明日己未冬至，晨星與婺女伏，歷建星（斗

宿）及牽牛（牛宿），至於婺女天黿之首。故說「星在天黿」。由此解釋，說明自戊子日至壬辰日，凡五天五位三所盡具。次日癸巳武王發兵。這裏的星、日、辰皆在北方，故三位一所。說「我姬氏出在天黿」，因元枵子位，為齊之分野，齊先為姜，即謂外家之星土。又說「及析木者有建星及牽牛焉，則我大姜之侄、伯陵之後，逢公之所憑神也。」即說日辰皆為外家之星土。這一星象顯示：歲星在鶉火之次，按劉歆推算在張宿 15 度。月在天駟，即為房宿。自張宿至房宿凡七宿（張、翼、軫、角、亢、氐、房），列舍星凡七，故稱七列。鶉火在午宮，而天黿即玄枵在子，自午至子凡七辰（午、巳、辰、卯、寅、丑、子），星次凡七，故稱七同。又說：「凡人神以數合之，以聲昭之，數合聲和然後可同也。」以數合而以聲昭，數合神和，有七同之數，故有七律。由於天上顯示的這種星象，預示武王伐殷取得了勝利，因此說武王合五位三所而用之。

○萬青案：徐元誥《集解》引《詩‧大明》疏、《左傳‧昭二十年》疏，實皆據汪遠孫《發正》。盧央《中國古代星占學》（北京：中國科學技術出版社2013 年版）中關於本段文字的分析也頗有助於理解，故引錄如上。

自鶉及駟七列也。

【匯校】

○孔廣栻曰（《國語解訂譌》）：一本無「也」字。《春官‧小胥》疏「自鶉及駟」作「鶉火及天駟」，有「也」字。

○汪遠孫曰（《國語明道本考異》卷一，頁二一）：公序本下有「也」字，《內傳》疏同。〖校勘〗○萬青案：陳奐已校出黃刊明道本與許宗魯本、金李本之異。

○徐元誥曰（《國語集解》卷三，頁三六）：「也」字依宋庠本，下同。

○鄭良樹曰（《國語校證（上）》，《幼獅學誌》第七卷第四期，頁 1～29）：《玉海》六引此「七列」下亦有「也」字。

○張以仁曰（《國語斠證》，頁一一八）：金、秦、董本有。《玉海》二、六、《廣博物志》三三引皆有「也」字。

○萬青案：集賢殿校本、姜恩本、黃刊明道本及其覆刻本、上善堂本、寶善堂本、吳曾祺本、沈鎔本等「七列」下無「也」字，徐元誥《集解》從公序本增。

【集解】

　　○韋昭曰（《國語》卷三，頁二四）：鶉，鶉火〔1〕之分，張十三度〔2〕。駟，天駟。房五度，歲月之所在。從張至房七列，合七宿，謂張、翼、軫、角、亢、氐、房之位〔3〕。〖校勘1〗○萬青案：「鶉火」之「鶉」，《國語評苑》用重文符號替代，集賢殿校本亦重「鶉」字。姜恩本、黃刊明道本及其覆刻本、上善堂本、寶善堂本、吳曾祺本、沈鎔本、徐元誥本等不重「鶉」字。陳奐已校出黃刊明道本不重「鶉」字。就注文體例而言，當重「鶉」字。〖校勘2〗○黃丕烈曰（《校刊明道本韋氏解國語札記》，頁六）：當依別本作「十三度」。丕烈案：亦《漢書》文。○汪遠孫曰（《國語明道本考異》卷一，頁二一）：公序本重「鶉」字，「六」作「三」，《札記》云：「當作『三』，亦《漢書·志》文。」○徐元誥曰（《國語集解》卷三，頁三六）：十三度，各本作「十六度」，據《漢書·律曆志》改。○萬青案：集賢殿校本、姜恩本、黃刊明道本及其覆刻本、上善堂本、寶善堂本、吳曾祺本等「三」作「六」。陳奐已校出黃刊明道本與許宗魯本、金李本之異。沈鎔本、徐元誥本則作「三」。徐元誥云「各本作」者恐亦失之武斷。今檢《札記》之黃刊明道本及其覆刻本、《四部備要》本等字皆作「十三度」，而《札記》之斐英館本、寶善堂本、錦章書局本、《叢書集成》本、《國學基本叢書》本則誤作「十二度」。從《札記》的這條異文，或也可看出各本的承襲關係。〖校勘3〗○陳樹華曰（《春秋外傳考正》卷三，頁一八）：宋本作「氐房也」。○汪遠孫曰（《國語明道本考異》卷一，頁二一）：「互」，公序本作「氐」，見《補音》，「也」作「之位」二字。○李慈銘曰（《越縵堂讀書簡端記》，頁一二）：「互」，《補音》作「氐」，是也。蓋「氐」隸行書有作「互」者，字甚似「互」，遂誤為「互」耳。○萬青案：黃刊明道本及其覆刻本、上善堂本、寶善堂本「氐」作「互」，「互」實為「氐」俗字，敦煌卷子中多有之。陳奐已校出黃刊明道本與許宗魯本、金李本之異。集賢殿校本、黃刊明道本及其覆刻本、上善堂本、寶善堂本、沈鎔本等「之位」作「也」。陳奐已校出黃刊明道本與許宗魯本、金李本之異。「之位」、「也」都符合語義。從注文「從張至房七列，合七宿」而言，似以「之位」更貼合語境。姜恩本「天駟」之上不出「駟」字，亦無「之位」二字。

　　○宋庠曰（《國語補音》卷一，頁二六）：亢氐，苦浪反，又古郎反；下丁兮反，又丁許反。〖校勘〗○萬青案：許，張一鯤本、李克家本、綠蔭堂本、鄭以厚本、道春點本、千葉玄之本、冢田本、秦鼎本、高木本等作「計」。以

今音言，作「計」字更是。如果按照張一鯤本等首出字出音注而他處不出的慣例，則此處實已不必有。

　　○董增齡曰（《國語正義》卷三，頁六七）：孔穎達曰：「鶉，張星也。駟，房星也。天宿以右旋為次，張、翼、軫、角、亢、氐、房凡七宿，是自鶉火至駟為七列，宿有七也。」〔1〕案：《漢書・律曆志》：「鶉火，初柳九度。」在張十三度前二十七度，至張十八度而入鶉尾。過鶉尾、壽星二次至氐至〔2〕五度而入大火之次。大火以房五度為中，則自張十三至房五度為中，自〔3〕張十三〔4〕至房五，內包翼十八、軫十七、角十二、亢九、氐十五度〔5〕，共八十二度。〖校勘1〗○萬青案：稿本「七也」下原有「鶉火在午，天黿在子，斗柄所建，月移一次，是自子至午為南北之揆七同也。揆，度也。度量星之有七」諸字，抹去。董氏引孔穎達出《左傳・昭公二十年》疏，下恩田仲任引同。〖校勘2〗○萬青案：稿本無此「至」字，是。〖校勘3〗○萬青案：稿本「自」上原有「則」字，抹去。〖校勘4〗○萬青案：稿本「十」、「三」之間原有「為中則則自張十」諸字，抹去。〖校勘5〗○萬青案：稿本無此「度」字，亦是。

　　○恩田仲任曰（《國語備考》）：《左傳正義》曰：「天宿以右旋為次，張、翼、軫、角、亢、氐、房，凡七宿。是自鶉火至駟為七列。宿有七也，鶉火在午，天黿在子，斗柄所建。月移一次，是自午至子為南北之揆，七同也。揆，度也。度量星之有七同也。武王既見天時如此，因此以數比合之，其數有七也。以聲昭明之，聲亦宜有七也。故以七同其數，五聲之外加以變宮、變徵也。二變者，舊樂無之，聲或不會，而以律和其聲，調和其聲，使與五音諧和。」

　　○萬青案：鄭祖襄《伶州鳩答周景王「問律」之疑和信——兼及西周音樂基礎理論的重建》（見載於氏著《華夏舊樂新探》，北京：中央音樂學院出版社2008年版；復見載於氏主編《中國古代音樂史》，上海音樂學院出版社2009年版）對此亦有說，詳見本篇輯評所引。

　　南北之揆七同也，

【匯校】

　　○孔廣栻曰（《國語解訂譌》）：一本無「也」字。《小胥》疏「同」作「月」，有「也」字。

○汪遠孫曰（《國語明道本考異》卷一，頁二一）：公序本下有「也」字，《內傳》疏同。〖校勘〗○萬青案：陳奐已校出黃刊明道本與許宗魯本、金李本之異。

○徐元誥曰（《國語集解》卷三，頁三六）：「也」字依宋庠本，下同。

○鄭良樹曰（《國語校證（上）》，《幼獅學誌》第七卷第四期，頁1～29）：《玉海》引「七同」下亦有「也」字。

○張以仁曰（《國語斠證》，頁一一八）：金、秦、董本有，《玉海》六、《廣博物志》三三引亦有「也」字。

○萬青案：姜恩本、黃刊明道本及其覆刻本、上善堂本、寶善堂本、吳曾祺本、沈鎔本等「七同」下無「也」字，集賢殿校本有之，徐元誥《集解》亦從公序本增。

【集解】

○韋昭曰（《國語》卷三，頁二四）：七同，合七律也。揆，度也。歲在鶉火午，辰星在天黿子。鶉火，周分野。天黿及辰水星，周所出。自午至子，其度七同也。〖校勘〗○萬青案：顧校明本、正學本「午」誤作「十」。姜恩本不錄「歲在」至「所出」一段注文，又「七同」下無「也」字。冢田本於韋注之下增「度，待洛反」音注。

○皆川淇園曰（日本京都大學圖書館藏皆川淇園批校本）：同，猶統。

○冢田虎曰（《增注國語》卷三，頁三五）：同亦律也，陽律曰律，陰律曰同。武王伐殷，從始發師戊午，至陳商郊甲子，七日也。私疑「七同」當為「七日」，此因下文誤作「七同」與？

○秦鼎曰（《國語定本》卷三，頁二六）：合七宿，謂與四方七宿之七數合也。又按：同，輩也。七同，亦猶七列也。百里曰同，亦里數之名也。

○董增齡曰（《國語正義》卷三，頁六八）：孔穎達曰：「鶉火在午，天黿在子，斗柄所建，月餘〔1〕一次，是子在午〔2〕，為南北之揆七同也。揆，度也，度量星之有七同也。」〔3〕〖校勘1〗○萬青案：今檢孔疏「餘」作「移」。董氏引誤。〖校勘2〗○萬青案：稿本「在」作「至」，是。今檢孔疏「是子在午」即作「是自午至子」。〖校勘3〗○萬青案：引孔疏出《左傳·昭公二十年》正義。

○《國語考》曰（日本弘化二年寫本）：言南北之度自子至午，其度七，與七律合也。

　　○高木熊三郎曰（《標註國語定本》卷三，頁二七）：南北緯度七日，大抵同列也。

　　○萬青案：《國語考》釋文與韋注同。「揆，度也」，本《爾雅·釋言》。皆川淇園等釋「同」為「統」，秦鼎、高木熊三郎則以「同」為「列」。其實此處「七同」當以韋注所釋為是，同亦即合。下文云「以數合之」，是其證。

　　凡神人以數合之，以聲昭之。

【匯校】

　　○孔廣栻曰（《國語解訂譌》）：《左傳·昭二十一年》同一本作「人神」。
　　○陳奐曰（國家圖書館藏陳奐校跋本）：金作「人神」。
　　○汪遠孫曰（《國語明道本考異》卷一，頁二一）：《內傳》疏作「神人」。〖校勘〗○萬青案：陳奐於黃刊明道本「人神」上加倒乙符號，是已校出。
　　○章鈺曰（《文祿堂訪書記》，頁九二～九三）：陸仍明本與黃本異者：「凡神人以數合之」，黃本作「人神」。
　　○培基（國家圖書館藏盧文弨校跋本）按：宋明道本作「人神」而注作「神人」，與各本同。則作「神人」是。
　　○鄭良樹曰（《國語校證（上）》，《幼獅學誌》第七卷第四期，頁1～29）：《玉海》、《天中記》六引此「人神」並作「神人」，疑古本自作「神人」。
　　○張以仁曰（《國語斠證》，頁一一八）：韋注云：「凡合神人之樂也。」亦作「神人」。是韋本作「神人」明矣。《玉海》六、《天中記》六皆引作「神人」，可以為證。金、秦、董本及《廣博物志》引亦作「神人」。
　　○萬青案：顧校明本、明德堂本「凡」字誤作「鬼」。黃刊明道本及其覆刻本、上善堂本、寶善堂本、吳曾祺本、沈鎔本、徐元誥本等「神人」作「人神」。審黃刊明道本「神人」4見，而「人神」唯此1見。則恐此處「人神」亦當作「神人」。

【集解】

　　○韋昭曰（《國語》卷三，頁二四）：凡，凡合神人之樂也。以數合之，謂取其七也。以聲昭之，用律調音也。〖校勘〗○陳樹華曰（《春秋外傳考正》卷三，頁一八）：從宋本增「謂」字。補修元本、弘治本、許本並作「調和」。○萬青案：姜恩本注唯取「凡合人神之樂也」七字。集賢殿校本、黃刊明道本及其覆刻本、上善堂本、寶善堂本、吳曾祺本、沈鎔本等「用」上有「謂」

字。陳奐已校出黃刊明道本與許宗魯本、金李本之異。又陳奐於黃刊明道本本「音」字旁書「和」字。徐元誥《集解》「用」作「以」且「以」上有「謂」字，「以」字恐涉「以聲」之「以」而誤作。許宗魯本實字作「龢」，非如陳樹華所說作「和」字。今檢顧校明本、正學本「音」誤作「和」，頗疑顧校明德堂本即以陳樹華所謂弘治本為底本刻成，而許宗魯本、正學本以明德堂本為底本。陳樹華校語中既然同時出現補修元本和弘治本，可見他是明確區分二本的。

○皆川淇園曰（日本京都大學圖書館藏皆川淇園批校本）：神人以數合之，以聲昭之，亦神道設教之意。

○黃永堂曰（《國語全譯》，頁一四五）：凡，一切，全部。人神，人事天道。

○萬青案：《國語》「凡」字 13 見，意義、用法較固定單一。

數合聲龢，然後可同也。

【彙校】

○鄭良樹曰（《國語校證（上）》，《幼獅學誌》第七卷第四期，頁 1～29）：《玉海》、《天中記》引此「和」並作「龢」，下文「而以律和其聲」，亦並引作「龢」。「和」與「龢」古通。

○萬青案：龢，姜恩本、詩禮堂本、薈要本、黃刊明道本及其覆刻本、上善堂本、寶善堂本、吳曾祺本、沈鎔本、徐元誥本等作「和」，下文同。

【集解】

○韋昭曰（《國語》卷三，頁二四）：同，謂神人相應。〖校勘〗○萬青案：姜恩本無注文。集賢殿校本、黃刊明道本及其覆刻本、上善堂本、董增齡《國語正義》刊本、寶善堂本、吳曾祺本、沈鎔本、徐元誥本等「應」下有「也」字。

○冢田虎曰（《增注國語》卷三，頁三五）：同，謂同其聲律之數也。

○萬青案：《說文·冂部》：「同，合會也。」（《說文解字》，頁 156）《禮記·樂記》：「樂者為同。」鄭玄注：「同謂協好惡也。」（阮刻本《十三經注疏》，頁 1529）又《史記·樂書》「樂者為同」張守節《正義》云：「夫樂使率土合和，是為同也。」（中華書局 2013 年點校本之修訂本，頁 1405）韋注釋為「神人相應」，即天人和諧之義。

故以七同其數，而以律龢其聲，於是乎有七律。

【匯校】

○孔廣栻曰（《國語解訂譌》）：《左傳·昭二十二年》疏「律」下有「也」字。

○鄭良樹曰（《國語校證（上）》，《幼獅學誌》第七卷第四期，頁 1～29）：《左》昭二十年《傳》疏引「七律」下有「也」字。

【集解】

○韋昭曰（《國語》卷三，頁二四）：七同其數，謂七列、七同、七律也。律和其聲，律有陰陽正變之聲。〖校勘〗○汪遠孫曰（《國語明道本考異》卷一，頁二一）：「七列」下，公序本有「七同」二字。○萬青案：姜恩本本處無注文。集賢殿校本、黃刊明道本及其覆刻本、上善堂本、寶善堂本、吳曾祺本等「七列」下無「七同」二字。陳奐已校出黃刊明道本與許宗魯本、金李本之異。徐元誥《集解》從公序本增。董增齡本「和」作「龢」。集賢殿校本、黃刊明道本及其覆刻本、董增齡《國語正義》刊本、寶善堂本、吳曾祺本、沈鎔本、徐元誥本等「正變之聲」下有「也」字。今檢《玉海》卷六引注文「之聲」下亦有「也」字。

○冢田虎曰（《增注國語》卷三，頁三五）：凡神人之樂，可同其聲律之數，故周以七音，而同其數於七列、七日。而和合其聲律，是以有七律也。

○皆川淇園曰（日本京都大學圖書館藏皆川淇園批校本）：以律和其聲，謂以律合其軍聲。

○秦鼎曰（《國語定本》卷三，頁二七）：孔疏：「武王既見天時如此，因此以數比合之。」其數有七，以聲昭明之，聲亦宜有七，故以七同其數。五聲之外，加二宸也。

○董增齡曰（《國語正義》卷三，頁六八）：昭二十年《傳》杜注：「周武王伐紂，自子至午〔1〕凡七日。王因此以數合之，以聲昭之，故以七同其律，以律和其音〔2〕。」《尚書》今《武成》云：「戊午，師逾孟津。癸亥，陳于商郊……甲子〔3〕，受率其旅若林……前戈〔4〕，攻于後以北……一戎衣，天下大定。」自戊午至甲子凡七日。杜據《尚書》，以武王為七日之故，而作樂用七律，宏嗣不兼采《尚書》七日之義者，伐紂合天人之謀，故五位三所之外，必推及于三王之德，及優容柔民。《武成》所言七日專及天時，不及人事也。《漢書》引《書》曰：「予欲聞六律、五聲、八音、七始詠，以出納五言。」

《尚書大傳》曰：「黃鍾為天始，林鍾為地始，太簇為人始、姑洗為春，蕤賓為夏，南呂為秋，應鍾為冬，是謂四時。四時三始，是以為七。」〔5〕于十二律中約舉此七律者，蓋以黃鍾宮、太簇商、姑洗角、林鍾徵、南呂羽、應鍾變宮、蕤賓變徵，與七音合。」是七始即七律七音也。宏嗣以武王躬遇征誅，發揚蹈厲，與唐虞揖讓、依詠和聲者不同，故不以七始解七律也。孔穎達曰：「此二變者，舊樂無之。」〔6〕《樂律表微》曰：「古樂雖有七音，止用五聲，周之他樂亦然。故《周禮》文之以五聲，《內傳》云『為七音以奉五聲』，不用二變也。唯武王所作羽、厲、宣、贏四樂，則五聲之外兼用二變。二變近乎北音，荊軻為變徵之聲是也。《史記・律書〔7〕》：『武王伐殷，吹律聽聲，殺氣相并而音尚宮。』此四樂者，蓋取殺氣相并之義，有粗厲、猛起、奮末、廣賁之音焉。周用七律，唯此為然。至周公作《大武》止用五聲，而此四樂亦不復用。故不見于他書。」胡彥昇之說似為得之。〖校勘1〗○萬青案：今檢杜注原文「子至午」作「午及子」。〖校勘2〗○萬青案：今檢杜注原文「其律」、「其音」分別作「其數」、「其聲」。〖校勘3〗○萬青案：今檢《武成》「甲子」下有「昧爽」二字。〖校勘4〗○萬青案：稿本於「前」、「戈」之間增「涂倒」二字，今檢《武成》「前戈」作「前途倒戈」，稿本是。刊本在校刻時可能沒有注意到稿本的增補，故誤。〖校勘5〗○萬青案：董氏引《漢書》引《書》及《書大傳》之言當皆轉引自胡彥昇《樂律表微》卷二。〖校勘6〗○萬青案：引孔穎達說仍出《左傳・昭公二十年》孔疏。〖校勘7〗○萬青案：稿本「律書」作「言」。今檢《樂律表微》卷二無「律書」二字即作「言」。案：胡彥昇，字國賢，清德清人，雍正八年中進士，授刑部主事，改充山東定陶知縣。著有《春秋說》、《四書近是》、《叢書錄要》、《樂律表微》等。

　　○帆足萬里曰（《帆足萬里全集》下，頁五二九）：以七律同其數也。

　　○汪遠孫曰（《國語發正》卷三，頁二七）：《內傳》昭二十年疏：「七同其數，五聲之外加以變宮、變徵也。此二變者，舊樂無之，聲或不會，而以律和其聲，調和其聲，使與五音諧會，謂之七音，由此也。」案《淮南・天文訓》：「姑洗生應鍾，不比于正音，故為和；應鍾生蕤賓，不比于正音，故為繆。」（上「不」字、下「于」字，今本脫，依王氏《雜志》補。）「繆」與「穆」古字通，「穆」亦「和」也。五音之外，應鍾變宮，蕤賓變徵，皆所以調和正音耳。

　　○王煦曰（《國語釋文》卷一，頁二八）：《內傳・昭二十年》杜注：「武王

伐商，自午至於子，凡七日。王因此以數合之，以聲昭之，故以七同其數，以律和其聲，謂之七音。」《正義》曰：「賈逵注《周語》云：周有七音，謂七律為七器音也。黃鐘為宮，太蔟為商，姑洗為角，林鐘為徵，南呂為羽，應鐘為變宮，蕤賓為變徵，是五音以外更加變宮、變徵為七音也。」

○顧頡剛曰（《顧頡剛讀書筆記》卷三，頁三七二）：《皋謨》言「六律」，此何以言「七律」，說得不明。此與《堯典》、《皋謨》甚有關係。

○陳其射曰（《中國古代樂律學概論》，頁二五六）：周景王和伶州鳩討論鑄鐘問題的對話，是中國古代樂律學術史上特別重要的史料，這段話是伶州鳩回答周景王詢問「七律」的問題，是我國古代文獻中第一次關於七聲音階的記載，也是天人感應思想萌芽在音樂論述中的典型例證。這段話的中心意思是天人感應，「天」創造了人類的一切，七聲音階的產生是與「天」應和的產物。

○周柱銓曰（《先秦音樂文獻史料考》，頁三四～三五）：州鳩這段回答景王問七律是什麼？他是分三個層次來回答的：第一，周的滅商是與天象相符，即順天意；第二，這天象正好由七個星宿構成；第三，樂所用的七律與七個星宿是相符的，七律和諧纔合符天數。州鳩是個懂音樂的樂官，但他對七律的產生卻是從不天道與王道的觀點來說，雖不涉及音樂的本質，但卻符合他的官員身份。筆者以為在這裏七律是指七聲古音階，「以律和其聲」即與十二律相對應的七個音，也是以三分法計算先產生的七個音（主音在其首）。

○萬青案：徐元誥《集解》引《左傳·昭公二十年》孔疏、汪遠孫《發正》為釋。周柱銓《周景王鑄大鐘考》（見載於氏著《先秦文獻音樂史料考》，哈爾濱：黑龍江人民出版社 2012 年版，頁 27～39）頗考辨景王問律於伶州鳩故事，故稱引其說如上。本書稱引周氏之說悉本此篇。

王以二月癸亥夜陳，未畢而雨。

【音義】

○《舊音》曰（《國語補音》卷一，頁二六）：今作「陣」。《補音》：庠按顏之推云：「自《六韜》、《論語》、《左傳》皆作『陳』，本無『陣』字。」其音即假借，下皆同。〖校勘〗○萬青案：張一鯤本、綠蔭堂本、鄭以厚本、道春點本、千葉玄之本、冢田本、秦鼎本、高木本等此處出「陳」字音注，云：「陳，直刃切。下『陳師』、『夜陳』並同。」「陳」為「陣」古字。

【匯校】

○鄭良樹曰(《國語校證(上)》,《幼獅學誌》第七卷第四期,頁1～29):
《天中記》三引「王」上有「武」字。

○萬青案:姜恩本、徐元誥本脫「二月」二字,姜恩本批校以及王樹民、
沈長雲點校本已據各本補上。姜恩本於「陳」字下出「陣」字小注。

【集解】

○韋昭曰(《國語》卷三,頁二四):二月,周二月。四日癸亥,至牧野之
日。夜陳師,陳師未畢而雨〔1〕,雨,天地神人叶同〔2〕之應也。〖校勘1〗
○汪遠孫曰(《國語明道本考異》卷一,頁二一):「陳」上,公序本有「師」
字,「雨」下重「雨」字,皆是也。案:《書‧武城篇》引注「雨」下又有「者」
字。○萬青案:正學本不重「陳師」,實誤脫。姜恩本注作「癸亥至于牧野,
陳未畢而雨,天地神人王同之應」,「王」字為「叶」字之誤。黃刊明道本及其
覆刻本、上善堂本、寶善堂本、吳曾祺本等「日夜陳」下無「師」字。陳奐已
校出黃刊明道本與許宗魯本、金李本之異。集賢殿校本、徐元誥本則有。
〖校勘2〗○陳樹華曰(《春秋外傳考正》卷三,頁一八):《〈書‧武成篇〉正
義》引韋注「雨」下有「者」字,「協」作「和」。元明諸本「協」作「叶」。
○孔廣栻曰(《國語解訂譌》):《武成》疏引「叶」作「和」。○汪遠孫曰(《國
語明道本考異》卷一,頁二一):「協」作「叶」。○萬青案:集賢殿校本、正
學本、黃刊明道本及其覆刻本、上善堂本、寶善堂本、吳曾祺本、徐元誥本等
「叶」字作「協」。「協」、「叶」音同義通。又黃刊明道本及其覆刻本、上善堂
本、寶善堂本、吳曾祺本等「天地」前無「雨」字。陳奐已校出黃刊明道本與
許宗魯本、金李本之異。徐元誥《集解》則據公序本補「雨」字。又徐元誥
《集解》「雨」下增「者」字。

○關脩齡曰(《國語略說》第一,頁二七):周二月建乙丑,朔辛酉,越三
日癸亥。舊注誤為四日。

○秦鼎曰(《國語定本》卷三,頁二七):師,初六師出以律。說者云:坎
為律為耳主聽。又坎方黃鐘之本《六韜》。夜至,敵壘外持律管當耳,有聲應
管。可以知三軍之消息、戰之勝負,古蓋有此法。

○董增齡曰(《國語正義》卷三,頁六九):《漢書‧律曆志》:「庚申二月
朔日也。四日癸亥至牧野〔1〕夜陳,甲子昧爽而合矣。」《呂氏春秋》云:武
王伐紂,「天雨,日夜不休」〔2〕。据此《傳》,則初陳時未雨也。《呂氏》蓋

傳聞異辭矣。《大戴禮》:「天地之氣和則雨。」〔3〕故以為叶同之應。〖校勘1〗○萬青案:稿本「野」作「埜」。〖校勘2〗○萬青案:引《呂氏春秋》出《慎大覽‧歸因》。〖校勘3〗○萬青案:今檢《廣韻》、《五音集韻》引《大戴禮》皆作是言。今檢《大戴禮》無「天地之氣」、「氣合」之言。唯《曾子天圓第五十八》云:「陰陽之氣各靜其所,則靜矣,偏則風,俱則靁,交則電,亂則霧,和則雨。」(據方師《大戴禮記校理》,頁587)《廣韻》等或約略其義而引之,董增齡未檢《大戴》原書,據《廣韻》等書引述。

○《國語考》曰(日本弘化二年寫本):自癸亥者,明以應鐘為主也。

○高木熊三郎曰(《標註國語定本》卷三,頁二七):此殷正月也,是時周未改正朔,不得稱二月,蓋譌文,「二」當作「正」。

○于鬯曰(《香草校書》,頁八九二):此但言「夜陳」,不言其地。下文云「布戎于牧之野」,特出「牧之野」三字於下。則此「夜陳」明未至於牧野也。且《書‧牧誓》云:「時甲子昧爽,王朝至于商郊牧野。」是至於牧野在甲子之朝,則癸亥之夜猶未至,尤其證矣。東晉古文《武成篇》云:「癸亥陳于商郊,甲子受會于牧野。」彼本此文為之,而增出「商郊」二字,頗似可取。蓋商郊牧野者商郊地廣,牧野商郊之一地也(俞蔭甫太史《尚書平議》以《牧誓》「郊牧野」三字作平列。解謂師徒眾多,前軍及郊,後軍至野,中軍在後,故曰王朝至于商郊牧野,然業明言王朝至,不言師朝至,則其說非)。甲子至商郊之牧野,癸亥未至牧野,何妨已至商郊?王鳴盛《尚書後案》引杜子春注「載師」云:「五十里為近郊,百里為遠郊。」朝歌紂都,牧在朝歌南七十里,是在遠郊之內、近郊之外。然則夜陳於商郊者,陳於商百里之遠郊也。乃韋解云:「二月,周二月四日癸亥至牧野之日夜陳。」其說實本《漢書‧律曆志》,謂二月四日癸亥至牧野夜陳,鬯竊以為轉不如古文之審也。果癸亥已至牧野,則「牧之野」三字必宜著於「夜陳」之下,何以出於下文?善文法者必能決此。而《牧誓》又何不云「癸亥王至于商郊牧野」乎?韋若云癸亥至牧野之前一日夜陳,斯善矣。

○熊焰曰(《于鬯〈春秋〉四傳〈校書〉訓詁研究》,頁一二八):于氏對韋解及王鳴盛之說細加分析,指明二氏之誤。又據《書‧牧誓》考察周武王二月癸亥陳兵之地當為牧野之郊而非牧野,至牧野之日當在甲子而非癸亥,補充說明歷史事件之時、地,所見甚是。

○萬青案:熊焰之說出其《于鬯〈春秋〉四傳〈校書〉訓詁研究》(北京:

中國社會科學出版社 2013 年版），本書徵引熊氏之說皆出該著。關於「二月癸亥」具體日期的推算，有多種。如閻若璩（1636～1704）《古文尚書疏證》卷六上謂：「秦淵雲九告余云：『《國語》「王以癸亥二月夜陳，未畢而雨」，以法推，癸亥為建丑之月朔日，非如《三統曆》為四日後卻三日矣。』」（黃懷信、呂翊欣點校本，上海古籍出版社 2013 年版，頁 369）王程遠《西周金文王年考辨》則謂：「這裏所稱的『二月』，指的是太陽月的仲春之月，『癸亥』為該月的最後一日，夏曆為三月三日癸亥。」（成都：四川大學出版社 2012 年版，頁 49）又王暉《論漢本〈書·大誓〉的天象資料及其重要意義》揭出先秦兩漢時的載籍多記武王征商的出發，進軍以及兵至牧野均為多雨、大雨時節。「從武王征商之前至克商甲子之日前，一直為大雨、暴雨、連雨時節。而史籍記伐商行軍到牧野大戰是當時的正月、二月，若以周正、殷正，則這時正為嚴冬，怎可能在大雨、多雨的日子；若以夏曆，則一二月也是黃河中下游的乾旱時期，不會有大雨、暴雨的現象。但如果我們依殷商西周之交鶉火旦南中作為周正正月，則寒露時節正是西安至潼關一帶的華西連陰雨時節，這場華西連陰雨一直到陽曆 10 月之後纔能停止，因此史籍記載是非常符合這一特定地域內的氣象現象；這段時間，不僅有大雨、連雨，而且河水猛漲。這種氣象現象與我們推算的周曆歲首是十分吻合的。」（見載於《周秦文化研究》編委會編《周秦文化研究》，西安：陝西人民出版社 1998 年版，頁 925～932）亦可參。

以夷則之上宮畢之，

【匯校】

　　○汪遠孫曰（《國語明道本考異》卷一，頁二一）：公序本下有「之」字。〔校勘〕○萬青案：陳奐已校出黃刊明道本與許宗魯本、金李本之異。

　　○徐元誥曰（《國語集解》卷三，頁三六）：宋庠本「畢」下有「之」字。

　　○張以仁曰（《國語斠證》，頁一一九）：金、秦、董本有。《玉海》六、《廣博物志》三三引亦有「之」字。

　　○萬青案：集賢殿校本、姜恩本、黃刊明道本及其覆刻本、上善堂本、寶善堂本、吳曾祺本、沈鎔本、徐元誥本等「畢」下無「之」字。《通志》卷一八一引《國語》「畢」下有「之」字，與《國語》公序本同。從辭氣的角度考慮，以有「之」字為更當。

【集解】

○韋昭曰（《國語》卷三，頁二四）：夷，平也。則，法也。夷則，所以平民無貳也。上宮，以夷則為宮聲。夷則，上宮也，故以畢陳。《周禮》：「大師執同律以聽軍聲，而詔吉凶。」一曰：陽氣在上，故曰上宮。【校勘】○萬青案：姜恩本注作「上宮，以夷則為宮聲。夷則，上宮也，故以畢」。集賢殿校本、黃刊明道本及其覆刻本、上善堂本、寶善堂本、吳曾祺本等「夷，平」下無「也」字。陳奐已校出黃刊明道本與許宗魯本、金李本之異。徐元誥《集解》則增之。「夷則，上宮」之「宮」字，鄭以厚本誤作「官」。又徐元誥《集解》「大師」下誤增「教」字。又集賢殿校本、黃刊明道本及其覆刻本、上善堂本、寶善堂本、吳曾祺本、徐元誥本等「故曰上宮」下有「也」字。

○宋庠曰（《國語補音》卷一，頁二六）：大師，它蓋反。【校勘】○萬青案：張一鯤本、李克家本、綠蔭堂本、鄭以厚本、道春點本、千葉玄之本、冢田本、秦鼎本、高木本等此處不出「大」字音注。

○渡邊操曰（《國語解刪補》卷上，頁一九）：經文謂上宮凡十二律，每律聲有上下也。今本邦樂家云：甲乙是也。如橫笛，則每孔聲有甲乙，笳管則非每孔有甲乙也。最上孔與最下孔，本邦黃鍾調也，即中林鐘。上孔清且上下孔濁且下，第二孔與筒音，本邦雙調調也，即中仲呂。第二孔清且上，筒音濁且下。凡云上下如是類，十二律各有上下。今韋氏注不詳明矣。上注曰「陽氣在上，故曰上宮」，下注曰「黃鍾在下，故曰下宮」，又曰「大蔟在下，故曰下宮」、「無射在上，故曰上宮」，但似曰唯此四律有上下，其解未審。我紫芝先生好樂而通音律，嘗曰：「韋氏不知樂，而妄意注焉。」誠爾！讀者宜思諸？

○關脩齡曰（《國語略說》第一，頁二七）：夷則，乾九五，故謂上宮也。畢，謂陳師已畢。夷則義如本注，下言「無射之上宮」，乾上九，故云。

○千葉玄之曰（《韋注國語》卷三，頁三二～三三）：「夷則之上宮」，渡邊氏曰：經文謂上宮凡十二律，每律聲有上下也。今本邦樂家云：甲乙是也。如橫笛則每孔聲有甲乙，笳管則非每孔有甲乙也。最上孔與最下孔，本邦黃鍾調也。即中林鐘上孔清且上，下孔濁且下，第二孔與筒音本邦雙調調也。即中中呂第二孔清且上，筒音濁且下。凡云上下如是類，十二律各有上下。今韋氏注不詳明矣。

○戶崎允明曰（《國語考》）：脩齡曰：夷則乾九五，故謂上宮。本注下言無射上，無射乾上宮，故云「又黃鍾之下宮」。黃鍾之下宮，黃鍾乾初九，故

謂下宮。下言太蔟之下宮，太蔟乾九二，故云。

　　○冢田虎曰（《增注國語》卷三，頁三六）：書曰：「癸亥陳于商郊，俟天休命。」《詩》曰：「肆伐大商，會朝清明。」皆謂夜雨休畢陳。

　　○董增齡曰（《國語正義》卷三，頁六九）：《周禮・大司樂》：「圜鍾為宮，黃鍾為角。」惠士奇曰：「注以圜鍾為夾鍾⋯⋯夾鍾生于房心之氣，天帝之明堂為天宮。」「天宮黃鍾為角者（夷則之宮，黃鍾為角）〔1〕，夷則之上宮，聲清為上，以清角為宮，故曰上宮。」《史記・齊太公世家》正義引《六韜》云：「武王問太公曰：『律之音聲可以知三軍之消息乎？』太公曰：『夫律管十二，其要有五，宮、商、角、徵、羽，此其正聲也，萬代不易。五行之神，道之常也，可以知敵。金、木、水、火、土，各以其勝攻之。其法，以天清靜無陰雲風雨，夜半遣輕騎往至敵人之壘九百〔2〕步，偏持律管橫耳大呼驚之，有聲應管，其來甚微。角管齊應，當以白虎；徵管聲應，當以玄武；商管聲應，當以句陳。五管盡不應，無有商聲，當以青龍。此五行之府，佐勝之徵，陰〔3〕敗之機也。』」惠氏《禮說》又引或云：「枹鼓之音為角，見火光為徵，金、鐵、矛、戟之聲為商，呼嘯〔4〕之音為羽，寂寞無聞為宮。」《六韜》雖後人所託，然其術實通于《周禮》，執律聽軍聲而詔吉凶之義也。〖校勘1〗○萬青案：檢惠士奇《禮說》卷七，「夷則之宮，黃鍾為角」為小字注文，董氏未能標出，誤以入正文中。〖校勘2〗○萬青案：稿本「百」作「伯」，或受方言影響。〖校勘3〗○萬青案：今檢《史記正義》引《六韜》「陰」作「成」，董氏引誤。〖校勘4〗○萬青案：今檢《禮說》卷七本文「呼嘯」作「嘯呼」。

　　○恩田仲任曰（《國語備考》）：《史記・律書》曰：「武王伐紂，吹律聽聲。推孟春以至于季冬，殺氣相並而音尚宮，同聲相從，物之自然，何足怪哉？」註兵書曰：「夫戰，太師吹律合商則戰勝，軍事張彊；角則軍擾，多變失志；宮則軍和，主卒同心；徵則將急，數怒軍士勞；羽則兵弱少威焉。」《考要》曰：「宮屬中央土，主生長。又載四行，故吹律合宮音。故軍士合也。」「上宮」韋注非也，蓋十二律每律聲有上下也。

　　○帆足萬里曰（《帆足萬里全集》下，頁五三〇）：每律有上下聲，夷則上聲為宮。畢，畢伐紂之事也。

　　○《國語考》曰（日本弘化二年寫本）：未畢而云至畢之，是妙用處。

　　○高木熊三郎曰（《標註國語定本》卷三，頁二七）：上宮、下宮，其義全不通。注亦不能明之，豈傳誦失其義者邪？

　　○沈鎔曰（《國語詳注》第三，頁一二）：上宮，以夷則為宮聲。夷則，所以平民無貳也，故以畢陳。《周禮》：太師執同律以聽軍聲，而詔吉凶。

　　○鄔國義等曰（《國語譯注》，頁一〇一）：夷則之上宮，其確切含義不詳。據有關資料推測，可能是指日期或時辰。《史記·律書》說，武王伐紂時曾「吹律聽聲」以測度戰爭勝負；《周禮·春官·太師》謂其「執同律以聽軍聲而詔吉凶」，可與此處記載相印證。上下宮之分，可能與前述生律有關。當時可能把初設之黃鍾、姑洗、夷則（即「紀之以三」）分名為上、中、下，在「平之以六」時，遂稱黃鍾、太簇為下宮，姑洗、蕤賓為中宮，夷則、無射為上宮。

　　○武家璧曰（《武王伐紂天象及其年代日曆》，《古代文明》第5卷，頁271〜285）：「夷則」是十二律名之一，將宮音置於某律就是定調的問題。所謂「以夷則之上宮畢」，即軍（樂）對排列至上宮七列（「自鶉及駟」）的宮首夷則，布陣完畢。宮音夷則對應於七列之首的「鶉」，故「名其樂為羽」。以夷則為宮音，這樣定調的依據是夷則「當辰」、「辰在戌上」。

　　○萬青案：此處「畢」字仍為終了之義。

當辰，辰在戌上，故長夷則之上宮，名之曰羽，

【音義】

　　○宋庠曰（《國語補音》卷一，頁二六）：丁丈反。〖校勘〗○萬青案：丁丈，張一鯤本、李克家本、綠蔭堂本、鄭以厚本、道春點本、千葉玄之本、冢田本、秦鼎本、高木本等作「展兩」。

　　○沈鎔曰（《國語詳注》第三，頁一一）：上聲。

【匯校】

　　○萬青案：戌，許宗魯本、李克家本、綠蔭堂本、吳勉學本、《國語黼析》、薈要本、千葉玄之本、冢田本、董增齡本、吳曾祺本、《四部備要》本、沈鎔本、《叢書集成初編》本、上古本、徐元誥本等並作「戌」，注文同。文淵閣本、文津閣本正文作「戊」，文淵閣本、文津閣本注文則作「戌」。其他各本則與遞修本同。實字正當作「戌」，凡作「戍」、「戊」二字者皆誤。

【集解】

　　○韋昭曰（《國語》卷三，頁二四）：長，謂先用之也。辰，時也。辰，日月之會，斗柄也。當初陳之時，周二月，昏斗建丑，而斗柄在戌上，下臨其時，名其樂為羽，羽翼其眾也。〖校勘〗○陳奐曰（國家圖書館藏陳奐校跋

本）：金作「月」。○萬青案：顧校明本、許宗魯本、正學本「周二月」之「月」
作「日」。陳奐已校出黃刊明道本、金李本與許宗魯本之異。姜恩本「謂」作
「言」，無「辰，日月之會，斗柄也」、「羽翼其眾也」等字。「當初陳」之「陳」，
鄭以厚本誤作「策」。

　　○朱亦棟曰（《群書札記》卷，頁八）：七月律中夷則，其卦為否，三陽在
上，故曰上宮；正月律中太簇，其卦為泰，三陽在下，故曰下宮。十一月律中
黃鐘，其卦為復，一陽在下，故曰下宮；九月律中無射，其卦為剝，一陽在
上，故曰上宮。則或人之說是也。黃鐘為乾初九，太簇為乾九二，故曰下宮；
夷則為乾九五，無射為乾上九，故曰上宮。一以卦位言，一以爻位言，二說皆
通。

　　○關脩齡曰（《國語略說》第一，頁二八）：「辰，日月之會，斗柄也」八
字句。「下臨其時」蓋謂癸亥夜也。

　　○冢田虎曰（《增注國語》卷三，頁三六）：蓋以戌陽微而入地，故長陽
氣在上之律，而以夷則之上宮畢陳之謂與？然皆未得審者也。本注「斗柄」
可疑也。

　　○董增齡曰（《國語正義》卷三，頁六九）：惠氏《禮說》：「羽生角（夷則
之宮，仲呂為羽，仲呂生黃鍾），故推本其〔1〕生。而名之羽者，雨也。《易
林》曰：『羽動角，甘雨續，艸木茂，年穀熟。』蓋取諸此。」案：《釋名》：
「雨，羽也，如鳥羽動則散也。」則「雨」、「羽」古互訓。武王知「雨」為天
人和同之應，故作樂以象之。宏嗣訓「羽」為「羽翼其眾」〔2〕，言武王能覆
愛其眾。哀十六年《傳》：「勝如卵，余翼而長之。」即羽翼之義。〖校勘1〗
○萬青案：稿本「其」下有「所」字。今檢惠士奇《禮說》卷七本文「其」下
亦有「所」字。〖校勘2〗○萬青案：稿本「其眾」下原作「行師之際，眾為
武王之羽翼，不當言王之羽翼其眾，況五位三所，上合天人，不當舍天而專
言眾也」諸字，朱筆抹去，改作今字。

　　○黃模曰（《國語補韋》卷一，頁一三）：黃道周曰：「夷則上生夾鍾，夾
鍾，卯也。癸亥之明日甲子卯時畢陳，日至當辰，辰在姑洗，辰加于戌，去戌
用辰；寅加于申，去申而用寅。故以夾鍾為宮、黃鍾為角、太簇為徵、姑洗為
羽。其去大呂與夷則者，志克商之數，故不用商也。」（《月令明義》）

　　○帆足萬里曰（《帆足萬里全集》下，頁五三〇）：以樂律當辰，辰在戌
上為宮也。

○黃翔鵬曰（《黃翔鵬文存》，頁）：「戌上」也者，周正建子，周二月初北斗斗柄昏指戌位（即西偏北 30°方向）是也。

○黃永堂曰（《國語全譯》，頁一四五）：長，使長大。

○張富祥曰（《趙本〈中國歷史要籍介紹及選讀〉部分注文的商榷》，同前）：「夷則之上宮」即夾鍾律。《史記‧律書》：「夾鍾者，言陰陽相夾廁也。」《漢書‧律曆志》：「夾鍾，言陰夾助大族（湊），宣四方之氣而出種物也。」夾鍾對應於羽音（相當於現代簡譜的 6）。陰氣主兵，此句寫戰前周人慷慨激昂之象。但句中「當辰，辰在戌上，故長夷則之上宮」十三字甚費解，疑本為注文而傳抄誤入正文。「長」字當是「辰」字之譌，蓋謂「辰」為「夷則之上宮」。然以夾鍾「當辰」，則是以應鍾為子，黃鐘為丑……如此則縱向看即「辰在戌上」。一般以黃鐘為子，對應於夏曆的十一月，而終於應鍾為亥，與周正相合；疑伶州鳩語用的是殷正。

○武家璧曰（《武王伐紂天象及其年代日曆》，《古代文明》第 5 卷，頁 271～285）：此處之「辰」韋昭注為日月合辰之「辰」，實指夷則對應的節氣（詳下），本質上是指太陽位置（日辰）。而節氣與北斗昏建之辰有固定的對應關係，例如《左傳‧襄公二十七年》：「十一月乙亥朔，日有食之。辰在申，司曆過也，再失閏矣。」《左傳‧哀公十二年》：「冬十二月，螽。季孫問諸仲尼，仲尼曰：『丘聞之，火伏而後蟄畢。今火猶西流，司曆過也。』」《漢書‧天文志》批評此二事曰：「故《春秋》刺『十一月乙亥朔，日有食之』，於是辰在申，而司曆以為在建戌，史書建亥。哀十二年，亦以建申流火之月為建亥，而怪蟄蟲之不伏也。」上所引「辰在申」、「建申」、「建戌」、「建亥」等都是與節氣相關的北斗昏建之辰。故夷則「當辰」是謂夷則宮所當值之辰，正是北斗斗柄昏建之辰。夷則宮當戌，北斗斗柄亦指戌。關於「辰在戌上」，韋昭以「斗柄在戌」解之，是正確的。《淮南子‧天文訓》：「斗指子，則冬至，音比黃鐘。……指戌，則霜降，音比夷則。指躔通之維……而立冬，草木畢死，音比南呂。……指亥，則小雪，音比無射。」故自霜降之後、小雪以前包括立冬在內的三十天左右為「斗柄在戌」。今查周初太陽在南斗斗柄的黃經位置位於立冬之後，小雪之前，正好與「辰在戌上」的斗建位置相符合。韋昭注「初陳之時周二月昏，斗建丑而斗柄在戌，上下臨其時」，前者「斗建丑」是指南斗斗柄在天上十二次的丑（即「星紀」）；後者「斗柄在戌」是指北斗斗柄指向地下十二辰的戌。天上「辰在斗柄」在立冬附近，地上「辰在戌上」也在立冬附近，「音比

夷則」同在立冬附近，所以韋昭曰「上下臨其時」——「其時」者，立冬之時也。不過按《天文訓》斗指戌、音比夷則是在立冬之前，而伶州鳩所述之夷則「當辰」、「辰在戌上」是在立冬之後，略有差別而已。綜合兩者，可以理解為立冬前後的同一時段。總之，伶州鳩所說的「辰在斗柄」指的是日月合辰於南斗斗柄，而「辰在戌上」指的是北斗斗柄昏建在戌，兩者都限制在立冬附近的同一時段。據此筆者認為伶州鳩所述「昔武王伐殷，歲在鶉火，月在天駟，日在析木之津，辰在斗柄，星在天黿」等，是「癸亥夜陳」時的天象，而非劉歆等所說「師始發」及「師度孟津」時的天象。韋昭此處的注解謂「癸亥夜陳」符合日月之會「辰在斗柄」時的天象，此日月合辰（朔）與「月在天駟，日在析木之津」頂多相差兩三天（月自天駟房宿至南斗斗柄只需 2～3日），這與他前文的注解採用劉歆之說是自相矛盾的。但我們仔細分析伶州鳩討論音階、音調的上下文，確認伶州鳩所說武王伐紂時的日月星辰所在就是癸亥夜、甲子朝的天象。

　　〇萬青案：裘錫圭、李家浩根據曾侯乙墓編鐘銘文與《國語》這段文字「羽」相對應的編鐘銘文是「函」指出，《國語》本段文字中的「羽」可能是「函」字的混譌，葉曉鋒采信裘、李之說。馮勝君《二十世紀古文獻新證研究》則備引裘、李之說並為總結云：「首先，作者指出《國語》中的『羽』可能是『彗』字初文的訛字。這一說法的依據正是在殷墟甲骨文中『彗』字寫作『羽』，與後世的『羽』字極為相似，前人也多誤釋為『羽』。現在看來，把『彗』字初文誤認為『羽』的現象，很可能在《國語》成書的年代就已經出現了。其次，『束』字在甲骨文中又從『韋』聲，寫作『韕』。因此，『束』在甲骨文中的這一讀音正好對應《國語》中『羽（彗）』的讀音，而其在後世字書中『胡感切』的讀音又與《周禮》中『函』的讀音相近。這樣，既糾正了《國語》中『羽』字的訛誤，又揭示了《周禮》中『函』字的來源。」（濟南：齊魯書社2006 年版，頁 48），頗得裘、李意趣。

　　所以藩屏民則也。

【集解】

　　〇韋昭曰（《國語》卷三，頁二四）：屏，蔽也。羽之義，取能藩蔽民，使中法則也。〖校勘〗〇汪遠孫曰（《國語明道本考異》卷一，頁二一）：「以其」二字，公序本作「取」字，並通。〇萬青案：姜恩本本處無注文。黃刊明道本

及其覆刻本、上善堂本、寶善堂本、吳曾祺本、沈鎔本、徐元誥本等「取」作「以其」。陳奐已校出黃刊明道本與許宗魯本、金李本之異。汪遠孫言「並通」者是。

　　○宋庠曰（《國語補音》卷一，頁二六）：使中，丁仲反。【校勘】○萬青案：丁，張一鯤本、李克家本、綠蔭堂本、鄭以厚本、道春點本、千葉玄之本、冢田本、秦鼎本、高木本等作「陟」。

　　○冢田虎曰（《增注國語》卷三，頁三六）：羽之義，取於藩屏，則當為羽翳之意也。

　　○萬青案：「藩屏」義為捍衛、藩蔽。《左傳》亦有用例，定公四年云：「選建明德，以藩屏周。」《左傳》「藩屏」亦「捍衛」之義。則「藩屏」當為合成詞。

王以黃鍾之下宮，布戎于牧之野，

【匯校】

　　○萬青案：此「于」字，吳勉學本、張一鯤本、鄭以厚本、道春點本、千葉玄之本、秦鼎本、高木本未改。薈要本、吳曾祺本、沈鎔本、徐元誥本等「于」作「於」。戎，二乙堂本誤作「陳」。

【集解】

　　○韋昭曰（《國語》卷三，頁二四）：布戎，陳兵也，謂夜陳之。晨旦，甲子昧爽，左杖黃鉞，右秉白旄時也。黃鍾所以宣養氣德，使皆自勉，尚桓桓也。黃鍾在下，故曰下宮。【校勘】○萬青案：顧校明本「時」字處空格，當係漏刻。正學本「時」作「峕」，或從許宗魯本用古字形也。姜恩本注唯取最後八字。集賢殿校本、黃刊明道本及其覆刻本、上善堂本、寶善堂本、吳曾祺本、徐元誥本等「陳兵」下無「也」字。陳奐已校出黃刊明道本與許宗魯本、金李本之異。杖，集賢殿校本、黃刊明道本及其覆刻本、上善堂本、寶善堂本、吳曾祺本等作「仗」，徐元誥《集解》誤作「使」。右，詩禮堂本之孔毓圻本誤作「后」。綠蔭堂本「旄」誤作「施」。集賢殿校本、黃刊明道本及其覆刻本、上善堂本、寶善堂本、吳曾祺本、沈鎔本、徐元誥本等「下宮」下有「也」字。

　　○渡邊操曰（《國語解刪補》卷上，頁二〇）：《周書》「尚桓桓」注：「威武貌。」又《爾雅・釋訓》：「桓桓，威也。」注：「嚴猛之貌。」

　　○關脩齡曰（《國語略說》第一，頁二七）：黃鍾，乾初九，故謂下宮也。下言「太蔟之下宮」，太蔟乾九二，故云。甲子昧爽，二月四日也。

　　○千葉玄之曰（《韋注國語》卷三，頁三三）：上注曰「陽氣在上，故曰上宮」，下注曰「黃鍾在下，故曰下宮」，又曰「大蔟在下，故曰下宮。無射在上，故曰上宮」，但似曰：唯此四律有上下，其解未審。春臺太宰氏好樂通音律，嘗曰：韋氏不知樂，而妄意注焉。余固不通音律，故假渡邊氏說如左注。「尚桓桓」見《周書》孔注，威武貌。《爾雅・釋訓》：「桓桓，威也。」注：「嚴猛貌。」注「左杖黃鉞」之事見《尚書・周書・牧誓篇》。

　　○冢田虎曰（《增注國語》卷三，頁三六）：以黃鍾之下宮，蓋亦吹律以聽軍聲之事也已。下「以大蔟、無射」亦同焉。本注「在下，謂陽氣在下」，下同。

　　○秦鼎曰（《國語定本》卷三，頁二七）：黃鍾乾初九，大蔟九二，姑洗九三，蕤賓九四，夷則九五，無射上九。九五，陽氣在上。初九，陽氣在下。上宮、下宮以貞悔而言斗柄也。上當有「在」字。見前。「黃鍾在下」，《增》云：脫「陽氣」二字。按：以黃鍾為宮聲，則黃鍾是下宮也。

　　○董增齡曰（《國語正義》卷三，頁七○）：《史記・律書》：「武王伐紂，吹律聽聲，推孟春以至于季冬，殺氣相并而音尚宮。」《正義》引兵書云：「夫戰，太師吹律……宮則軍和，主卒同心。」此推布戎尚宮之義。惠氏《禮說》：「函鍾，一名大林，其聲函胡，濁而下，所謂黃鍾之下宮也。」〖校勘〗○萬青案：檢惠氏《禮說》卷七本文「所謂」前有「周語」二字，董氏引省。

　　○管禮耕曰（《操救齋遺書》卷三「《國語》『夷則之上宮』、『黃鍾之下宮』、『太蔟之下宮』、『無射之上宮』」）：《周語》：「武王伐殷以二月癸亥，夜陳，未畢而雨，以夷則之上宮畢之，以黃鍾之下宮布戎於牧之野，以太蔟之下宮布令於商，以無射之上宮布憲施舍於百姓。」韋昭注於「上宮」、「下宮」，第以在上、在下釋之，不言其所以然。近毛氏奇齡《經問》云：「所言上下者，以夷則至黃鍾五律，上下其宮而顛倒推之。如夷則、南呂、無射、應鍾、黃鍾五律，則以宮在下，而從上順推，謂之上宮。黃鍾、應鍾、無射、南呂、夷則五律，則以宮在上，而從下逆推，謂之下宮。」遂疑伶州鳩為不知旋宮之法而妄對，究難安。錢氏塘《述古錄》云：「周以八十四聲為日律夷則者，庚申也。為宮中呂其羽，庚申二月朔癸亥之日布陳羽日也。以黃鍾之下宮布戎於牧之野，甲子昧爽也。中呂為羽，則黃鍾為角，角為木，周德也。」月律中呂為巳，日律何以為亥月衝也？夫夷則之上宮既為中呂之癸亥，何以黃鍾之下宮

仍為黃鐘之甲子？其說亦未安。按《周禮・大司樂》圜邱之樂，圜鐘為宮，黃鐘為角，大簇為徵，姑洗為羽，方邱之樂，函鐘為宮，太簇為角，姑洗為徵，南呂為羽。宗廟之樂，黃鐘為宮，大呂為角，太簇為徵，應鐘為羽。惠士奇說云：「黃鐘為角者，夷則之上宮聲清為上，以清角為宮，故曰上宮。《周語》『武王伐殷，二月癸亥夜陳，未畢而雨，以夷則之上宮畢之，故長夷則之上宮，名之曰羽』，羽生角，故推本其所生而名之羽者，雨也。《易林》曰：『羽動角，甘雨續，草木茂，年歲豐。』蓋取諸此。太簇為徵者，林鐘之下宮聲濁為下，以下徵為宮，故曰下宮。《周語》所謂『以太簇之下宮布令於商者』也。函鐘，其聲函胡，濁而下，《周語》所謂『黃鐘之下宮』也。」其說是也。《史記・律書》云：「武王伐紂，吹律聽聲，而音尚宮。」蓋宮生徵，徵生商，商生羽，羽生角，為五音相生之數。今以夷則為宮，則生夾鐘之徵，無射之商中呂之羽、黃鐘之角，太師執律聽聲，至黃鐘之角，而陳始畢，不言黃鐘之角而言夷則之上宮者，所謂軍聲尚宮也。以黃鐘為宮，則生林鐘之徵，以下徵為宮，故曰「黃鐘之下宮」，即《周禮》之函鐘為宮也。以太簇為宮，則生南呂之徵，以下徵為宮，故曰「太簇之下宮」。惠云「太簇為徵者，林鐘之下宮」，特引《周語》以證下宮之義，非以太簇之下宮釋太簇為徵也，以無射為宮則生中呂之徵、黃鐘之商、林鐘之羽、太簇之角，以上角為宮，故曰「無射之上宮」，即《周禮》之太簇為角也。韋注「夜陳未畢而雨」云：「天地神人協同之應也。」記云：「牧之野，武王之大事也。」故圜邱、方邱之樂，用其聲歟？

　　○鄔國義等曰（《國語譯注》，頁一〇一）：據《書・牧誓》，武王在甲子日「昧爽」布陣於商郊牧野。黃鍾對應於子，與此合。

　　○張富祥曰（《趙本〈中國歷史要籍介紹及選讀〉部分注文的商榷》，同前）：「黃鍾之下宮」即林鍾律。「下」指下生而言。韋注「黃鍾在下，故曰下宮」不通。林鍾律對應於徵音（相當於現代簡譜的5），徵音激厲奮發，「故謂之厲」，「厲」當是「徵」的別稱。此句寫牧野之戰前周人激奮誓死之象。

　　○萬青案：「桓桓」為重言，《尚書・牧誓》即有「尚桓桓」之句。

　　故謂之「厲」，所以厲六師也。

【彙校】

　　○汪遠孫曰（《國語明道本考異》卷一，頁二一）：公序本下有「也」字，是也。〖校勘〗○萬青案：陳奐已校出黃刊明道本與許宗魯本、金李本之異。

○徐元誥曰（《國語集解》卷三，頁三六）：「也」字依宋庠本。

○鄭良樹曰（《國語校證（上）》，《幼獅學誌》第七卷第四期，頁1～29）：《玉海》六引「六師」下亦有「也」字，與公序本合。

○張以仁曰（《國語斠證》，頁一一九）：金、秦、董本皆有。《玉海》六、《廣博物志》三三引亦有。

○萬青案：集賢殿校本、姜恩本、黃刊明道本及其覆刻本、上善堂本、寶善堂本、吳曾祺本、沈鎔本等「六師」下無「也」字，徐元誥《集解》增之。

【集解】

○韋昭曰（《國語》卷三，頁二四）：名此樂為厲者，所以厲六軍之眾也。〖校勘〗○萬青案：姜恩本本處無注文。詩禮堂本之孔毓圻本「此」誤作「比」，孔傳鐸本已改正。

○董增齡曰（《國語正義》卷三，頁七〇）：厲，《廣韻》：「烈也，猛也。」《禮·表記》：「不厲而威。」

○陳瑑曰（《國語翼解》卷二，頁二四）：以厲六師，猶《大雅》云「以作六師」也。《爾雅·釋詁》：「厲，作也。」《尚書》「庶明厲翼」鄭注：「厲，作也。」《穀梁傳》亦以「作樂」為「厲樂」，「厲」古與「作」通用。

○黃永堂曰（《國語全譯》，頁一四五）：六師，六軍。周制，天子有六軍。

○萬青案：王引之《經義述聞》卷二六謂「厲六師」即「作士氣」之義，可與陳瑑之說相呼應。董增齡引《廣韻》釋「厲」字恐未盡妥當。厲，在本句當為激勵、振奮之義。《說文·厂部》：「厲，旱石也。」（《說文解字》，頁193）《玉篇·厂部》：「厲，磨石也。」（《宋本玉篇》，頁410）戴侗《六書故》卷五云：「因磨厲之義，又為勉厲、激厲之義。（別作勵）」（同前，頁109）《管子·七法》「兵弱而士不厲，則戰不勝而守不固」尹知章注：「厲，奮也。」（黎翔鳳：《管子校注》，北京：中華書局2004年版，頁111）《管子》用例與《國語》本句同。又《廣韻》「厲」字注尚有「嚴整也」一義，似更適合本處語境，「猛」、「烈」恐皆與本文不諧。今檢《禮記·表記》疏云：「不厲而威者，常行仁義道德，不自嚴厲而人威服也。」可參。

以大蔟之下宮，布令于商，昭顯文德，底紂之多皋，

【音義】

○《舊音》曰（《國語補音》卷一，頁二六）：音止。《補音》：之履反，又

有「脂」、「旨」二音。〖校勘〗○萬青案：張一鯤本、李克家本、綠蔭堂本、鄭以厚本、陳仁錫本、道春點本、千葉玄之本、冢田本、秦鼎本、高木本等此處「底」字音注唯云：「底，音旨。」

○張以仁曰（《國語左傳論集集》，頁二二六～二二七）：《補音》云云。《補音》之說，殊可疑議。《廣韻·六止》有「厎」字，諸市切，與「止」同音。義為「定也。厎柱也」。五旨亦有「厎」字，職雉切，與「旨」同音。義為「平也，致也。《說文》云：柔石也。」韋昭訓「厎紂」云：「厎，致也。」則旨音是矣。《舊音》音「止」，不合韋義。《經典釋文》或音「之履反」（《書·舜典》「乃言底可績」，《詩·小雅·祈父》「靡所底止」，《小旻》「伊于胡底」），或音「旨」（《左·宣三年》「有所底止」、襄九年「無所底告」、昭十三年「盟以底信」、二十六年「未有攸底」），「之履」即旨之切音也。《說文》大徐作「職雉切」，亦同。惟小徐音「職美反」，美是合口，與厎、履、雉等開口異類，是為稍異。又《補音》「之履反」之外，又有「脂」、「旨」二音，不知「之履」非「止」字之切，實「旨」字之音也。於《舊音》「止」無交代，其失一也；誤「之履」與「旨」為二音，其失二也；《廣韻》、《唐韻》、《集韻》、敦煌唐寫本《切韻》三種，王仁煦《刊謬補缺切韻》二種皆無以「底」音「脂」者，《補音》不知何所依據，亦未作說明，其失三也。

【匯校】

○張以仁曰（《國語左傳論集》，頁二二六）：明道本「厎」作「底」，是也。邵瑛《說文解字羣經正字》云：「《書·堯典》『乃言底可績』，《皋陶謨》『可厎行』，《詩·祈父》『靡所底止』，《小旻》『伊于胡底』，《左》宣三年《傳》『有所底止』，昭十三年《傳》『盟以底信』，《國語·周語》『底紂之多罪』，《孟子·離婁》『瞽瞍底豫』，此類義為致而音為旨者，皆從厂之厎，非從广之底……」

○萬青案：○萬青案：大，黃刊明道本及其覆刻本、上善堂本、寶善堂本、沈鎔本等作「太」，注同。董增齡本「大蔟」作「太簇」，注同。厎，集賢殿校本、薈要本、文淵閣本、黃刊明道本及其覆刻本、上善堂本等作「厎」，注同。寶善堂本正文及注「厎」字構件「氐」寫作「氏」。今檢慶元路儒學至元六年刊本《玉海》卷六引字亦作「厎」。《廣韻·薺韻》：「底，作厎，非也。」（《宋本廣韻》，頁249）《正字通·广部》：「厎，同底，俗省。」（《續修四庫全書》第234冊，頁354）皋，薈要本正文作「罪」，注則仍作「皋」。姜恩本、

黃刊明道本及其覆刻本、上善堂本、寶善堂本、吳曾祺本、沈鎔本、徐元誥本
等「皋」字作「罪」，《玉海》等引文字亦作「罪」。

【集解】

　　○韋昭曰（《國語》卷三，頁二四）：商，紂都也。文，文王也。底，致
也。既殺紂入商之都，發號施令，以昭明文王之德，致紂之多皋。大蔟所以贊
陽出滯，蓋謂釋箕子之囚，散鹿臺之財，發巨橋之粟也。大蔟在下，故曰下
宮。〖校勘〗○萬青案：靜嘉堂本「蓋」作「盖」。姜恩本本處無注文。集賢
殿校本、黃刊明道本及其覆刻本、上善堂本、寶善堂本、吳曾祺、沈鎔本、
徐元誥本等「下宮」下有「也」字。冢田本於韋注之下增注云：「皋，古『罪』
字。」（《增注國語》卷三，本卷頁36）

　　○宋庠曰（《國語補音》卷一，頁二六）：散鹿，西旦反。〖校勘〗○萬青
案：張一鯤本、李克家本、綠蔭堂本、鄭以厚本、道春點本、千葉玄之本、冢
田本、秦鼎本、高木本等此等處不出「散」字音注。

　　○董增齡曰（《國語正義》卷三，頁七〇）：惠氏《禮說》：「太蔟之宮，南
呂為徵，以下徵為宮，故曰太蔟之下宮也。」〖校勘〗○萬青案：惠士奇本句
出《禮說》卷七「《周語》所謂『以太蔟之下宮布於商』者也」注中。

　　○王引之曰（《經義述聞》卷二〇，頁二四）：家大人曰：此泛言周之文
德，不專指文王，下文「宣三王之德」即其證也。昭三十二年《左傳》：「昔成
王合諸侯城成周以為東都，崇文德焉。」亦是泛言周之文德。杜注云：「崇文
王之德。」誤與此同。劉炫已辯之。

　　○鄔國義等曰（《國語譯注》，頁一〇一）：太蔟之下宮，周武王在牧野決
戰之次日進入商都。太蔟對應於寅，與之合。

　　○趙望秦等曰（《白話國語》，頁一〇九）：底（zhì），引致，達到。

　　○張富祥曰（《趙本〈中國歷史要籍介紹及選讀〉部分注文的商榷》，同
前）：「以大蔟之下宮布令於商」疑有錯誤。「太蔟之下宮」即南呂律，南呂
律對應於羽音而不對應於商音。若從商音，則「太蔟之下宮」當作「林鍾之
上宮」或「大呂之下宮」；若以為「太蔟之下宮」不誤，且使南呂律為商音，
則調式當改換為林鍾宮。《史記・律書》：「泰蔟者，言萬物蔟生也。」「南呂
者，言陽氣之旅入藏也。」《漢書・律曆志》：「大族。族，奏也，言陽大奏
地而達物也。」「南呂，南、任（姙）也，言陰氣旅助夷則任成萬物也。」此
句寫牧野之戰勝利後的景象，律中商音（相當於現代簡譜的2），較和緩。然

原文稱「故謂之宣，所以宣三王之德也」，又不與太簇或南呂相應，相應的似乎應是大呂律。《漢書·律曆志》：「大呂，呂，旅也，言陰大，旅助黃鐘宣氣而牙（芽）物也。」或者古人的「旋宮法」有不同的編排，因互相牽混而致誤。

○曹建國、張玖青曰（注說《國語》，頁一五四）：底，昭討。

○蕭旭曰（《群書校補》，頁一百）：底疑讀為抵，《戰國策·中山策》：「臣抵罪。」高誘注：「抵，當也。」謂處以與其罪行相當的懲罰，猶今言判決。

○萬青案：徐元誥《集解》引王念孫說。徐仁甫《古書屬讀研究》亦引王念孫之說，並認為韋昭注是錯的。上引諸家之中，唯韋昭、趙望秦、曹建國、蕭旭釋「底」字。就《國語》本句而言，「底紂之多罪」與「昭顯文德」為上下句，而「昭顯文德」又有下句「宣三王之德」為呼應。「昭顯文德」與「底紂之多罪」在一個敘述層面上，即都是「宣」的一個方面，故曹建國等釋「底」為「昭討」似更合文義。

故謂之「宣」，所以宣三王之德也。

【集解】

○韋昭曰（《國語》卷三，頁二五）：三王，大王、王季、文王也。〖校勘〗○萬青案：姜恩本本處無注文。

○關脩齡曰（《國語略說》第一，頁二七）：上言「名之曰羽，故謂之厲」，皆謂樂名。然宣亦樂名，下言「嬴亂」，亦如之。

○戶崎允明曰（《國語考》）：脩齡曰：上名之曰羽。又曰：謂之厲，皆謂樂名。然宣亦樂名。下言嬴亂亦如之。陶望齡曰：亂是終曲之意。予桉：下言亂，猶賦有亂。則羽、厲、宣皆曲中名。

○董增齡曰（《國語正義》卷三，頁七○）：宣，散也，布也。《書·皋陶謨》：「日宣三德。」

○冢田虎曰（《增注國語》卷三，頁三六）：名其樂為宣也。《武成》曰：至于大王，肇基王迹。王季其勤王家，我文考文王，克成厥勳。此「所以宣三王之德也」。

○萬青案：董增齡引《尚書》「日宣三德」疏證正文，但是「三德」之「三」非「三王」之「三」，也需要揭明。

反及羸內，

【音義】

○《舊音》曰（《國語補音》卷一，頁二六）：上音嬀，下音汭。《補音》：今按本或作「贏」，非是。《古文尚書》作「嬴」，與「嬀」同。上居危反，下如銳反。注及「嬴亂」同。〖校勘〗○萬青案：張一鯤本、李克家本、綠蔭堂本、鄭以厚本、道春點本、千葉玄之本、冢田本、秦鼎本、高木本等音注唯取《舊音》直音音注。

○籛跋本曰（國家圖書館藏王籛校跋本）：羸內，音溈汭。

○沈鎔曰（《國語詳注》第三，頁一一）：內，同「汭」。

○萬青案：《補音》音注與《經典釋文》同。《舊音》直音音注，實亦釋義，故沈鎔以「內同『汭』」釋之，當即本《補音》。

【匯校】

○汪遠孫曰（《國語明道本考異》卷一，頁二一）：《舊音》：「上音『嬀』，下音『汭』。」《補音》云：「今按：本或作『贏』，非是。《古文尚書》作『嬴』與『嬀』，同。注及『嬴亂』同。」案：「嬴」、「贏」二字胡謅，《傳》文作「嬴」，或作「贏」者非也。「嬴」力為切，與「嬀」聲同，假借「嬴」以成切。《韻會》云：「『贏』省聲。」則聲與「嬀」為不諧矣。

○王煦曰（《國語補補音》卷上，頁七）：讀「嬴」為「嬀」，蓋本杜岐公之說。公序直以「嬴」音「嬀」，於韻書殊未見。

○張以仁曰（《國語斠證》，頁一一九）：《考異》說是也。下文「謂之嬴亂」，明道本仍作「嬴」可證。《玉海》六、《廣博物志》三三引皆已誤為「贏」。

○萬青案：反及，詩禮堂本誤作「反反」。張以仁謂《玉海》誤作「贏」，今檢《玉海》之慶元路儒學至元六年（1340）刊本及其萬曆年間遞修本、文淵閣四庫本、嘉慶丙寅（1806）刊本卷六引作「嬴」，文淵閣四庫本《廣博物志》卷三三引作「嬴」，都不是張以仁所謂之「贏」。姜恩本於「內」字下出「地名」二字注文。

【集解】

○皆川淇園曰（日本京都大學圖書館藏皆川淇園批校本）：及，及之所用，故卻取律於應鍾以內之無射也。

○沈鎔曰（《國語詳注》第三，頁一二）：嬴內，二水名。「嬴」與「嬀」

同，「內」即「汭」字，在今山西永濟縣。

　　○顧頡剛曰（《顧頡剛讀書筆記》卷一三，頁六七）：《周語下》記周景王將鑄無射之鐘，問律于伶州鳩，州鳩因述武王克商之事云云。此以音律解釋古代之軍事行動，為當時音樂家冥想之實際應用。其云武王克商之後「反及嬴內」，又云「謂之嬴亂」，「嬴」、「嬴」字不一律。據宋庠《國語補音》說，是「嬴亂」為訛字。所云《古文尚書》，即指薛季宣《書古文訓》之一本，彼書固作「釐降二女于嬴內，嬪于虞」也。有《書》古文與《國語》之兩證，而後「嬴」即「嬀」可以斷為一名。至其古音，則「嬀」當讀如「譌」，「嬴」當讀如「嬴」，固同屬於歌部也。

　　○鄔國義等曰（《國語譯注》，頁一〇一）：嬴內，地名，今所在不詳。一說嬴指宗周所在的關中。

　　○黃永堂曰（《國語全譯》，頁一四五）：嬴內（guī ruì），地名，即嬀汭，嬀水彎曲的地方，約在今山西永濟縣南。

　　○萬青案：吳曾祺《補正》引《補音》為說，徐元誥《集解》引《舊音》、《補音》之說。韋昭對於這個地名也僅以「地名」釋之。審王國維《觀堂集林》卷十二《明抄本〈水經注〉跋》云：「《沔水注》引《世本》『舜居嬀內』（明黃省曾刊本同），『嬀內』，諸本並作『嬀汭』。案：『嬀內』乃『嬴內』之譌，唐寫本《尚書釋文》於《堯典》末出『嬴內』二字，云：『嬴字又作嬴，居危反。又水名，內音汭，如銳反。』《周語》『武王反及嬴內』，宋公序《補音》曰：『上音嬀，下音內。今案：別本或作嬴，非是。《古文尚書》作「嬴」，與「嬀」同。』案：嬴字無讀居危反之理，當從別本作『嬴』（天聖明道本上『嬴內』作『嬴下』，故謂之『嬴亂』作『嬴』。蓋即宋公序所謂別本也。宋校本盡改作『嬴』），宋說非是。然可證梅本《尚書》本作『嬴內』，或譌為『嬴內』，嬴、嬴、饒字相近，因譌為『饒』矣。諸本改為『嬀汭』，非是。」（北京：中華書局 1959 年影印本，頁 569～570）《大清一統志》謂嬀汭水在永濟縣南六十里，即今山西運城市芮城縣西部的安家澗河，或即《國語》本處「嬴內」所在。張富祥所釋不同，見下引。

以無射之上宮，布憲施舍於百姓，

【音義】

　　○宋庠曰（《國語補音》卷一，頁二六）：上式豉反，下音捨。

【集解】

○韋昭曰（《國語》卷三，頁二五）：嬴內，地名。憲，法也。施，施惠。舍，舍罪也。無射，所以宣布哲人之令德，示民軌儀。無射在上，故曰上宮。〖校勘〗○千葉玄之曰（《韋注國語》卷三，頁三四）：「舍罪」之「罪」，一本作「罪」。○萬青案：姜恩本本處無注文。陳仁錫本「地名」之「地」誤作「也」，「法」誤作「泣」。黃刊明道本及其覆刻本、上善堂本、寶善堂本字、吳曾祺本、沈鎔本、徐元誥本等即作「罪」。千葉玄之云「一本」，別有所本歟？示，二乙堂本誤作「下」。又集賢殿校本、黃刊明道本及其覆刻本、上善堂本、寶善堂本、吳曾祺本、沈鎔本、徐元誥本等「宮」下有「也」字。

○董增齡曰（《國語正義》卷三，頁七○～七一）：宋公序《補音》：「嬴」音「媯」，「內」音「汭」，《古文尚書》作「嬴」，與「媯」同。《水經注》引《尚書》馬融注：「水所入曰汭。」〔1〕媯汭，媯水之曲。《書》疏引皇甫謐云：「媯水在河東虞鄉縣歷山西，西流至蒲阪縣，南入河。」《大雅》「芮鞫之即」〔2〕毛《傳》：「芮，水涯也。」鄭《箋》：「芮之為〔3〕言內也。」《左傳》杜注：「水之隈曲曰汭。」〔4〕宏嗣据《傳》、《箋》〔5〕之說定「嬴內」為地名。酈道元云：「有二水（南曰媯，北曰汭）異源同歸，渾流西注入河。」其說非也。〔6〕《樂律表微》引：「《荊川裨編》〔7〕謂上宮是清角，下宮是下徵，《笛譜》雖以正聲、下徵、清角為三宮，而四樂音尚宮，則非徵角之調明矣。姜夔《大樂議》云：今大樂外有所謂上宮調、下宮調，蓋當時有十二宮調，以〔8〕其宮之清聲起，畢者為上宮；以其宮之倍聲起，畢者為下宮也。竊意古樂雖止〔9〕用宮調，亦當用本宮之律為起畢。如將奏黃鍾，則先擊黃鍾之特鍾，奏樂者受均於黃鍾，則即以黃鍾起，以黃鍾畢。奏他宮亦如是。黃鍾、太簇當有〔10〕正聲為調，或以其聲清聲起畢，而謂之上宮，則以其正聲起畢為下宮矣。夷則、無射聲已高急，當用倍聲為調。其以倍聲起畢者謂之下宮，則或以其清聲起畢者謂之上宮矣。」〔11〕徐養原曰：「凡由宮而生徵者，謂之下宮。由宮而上生徵者，謂之上宮，皆正聲也。凡領調必用正聲，未有清聲、倍聲領調者。先儒謂宮生徵，必是下生，故于上宮、下宮多臆。」案：《管子·地員篇》：「先主一而三之，四開以合九九，以是生黃鍾小素之首以成宮。三分而益之以一，為百有八，為徵。」是宮生徵，不專下生也。州鳩敘此曰樂，兼敘伐殷之事。樂以象事也，故言樂必言事。《樂記》言「武始而北出，再成而滅商」，與此同義。〖校勘1〗○萬青案：引馬融注出《水經·河水四》「又南過蒲坂

縣西」酈道元注。〖校勘2〗○萬青案：此句在《詩‧大雅‧公劉》。〖校勘3〗○萬青案：稿本無「為」字。檢鄭箋本文亦無「為」字。〖校勘4〗○萬青案：見《左傳‧閔公二年》「敗犬戎于渭汭」杜注。檢惠士奇《禮說》卷十一亦引《詩》傳、《箋》及《左傳》杜注。又檢王鳴盛《尚書後案》卷一云：「馬云：水所入曰汭。嬀汭，嬀水之曲者。《毛詩》『芮鞫之即』《傳》云：『芮，水厓也。鞫，究也。』《箋》云：『芮之言內也。』杜預注《左傳》云：『水之隈曲曰汭是也。』酈道元云：『有二水，南曰嬀，北曰汭。異源同歸，渾流注入河。』恐非也。」可見董增齡說襲用王鳴盛而不注出。〖校勘5〗○萬青案：稿本「傳箋」原作「諸儒」，抹去，改作今字。〖校勘6〗○萬青案：稿本本頁貼有浮簽，謂：「《乾隆府州廳縣志》：嬀汭，水，在今山西蒲州府永濟縣東南五十里。」〖校勘7〗○萬青案：稿本「禆」作「稗」。今檢《樂律表微》卷二「編」字下有「載一曰」三字。〖校勘8〗○萬青案：今檢《樂律表微》卷二原文「以」上有「調」字。〖校勘9〗○萬青案：今檢《樂律表微》卷二原文「止」作「二」。〖校勘10〗○萬青案：今檢《樂律表微》卷二原文「有」作「用」。〖校勘11〗○萬青案：稿本「上宮矣」下、「州鳩」前原作「武王以夷則正秋之聲象，癸亥之夜陳，以黃鐘起子之聲象，甲子之布戎，以太簇金奏之聲象，布令于商郊，以無射宣德之聲象，布憲于嬴汭長以羽而亂，以嬴四樂一大始終也」諸字，朱筆抹去，改作今字。

　　○王引之曰（《經義述聞》卷二〇，頁二五）：「布法」與「施舍」意義不倫。《周禮‧秋官》之「布憲（掌憲邦之刑禁）」，《管子‧立政篇》之「出令布憲」，皆不為「施舍」而設。且下文云「優柔容民」，則非布法之謂也。「憲」疑當為「悳」，「悳」古「德」字。（《說文》：「悳，古文作憲。」即《中鄭固碑》「悳能簡乎聖心」是也。隸或省作「悳」。《執金吾丞武榮碑》「蓋觀德於始」、《韓勑禮器碑》「倍道畔德」，其旁皆古文悳字也。）形與「憲」相似而譌。昭十三年《左傳》「施舍不倦」杜注曰：「施舍猶云布恩德。」則施舍正所以布德，故曰「布德施舍於百姓」也。《月令》「命相布德和令，行慶施惠，下及兆民」，正與此同義。且上文云「無射，所以宣布哲人之令德，示民軌儀也」，是「無射」本以「布德」為義，故以「無射之上宮布德施舍於百姓」耳。韋所見本已誤作「憲」，故不得已而曲為之說，其實非也。又案「施舍」之言賜予也，布德施舍於百姓，所謂周有大賚也。韋分「施」與「舍」為二義，失之。說見《左傳》「旅有施舍」下。

○《國語考》曰（日本弘化二年寫本）：上宮、下宮未詳。反及之處用，故卻取律於應鐘，以內之無射也。

○王煦曰（《國語釋文》卷一，頁二八）：《世本》有饒內，是舜所居，一作姚墟。《帝王世紀》作嬀墟。杜岐公曰：即《周語》之嬴內音嬀墟也。王厚齋從之。〖校勘〗○萬青案：詳見上引王國維說。

○徐元誥曰（《國語集解》卷三，頁三七）：王校「憲」為「德」誤，是也。但既云「布德」，又云「施舍」，於義嫌複。《左傳》杜注云：「施舍，猶云布恩德也。」是以「布恩德」釋施舍，不足為此文「布德」、「施舍」並列之例證。疑「舍」當為「令」，字形相似而誤。「布德」即應上文「無射，所以宣布哲人之令德」，「施令」即「示民軌儀」之義也。王說於此不辨，似止得其半耳。

○鄔國義等曰（《國語譯注》，頁一○一）：無射之上宮，《書‧武成》之逸文云，武王在同年四月庚戌「燎於周廟」。無射對應於戌，與之合。

○張富祥曰（《趙本〈中國歷史要籍介紹及選讀〉部分注文的商榷》，同前）：「無射之上宮」即中呂律，為十二律相生一週的最後一律，相應於清角之音。《韓非子‧十過》：「昔者黃帝合鬼神於西太山之上……大合鬼神，作為清角。」則清角為大合樂之音。《史記‧律書》：「中呂者，言萬物盡旅而西行也。」《漢書‧律曆志》：「中呂，言微陰始起，未成著於其中，旅助姑洗宣氣齊物也。」此句寫戰後「布憲施舍於百姓」，有和樂之象。文中「嬴內」、「嬴亂」二詞，以往皆不得其解，或釋「嬴內」為地名（如指為嬀汭），僅屬猜測。按本文理解，「嬴」當讀作「盈」，「內」則指後（如《論語‧鄉黨》「不內顧」皇疏：「內，猶後也。」），「嬴內」猶言十二律相生次序滿一週。「嬴亂」之「亂」，古人或用以指稱「樂之卒章」，即終曲，這裏也是「旋宮法」的最後一宮。

○蕭旭曰（《群書校補》，頁一○○）：「施舍」本書 5 見，《周語中》「縣無施舍」韋注：「施舍者，所以施舍，賓客負任之處。」又「故聖人之施舍也議之」韋注：「施，予也。舍，不予也。」《晉語四》「施舍分寡」韋注：「施，施德。舍，舍禁。」《楚語上》「則明施舍以導之忠」韋注：「施己所欲，原心舍過，謂之忠恕。」當依《晉語》韋注為得，尋《左傳》共 8 見，杜預于 5 處施注，韋與杜相合。《宣公十二年》「旅有施舍」杜注：「族客來者，施之以惠，舍不勞役。」《成公十八年》「施舍已責」杜注：「施恩惠，舍勞役，止逋責。」

《襄公九年》「魏絳請施舍」杜注：「施恩惠，舍勞役。」《昭公十三年》「施舍寬民，宥罪舉職」杜注：「舉職脩廢官。」又「施舍不倦」杜注：「施舍，猶言布恩德。」又尋《管子・四時》「其德施舍修樂」尹注：「謂施爵祿、舍逋罪。」亦與杜合。「施舍」本指「施」、「舍」二方面，後專以指前者，故《昭公十三年》杜注：「施舍，猶言布恩德。」蓋即所謂偏指。《吳語》：「今越王句踐恐懼而改其謀，舍其愆令，輕其征賦，施民所善，去民所惡。」又：「吾修令寬刑，施民所欲，去民所惡，稱其善，掩其惡。」正其確證。王引之《述聞》曰：「古聲舍、予相近，施舍之言賜予也。」徐元誥疑「舍」當為「令」字形誤，並失之。柳宗元《非〈國語〉》、《玉海》卷 6、《通志》卷 181 引此文並作「施舍」。

　　○萬青案：徐元誥《集解》引王引之《述聞》之說。以「布憲」為「布德」之誤，固可。若以「憲」字為「惠」字之誤亦可，蓋「憲」、「惠」二字形近。《玉海》卷六有「無射布惠，以優柔容民」之句，可為佐證。但以「法」字釋「憲」並無不可，本篇前文云「示民軌儀」，此處「布憲」即「示民軌儀」之義。關於「施舍」，蕭旭謂徐元誥錯誤，可從。楊端志《訓詁學》曾經探討過《左傳》、《國語》中的「施舍」，他認為韋昭、杜預把「施舍」拆開來解釋都是錯誤的，他認為：「『施舍』是同義詞復用形成的雙音詞，不必分開作訓，更不允許五花八門的解釋其義。在古代，它有兩個意義，第一，賜予。……第二，免除徭役。」（氏著《訓詁學》，濟南：山東文藝出版社 1991 年版，頁 257）「免除徭役」實亦「賜予」。故此「布憲施舍」之「憲」字不誤。所謂「布憲施舍」即示民軌儀、示民恩德之義。

故謂之嬴亂，所以優柔容民也。」

【匯校】

　　○陳樹華曰（《春秋外傳考正》卷三，頁一八）：宋本「嬴」作「贏」，非。《補音》有說。

　　○黃丕烈曰（《校刊明道本韋氏解國語札記》，頁六）：當依別本作「嬴」，《舊音》音「媧」，是也。

　　○汪遠孫曰（《國語明道本考異》卷一，頁二一）：公序本「嬴」作「贏」，非也。〖校勘〗○萬青案：陳奐已校出黃刊明道本與許宗魯本、金李本之異。

　　○吳曾祺曰（《國語韋解補正》卷三，頁一一）：黃氏《札記》云：「當依別本作『嬴』。」黃氏意以「嬴」即上「嬴內」之「嬴」。亂，治也。

　　○沈鎔曰（《國語詳注》第三，頁一二）：「贏」當作「嬴」，即上「嬴內」之「嬴」。

　　○徐元誥曰（《國語集解》卷三，頁三八）：各本「嬴」作「贏」，黃丕烈謂當作「嬴」，今從之。

　　○張以仁曰（《國語斠證》，頁一二〇）：《札記》、《考異》之說適相反，然《考異》是也。參見上條。金、秦、董本皆誤為「贏」。《玉海》六、《廣博物志》三三引亦皆誤為「贏」。

　　○萬青案：黃刊明道本及其覆刻本、上善堂本、寶善堂本、吳曾祺本、沈鎔本、徐元誥本等「嬴」作「贏」。陳祥道《禮書》卷一二八引字作「嬴」，《通志》卷一八一、《經濟類編》卷四六、《右編》卷三五、《荊川稗編》卷四二、《古今律曆考》卷九引字作「贏」，《廣博物志》卷三三引字作「贏」。「嬴」、「贏」、「羸」三字形近易混。章太炎《春秋左傳讀》「師出以律（宣公十二年六月）」條引述「王以二月癸亥夜陳」以下文字，字作「嬴內」、「嬴亂」，並注云：「此從公序本。明道本此『嬴』字作『贏』。公序所據，或本上文『嬴內』字亦作『贏』。汪氏遠孫謂『嬴』是『贏』非，以《舊音》音媯，與『贏』近，與『嬴』遠也。麟案：上文之『羽』取『藩屏民則』，『厲』取『厲六師』，『宣』取『宣三王之德』為誼，則『嬴』亦取下文『優柔容民』文為誼。《釋天》：『夏為長嬴。』《周書》《大武》一勝人必嬴』注：『謂益之。』《大荒東經》『是維嬴土之國』注：『猶沃衍也。』《傳》之『媯賈，字伯嬴』，嬴即贏。《說文》云：『賈，有餘利也。』是也。長、益、沃衍及餘，皆與優柔意近。《淮南·氾論》『粗蹻嬴蓋』注：『囊也。』字亦通贏。《荀子·議兵》：『贏三日之糧。』《莊子·胠篋》：『贏糧而趨之。』《淮南·修務》『贏糧跣足』注：『裹也，一曰囊也。』囊、裹皆與容意近，則嬴字是也。嬴內之名，蓋武王作嬴亂而因命之，猶盟津因與八百諸侯同盟而名也。《舊音》音媯，非也。其音『內』為『汭』，是也。公序云：『《古文尚書》作嬴，與媯同。』則騎墻之見也。」（氏著《春秋左傳讀》，見載於上海人民出版社編《章太炎全集》第二卷，上海人民出版社1982年版，頁396）亦可參。

【集解】

　　○韋昭曰（《國語》卷三，頁二五）：亂，治也。柔，安也。〖校勘〗○萬青案：姜恩本唯於正文「亂」字之下出「治也」二字注文。

　　○關脩齡曰（《國語略說》第一，頁二七）：陶望齡云：「亂是終曲之意。」

寬舒安逸，容於眾民。

○冢田虎曰（《增注國語》卷三，頁三六）：亦名其樂為嬴亂也。而羽也，厲也，宣也，嬴亂也，其樂皆亡逸。

○秦鼎曰（《國語定本》卷三，頁二七～二八）：太室云：以十二律當十二時，則夷則申時，黃鐘子時，大蔟寅時，無射戌時也。夷則之上宮者，陳于申，畢于戌也。鼎嘗與岡赤城論之。赤城亦曰：「戌」上蓋以一時分上下，猶曆家所謂初正也。是皆有理，然非韋意。今不取也。宣、嬴亂，皆樂名。亂者，樂之卒章。陶云：亂是曲終之名。按《魯語》解：「篇義既成。」柔，安也。撮其大要為亂辭。此段無收結語，疑有脫。

○董增齡曰（《國語正義》卷三，頁七一）：「亂，治也」者，《說文》：「𤔔，治。幺字〔1〕相亂。受，治之也。」《論語》馬融注：「亂，理也〔2〕。理官者十人也。」《樂記》疏：「亂，理也。言治理奏樂之時，先擊相。」是「理」為「治」義。武王戡亂為治，故其樂為嬴亂。〖校勘1〗○萬青案：「字」為「子」字之誤，今檢《說文》字作「子」。〖校勘2〗○萬青案：稿本「理也」下原有「言治理奏樂之時，享擊相是理為」諸字，抹去，唯留「理」字。

○恩田仲任曰（《國語備考》）：陶望齡曰：「亂，第終曲之意。」

○高木熊三郎曰（《標註國語定本》卷三，頁二七）：變「嫣汭」為「嬴亂」，或是讖緯家之妄作，謂秦代周之兆也。

○俞樾曰（《群經平議》卷二八，頁一六～一七）：下文「齊閭丘來盟」章曰：「其輯之亂。」韋注曰：「凡作篇章，義既成，撮其大要以為亂辭。詩者，歌也，所以節舞者也。如今三節舞矣，曲終乃更變章亂節，故謂之亂也。」然則「嬴亂」之「亂」當與彼同。上文曰：「故長夷則之上宮，名之曰羽。」注曰：「長，謂先川之也。」是此樂以「羽」為始，以「嬴」為亂，故曰「嬴亂」。其命名之意，在「嬴」不在「亂」。「優柔容民」乃釋「嬴」字之義。「嬴」之言「贏」也，《爾雅·釋天》「夏為長嬴」《釋文》曰：「嬴，本或作『贏』。」是「嬴」、「贏」古通用。襄三十一年《左傳》「以贏諸侯」杜注曰：「贏，受也。」《荀子·解蔽篇》「故曰心容」楊注曰：「容，受也。」「贏」、「容」義既相近，以「容」訓「贏」，正古義矣。「亂」乃樂終之名，非義所在，故無說也。韋注未得其義。

○黃永堂曰（《國語全譯》，頁一四五）：優柔，寬容。

○萬青案：徐元誥《集解》引俞樾《平議》之說。裘錫圭、李家浩《曾侯

乙墓鐘、磬銘文釋文與考釋》（見載於崔憲著《曾侯乙編鐘鐘銘校釋及其律學
研究》，北京：人民音樂出版社 1997 年版，頁 223～263）謂《國語》「嬴亂」
即曾侯乙墓編鐘銘文中的音律名「嬴肵」，「亂」為「嗣」之譌字，「肵」、「嗣」
皆從「司」聲，可以通用。葉曉鋒採信其說。趙平安認為《國語》本處「亂」
字應是「乳」的譌字。謂：「《周語下》解釋『嬴亂』說『所以優柔容民也』。
如果把亂看作『乳』的譌字，和這一解釋是很相應的。《希麟音義》卷四『吮
乳』注引《切韻》、《廣韻》：『乳，柔也。』《集韻·遇韻》：『乳，育也。』柔、
育正是優柔容民的意思。『嬴乳』就是在嬴內優柔容民。」（氏著《釋戰國文字
中的「乳」字》，見載於氏著《金文釋讀與文明探索》，上海古籍出版社 2011
年版，頁 112～117）亦可參。又洛地《六律名義》（《黃河文化論壇》編輯部
《黃河文化論壇》第 15 輯，太原：山西人民出版社 2006 年版，頁 208～227）
引述本篇「王以二月癸亥夜陳」以下文字，並云：「這一段文字，而從其文辭
文意看去，《國語》（至少此段文字的）作者（記錄該段文字之作者未必一定
是商裔樂人伶州鳩）對『大族～穆鐘』等商（曾）律是一無所知的；然而其中
的『周律』名與商（曾）律名卻十分契合。這是怎麼回事呢？實在無從想象。
有沒有這種可能：在早先周武伐紂滅商過程中，曾獲商之鼎音、雝音、大族——
穆鐘、割肆——亘鐘、嬴孠——無斁諸鐘——只有這樣，戰國時期的《國語》
纔可能記錄其律名——特別明顯的是亘鐘、嬴孠，若其先未獲此二鐘，不知
此二律名，似不可能出現『宣（鐘）』、『嬴內』、『嬴亂』字樣。周『繼商而變
商』，過了六百年，到戰國時期，以上諸商律名已被改易為『夷則』、『黃鐘』、
『太簇』、『無射』，《國語》乃有如上文字出現。」是藉助出土曾侯鐘對《國
語》本文作出的解釋，也可以參考。紀大奎《古律經傳附考》引述「王曰七律
者何」至本篇之末，並解云：「七律者何，非問律之聲，問七律所以變宮，與
武王所以宮七律之意也。七律皆可以變宮。黃鍾，正宮也。黃鍾一變則宮太
簇矣，太簇再變則宮姑洗矣，姑洗三變則宮蕤賓矣，蕤賓四變則宮夷則矣，
夷則五變則宮無射矣，無射六變則宮中律矣，中律七變則復於黃鍾。故旋宮
始變之律，後人謂之曰變宮，言自宮而變也。凡律，論一代之尚宮，則舉宮律
以名之。《周官》之奏黃鍾奏太簇，此篇之鑄無射是也。論金奏之重商，則舉
商鍾以表之。《周官》之圜鍾為宮函鍾為宮是也。論七律之旋宮，則舉宮律之
變以表之，此篇之夷則上宮黃鍾下宮是也。故七宮總謂之七律。歷代各尚一
宮，則但以一宮五音之律制一宮五律之鍾，天子出入亦止左右五鍾，未有七

律之宮兼尚者。武王既尚無射，又兼變七律以旋宮則必制細大二鈞以備七律之鍾。景王將鑄無射，不知武王所以兼尚七律之意，故問之。而州鳩因備言其所以不專用無射之故也。『歲在鶉火』以下，詳見後孔氏《左傳》『七音』疏義。五位三所者，歲月日辰星之五位，在北維及東南之三所也。武王伐殷之時，仰推天象，自歲至月，東南二所，得張、翼、軫、角、亢、氐、房之七列，自歲至星南北之揆，得午巳辰卯寅丑子之七同，以數之七，恰合於聲之七。故以一聲兼七聲之用，各按其宮律以和之而七律之宮惟共所用，無專尚焉，故曰於是乎有七律。蓋武王之伐殷不得已而為之也，故其宮無射，亦不得已而為之也，無射律之極也，極則反焉，此其所以宮七律也。七律之旋宮，自變而始夷則之上宮者，宮自夷則而變也，夷則宮變則宮旋於無射矣。上者陽聲也，下者陰聲也。無射戌律旋上宮，夾鍾卯律旋下宮，此正宮之羽聲旋宮也。故名之曰羽。用上宮以應平辰之在戌也，此伐殷之本律，武王易樂之始宮也。黃鍾之下宮者，宮自黃鍾而變也，黃鍾宮變則宮旋於太簇矣。下宮，太簇之應也。太簇寅律旋上宮，應鍾亥律旋下宮，此正宮之商聲旋宮也。商屬秋金肅殺之氣，故謂之厲。以布戎厲師，不取上宮寅者，寅春律，亥冬律，取秋多殺伐之氣也。太簇之下宮者，宮自太簇而變也。太簇宮變則宮旋於姑洗矣。下宮，姑洗之應也。姑洗辰律旋上宮，南呂酉律旋下宮，此正宮之角聲旋宮也。角本春音發生之氣，故謂之宣，以布令顯文德，取下宮酉者，以底紂之多辜，故亦用秋律，生與殺互用成也。無射之上宮者，宮自無射而變也，無射宮變則宮旋於中律矣。中律無下聲，而亦曰上宮者，與陽律為一類也。又商角徵羽皆用陽而不用陰也，此律贏於陰六陽六之內，自六律未制之先言之，則此律為數之始，自六律既用之後言之，則此律反為數之贏，視十二律為較短，故曰贏內。反及贏內者，對前三宮長律而言，非地名也。又陰陽之衷亦曰內，中律陰陽之衷，土之德也。以此布憲施舍於百姓以優柔容民，蓋即布令於商之終事，故謂之贏亂，言樂之卒章也。武王兼備七律於伐殷之時。擇此四律而用之，其始也以無射，其終也以中律，極則變而反於中焉。故曰武王有所不得已也。此武王所以有七律也。州鳩之言，若心知景王有鍾無射之意，而隱示其不可鑄之機。惜乎王之不悟也。然則武王始加二變，謂之七律者，其說非與？曰此孔氏疏《左傳》七音之誤也。按杜氏注《左傳》引《國語》此段七律為證。孔氏疏之云：『是言周樂有七音之意也。五位者，歲、月、日、辰、星之位也；三所，著星與日辰之位。是一所也，歲之所在；是二所也，月之所

在。武王以殷之十二月二十八日戊午發師，其年歲星在鶉火之次也，其日月合宿於房五度。房即天駟之星也，日在箕七度，箕於次分在析木之津也。日月之會謂之辰斗柄斗前也。戊午後三日得周二月辛酉朔，日月合朔於箕十度，在斗前一度，是為辰在斗柄也。星在天黿者，星於五星為水星，辰星是也。天黿即玄枵，次之別名也，於是辰星在婺女之宿，其分在天黿之宿次也。鶉是張星也，駟是房星也，天宿以右旋為次，張、翼、軫、角、亢、氐、房凡七宿，是自鶉火至駟為七，列宿有七也。鶉火在午，天黿在子，斗柄所建，月移一次，是自午至子為南北之揆，七同也。揆，度也，度量星之有七同也。武王既是天時如此，因此以數比合之，其數有七也。以聲昭明之，聲亦宜有七也。故以七同其數，五聲之外加以變宮、變徵也。此二變者，舊樂無之，聲或不會，而以律和其聲，調和其聲，使與五音諧會，謂之七音，由此也。』今按：孔氏所疏五位、三所、七列、七同之義可謂詳矣。月建之誤茲不暇論，其謂武王加二變於五音之外，一似前代並未嘗有七音，而武王始有之者，不知《左傳》五聲、六律、七音、八風皆言天地自然之音，雖有神聖欲於一均七音之中，增一音、減一音，斷斷不能。黃帝制律之先，七音無日不在人聲之中，其命伶倫造律也，不過因天地人自然之七音，使之截竹吹律以合之，先定中聲含少之一管，以次高下為陰陽之六應，並非黃帝伶倫所能私意為之者，特被之於樂，則必以五音成調，斷不能七音並用。此亦人聲自然之籟，非黃帝伶倫所能私意減之者，七音雖止用五音，而二音之不用者自在，當時不過蕤賓一律居角徵之間空而不用，中聲一律居陰陽之間靜而不用，而未嘗有變宮、變徵之名，至後世旋宮之法立，則中律不能不用，而六律之空其二者凡四宮，於是不得不立變宮、變徵之名以別之。變宮者自宮聲而變也，變徵者自徵聲而變也，由變而旋，必此二聲當之，宮轉而上，則此宮聲之律空矣。徵轉而上，則此徵聲之律空矣。故謂武王於七音之中立變宮、變徵之名，則無害於理，謂舊本無七音而武王加此二音則非也，謂琴舊止五絲而武王加二絲亦無害於理，謂律舊止五音而武王加此二音則非也。且律止五音，則伶倫止應有五律，而何以有六律？既有六律，則武王加二音為八律，而何以又止七音，止云七律耶？若絲音二變之數，則其聲又皆得六間之空呂，而誤以宮徵之變律名之，無論其在六呂變聲中亦本非宮徵之次，且斷不能與正聲五律同相旋以為宮，又安得以此與乎七律之音乎？至謂武王謂合二變與五音會，夫二變之與五音會，唯俗樂淫聲如琴譜曲譜之類固多有之，然周室東遷後，樂制缺亡，蓋亦有武

音羽宮而淫及於商者,是淫及於空律也。故賓牟賈亦知其非武音。若武王調
和二變與五音會,則淫之至而武王之志荒矣。自杜孔之說行,後儒守之,而
《國語》此篇之義病於不可曉,不特伶倫之對非所問,即景王問七律之旨與
鑄無射之旨亦絕不相關也。中律名間鍾,又曰贏內者,以義推之,此特從其
初反反於中宮之名,圜鍾則其後制樂,均鍾定為細大二鈞之時所立鍾名也。」
(同上,頁44〜48)亦可為參佐。又《黃帝四經・十大經・立命篇》云:「優
未愛民。」與本處「優柔容民」義近。則「優柔」意義固定,可看作合成詞。

【本篇輯評】

○柳宗元曰(《柳宗元全集校注》,頁三一六七〜三一六八):律者,樂之
本也,而氣達乎物,凡音之起者本焉。而州鳩之辭曰:「律呂不易,無奸物也。
和平則久,久固則純,純明則終,終複則樂,所以成政。」吾無取乎爾。又
曰:「姬氏出自天黿,大姜之侄所憑神也。歲在周之分野。月在農祥,後稷之
所經緯也。武王欲合是而用之。」斯為誣聖人亦大矣。又曰:「王以夷則畢陳,
黃鍾布戎,太蔟布令,無射布憲,施舍於百姓。」吾知其來之自矣,是《大
武》之聲也。州鳩之愚,信其傳,而以為武用律也。孔子語賓牟賈之言《大
武》也,曰:「《武》始自北出,再成而滅商,三成而南,四成而南國是疆,五
成而分周公左、召公右,六成複綴,以崇天子,夾振之而四伐,盛威於中國。」
則是《大武》之象也。「致右憲左」,「久立於綴」,皆《大武》之形也。夷則、
黃鍾、太蔟、無射,《大武》之律變也。

○穆文熙曰(道春點本《國語》卷三,頁二四):州鳩論律呂一章,合以
天文,應以人事,當為樂經,惜哉此學之不講矣。【校勘】○萬青案:千葉玄
之引「惜哉此學之不講矣」作「惜乎景王之不講此學」,文字不同,義則無別。

○呂邦燿曰(《國語髓析》卷三,頁一四):此篇當與《內傳》郯子答昭子
鳥名官之篇參看。練格布勢,總出一法。而《內傳》短不厭簡,《外傳》長不
厭煩,各極其妙。

○千葉玄之曰(《韋注國語》卷三,頁三三):鍾伯敬曰:腴勁而恃大。

○千葉玄之曰(《韋注國語》卷三,頁二七〜二八):張西銘曰:名理妙
句,徐徐問出,第詞則不無稍堆。

○孫琮曰(南京圖書館藏《山曉閣國語選》卷一):楊慎曰:敘律呂簡潔,
勝太史公。

○孫琮曰(南京圖書館藏《山曉閣國語選》卷一):文如《儀禮》頗難讀。

總由三代以下禮樂散亡，耳目心思不相習故也。古之伶人皆聖賢之徒，故論律則通於天地人，後之士大夫尚未夢見，況伶人乎？噫！亦足慨已。律通於曆，《太初曆》用之；律通於兵，太史公言之。讀此乃知漢去古未遠，太史諸人猶聞其說。去古日遠而此意亡矣。《周語》文字多用總束，獨此篇散收，又是一體。

○《國語考》曰（日本弘化二年寫本）：施舍於百姓，樗云：施舍，謂施民所欲，去民所惡。二句見《吳語》。舍猶去也。

○汪濟民等曰（《國語譯注》，頁七七）：伶州鳩向景王解釋鑄鍾的複雜規則和音樂理論，源於數理，數理又源於對「武王伐殷」時天象的描述。目的在於推定周滅殷的日期。然而憑此是不足為據的。再則，對天文現象的描述，袛能反映當代宮、宿理論，其實它早被後代理論取代。

○顧頡剛曰（《武王的死及其年歲紀元》，《顧頡剛古史論文集》第一〇卷，頁 1155～1225）：這是記的東周王朝的樂官伶州鳩回答周景王問「七律」的一段話，他是用了周初的天文現象、歷史關係和音樂的正、變律來說明周武王所以能得天下的種種原因的。他說歲星歷鶉火、析木等十二次而一周天，印合於地上的十二分野，凡是立國於那年歲星所在的分野裏的就會得到山田的保佑，具備了出兵勝利的條件。周的分野在鶉火，所以歲星行到鶉火之次的時候，武王於這年殷正十一月（即周正十二月）戊子那一天出師伐殷就穩穩地抓到了必勝的把握。加上這一天的月行到天駟，天駟即是房星，房星晨正而農事起，周祖后稷是以耕稼起家的，又增加了勝利的保證。再說，這天的辰星行到天黿之次，經歷建星和牽牛星，那個分野是齊國所在，齊為姜姓，和周姬姓有很多的婚姻關係，所以周一出師，齊的先祖逢公之神必然會來幫助周家，促進其軍事的成功。再有一點，戊子那一天的日是在析木之津，日、月之會為「辰」，在戊子的後三天，辰在斗柄，連同天黿的辰星，三者都在北方，北方是水位，為水德的上帝顓頊所掌管；水生木，所以木德的上帝帝嚳會繼之而興。現在殷為水德，周為木德，周將和帝嚳接受顓頊的地位一樣，來接受殷的天下。這都是從天文現象和歷史關係說明了周必代殷的證據。我們更來看天文和樂律配合的條件。從鶉火到天駟，經過了張、翼、軫、角、亢、氐、房七宿，稱為「七列」。拿十二辰來分配，「歲在鶉火」屬於午，「星在天黿」屬於子，自午經巳、辰、卯、寅、丑而到子，凡歷七辰，合於宮、商、角、徵、羽、變宮、變徵七律，所以稱為「七同」。因為這回出師在在有了這

般密切的配合，所以當周正二月癸亥那天的夜裏軍隊走到牧野時，就為了天和人的叶同而下雨了。那時樂師吹律得夷則的宮聲，排好了陣勢，這個樂調名為羽。等到發動戰鬥時，樂調叫作厲。及至得勝後進入商都，宣佈文王的好意，律中太簇，調名為宣。班師時走到嬴內，對百姓布德施恩，律中無射，調名為嬴亂。這說明了周師的一舉一動都受著天文、歷史和音律的支配，他們的勝利是緊緊地結合自然規律的。這種事實是否當時確曾存在，我們暫不論它，但這種思想為古代的太史、太師們所具有，他們煞費苦心，摸索出這些自以為天人相應的嚴格規律的星占術和樂理，則是一件可信的事實。這只須看《周易》的「師出以律」，《周官》的「大師執同、律以聽軍聲而詔吉凶」，《史記·律書》的「武王伐紂，吹律聽聲」，《六韜》的「夜半遣輕騎往，至敵人之壘九百步，偏持律管，橫耳大呼驚之，有聲應管」（《史記·齊太公世家正義》引），就可以知道這是古代行師的通例。樂律的事，它在史學上並不曾起多大的作用，我們可不提。歷史關係，尤其是五德終始說，固然起過大作用，但說來很複雜，而且這是從文王受命來的，和武王的本身沒有多大關係，也可暫置不論。至於這篇文字所提到的天文、曆法，則源遠流長，對於漢以下的學術和歷史所發生的影響非常鉅大，為要搞清楚武王的年曆問題，我們不得不予以密切的注視。試看這裏說的「歲在鶉火」，又說「歲之所在則我有周之分野」，很明顯地那時已有了「分野說」，它把地面上若干國家結合歲星的行次而預定了在他們的命運中發生吉事和凶事的時間。其具體的分配，《周禮·春官》：「保章氏……以星土辨九州之地，所封封域皆有分星以觀妖祥。」鄭玄注引《堪輿》云：「『星紀』，吳、越也。『玄枵』，齊也。『娵訾』，衛也。『降婁』，魯也。『大梁』，趙也。『實沈』，晉也。『鶉首』，秦也。『鶉火』，周也。『鶉尾』，楚也。『壽星』，鄭也。『大火』，宋也。『析木』，燕也。」看它把「秦」和「周」對立，可見這個排列絕不出於西周；又看它把「趙」、「晉」（魏自稱「晉」，見《孟子·梁惠王上》）和「鄭」（戰國時，韓滅鄭，即稱「鄭」，見《紀年》）對立，更可見其出現尚在三家分晉以後。它說『鶉火』，周也」，是和伶州鳩的話相合的；可是它先說了「『鶉首』，秦也」，便見得這個「周」乃是洛陽的成周，當周武王尚在西土之時是不可能因為「歲在鶉火」而利以伐商的。它說「『玄枵』，齊也」，依韋昭解，玄枵即「天黿」，這一分野和吳、越、衛、魯的分野都在東方，而齊封於蒲姑乃是周公東征以後的事（詳《周公東征史事考證戊·貳》），當武王伐殷的時候，姜姓一族還在西方，更明白地

說他們就是羌人，那麼，齊祖逢公之神哪會因為「星在天黿」而來援助周師呢？所以分野說該是戰國時代的產物，《國語》這段文字也出於戰國時人的手筆，那時的曆法家和音樂家們對於曆法和音律的研究雖很深密，但對於周初的歷史卻已經弄不清楚，所以會得這般地胡亂結合天文和歷史，為周初的史實添上了許多葛藤。新城新藏作《由歲星之記事論左傳國語之著作時代》，認為這一曆法的標準元始年應為公元前 376 年左右，即在三家分晉之世，我們認為他的話是比較可信的，因為《左傳》和《國語》本是姊妹篇，而據書中所作的預言，必當寫於三家分晉和田氏篡齊之後。書既成於那時，自可應用那時的星占術、五德終始說和樂理來插入春秋時人的說話，表示他們的推斷有高度的準確性。所以我們可以說：《國語》中這一長篇記載，既不是武王伐殷時的實事，也不是伶州鳩真對周景王的答話。至於韋昭解裏所講的天象和月、日的推算，全石用的劉歆《三統曆》。

〇董立章曰（《國語譯注辨析》，頁一四四）：此文可證七聲及十二律呂、二十八宿、十二星次至遲在殷周之交已經形成系統的理論，並為社會所應用。

〇李學勤曰（《伶州鳩與武王伐殷天象》，《清華漢學研究》第 3 輯，頁 158～164）：我們認為：（一）「歲在鶉火」一段話，是《周語下》原文，不可能為後世竄入。（二）伶州鳩家世任樂官，武王時天象為其先祖所傳述。（三）五位三所是武王伐殷過程中一系列占候，不能作為同時天象來要求。

〇何幼琦曰（《〈周語〉「鑄無射」章辨偽》，《江漢論壇》1982 年第 7 期，頁 74～78）：《周語》「鑄無射」的後段是劉歆編造的，他利用他整理中秘圖書的機會，把它混進《國語》的簡冊中。偽造的目的，在於用「歲在鶉火」和「二月癸亥」為他的伐紂之年作旁證；同時，也為他以《三統曆》解說《春秋》開路。因之，不論用什麼方法去推算「歲在鶉火」，所得的伐紂之年，都不可能符合歷史的實際；由此計算的西周紀年也不會有史學的價值。

〇鄭祖襄曰（《伶州鳩答周景王「問律」之疑和信——兼及西周音樂基礎理論的重建》，《音樂研究》2004 年第 2 期，頁 28～35）：《國語‧周語》（下）載」伶州鳩答周景王問」共有四段文字。四段文字相對獨立，分別是：釋「律」之產生和「十二律」名義；論「律與政通」；釋「七律者何」；釋「厲」、「嬴亂」等四律。周景王提問的前因是想製造「無射鍾」。製造「無射鍾」，用今天的話來說，就是製造一套「無射為宮」的編鐘。周景王從打算製造無射鍾起，接著就向伶州鳩問到了律的產生、十二律的名義、七聲音階是什麼等一系列問題。

《國語‧周語》所載的先後順序就是這樣的。周景王問的這些問題，從音樂和音樂史角度講，既是音樂理論的基本問題，也是音樂和音樂史的重要問題。由於《國語‧周語》原文簡約，留存下來的三國吳國韋昭注除了文字不多之外，又與原書年代相距較遠。這幾段重要的記載，有的今天還難以完全弄明白。其中第一段的前半部分「律所以立均出度也……成於十二，天之道也」從上世紀 80 年代以來，一直是音樂史研究者所注意的，但至今仍未能依此解開古代十二律產生的方法與時間之謎。其中第三段「七律者何」，在沒有音樂考古新發現之前，楊蔭瀏《中國古代音樂史稿》（上）中曾以這條史料為據，認為周初纔有了七聲音階。之後，因為伶州鳩以「武王伐紂」的天象來解釋「七律」，涉及古代天文學的知識，文字難懂。1986 年馮文慈發表「釋『七律者何』」一文，對其中的天象作了詳細的解釋。但這段記載更重要的是：周景王問的是「為什麼是七聲音階？」「武王伐紂」天上星象如何排列，什麼星在什麼位置，什麼星和什麼星怎麼排列，對於音樂史研究沒有什麼關係。按伶州鳩的說法，是因為天上星象排列有「七」，纔與七聲音階產生了關係。所以這個「七」是個關鍵的數字。1994 年黃翔鵬在「七律定均五聲定宮」一文中提出：《國語‧周語》中的「七律者何」說明講音階一定是「七律」，這是一個超乎民族界限、反映人類聽覺自然規律的問題。從音樂和音樂史研究角度講，黃翔鵬的話一語道破問題的實質所在。在伶州鳩的這四段回答當中，從音樂和音樂史的角度來評判，只有第一段的前半部分是正確的；第一段的後半部分和其餘三段都是錯誤的。伶州鳩答周景王，是用周朝的政治和文化觀念對音樂基本理論的詮釋。伶州鳩身在王室宮廷，維護和宣傳周文化，毫不奇怪。所以，當回答周景王的問題時，用音樂和音樂史的科學規律來回答，還是用周文化的政治觀念來詮釋，伶州鳩選擇了後者。周朝政治文化的觀念高於音樂和音樂史科學本身。因為這樣，也反過來證明「七律（七聲音階）」和「羽、厲」等四律是早在「武王伐紂」之前已有之。伶州鳩用周文化來解釋十二律名義，也透露出十二律的名稱在周代之前已經產生。從周景王問這一面來分析，周景王想要鑄大錢、鑄大鍾，這兩件事說明周景王是一個貪得無厭的天子。而伶州鳩對這兩個問題的作答，又是明顯地包含著一種勸諫行為。古代儒家把這些事情記錄在《國語》裏保存下來，是把它們作為治國的經驗來看待的。

本書徵引及參考文獻

壹、《國語》類

一、《國語》暨《國語補音》版本

1. （三國吳）韋昭注：《國語》（附《國語補音》三卷），北京：國家圖書館出版社 2006 年輯印《中華再造善本工程》第二輯影宋刻宋元遞修本。

2. （三國吳）韋昭注：《國語》（附《國語補音》三卷），日本靜嘉堂文庫藏宋刻元明遞修本。

3. （三國吳）韋昭注：《國語》，日本國會圖書館藏朝鮮經筵正統庚申（1440）夏校本。

4. （三國吳）韋昭注：《國語》（附《補音》二卷），正德十二年（1517）明德堂刊本。

5. （三國吳）韋昭注：《國語》（附《補音》三卷），正德十二年（1517）明德堂刊本，顧廣圻校，瞿熙邦題識。

6. （三國吳）韋昭注：《國語》，嘉靖四年（1525）許宗魯靜宜書屋刻本。

7. （三國吳）韋昭注：《國語》二十一卷（附《補音》三卷），明嘉靖五年（1526）陝西正學書院刻本。

8. 《監本音注國語解》二十卷，明嘉靖五年（1526）姜恩刻本。

9. （三國吳）韋昭注：《國語》二十一卷，明嘉靖七年（1528）金李刻本。

10. （三國吳）韋昭注：《國語》二十一卷，明嘉靖七年（1528）金李刻本，國家圖書館藏王箋跋本。

11. （三國吳）韋昭注：《國語》二十一卷，明嘉靖七年（1528）金李刻本，
國家圖書館藏沈寶研校跋本。

12. （三國吳）韋昭注：《國語》二十一卷，明嘉靖七年（1528）金李刻本，
南京圖書館藏丁丙跋配補本。

13. （明）沈津輯：《百家類纂》，《續修四庫全書》影浙江圖書館藏明隆慶元
年（1567）含山縣儒學刻本。

14. （三國吳）韋昭注：《國語》二十一卷，萬曆六年（1578）童思泉刻本。

15. （三國吳）韋昭注、（宋）宋庠補音：《國語》二十一卷，萬曆年間張一鯤
本。

16. （三國吳）韋昭注、（宋）宋庠補音：《國語》二十一卷，萬曆年間李克家
本。

17. （三國吳）韋昭注、（宋）宋庠補音：《國語》，萬曆年間李克家本，國家
圖書館藏顧廣圻臨校本。

18. （三國吳）韋昭注，（宋）宋庠補音，（明）穆文熙輯評：《國語鈔評》八
卷，萬曆年間胡東塘刻本。

19. 《四史鴻裁》，萬曆十八年（1590）朱朝聘刻本。

20. （三國吳）韋昭注，（宋）宋庠補音，（明）穆文熙輯評：《國語評苑》六
卷，萬曆二十年（1592）鄭以厚光裕堂刻本。

21. 《國語》二十一卷，明萬曆年間吳勉學刻本。

22. （明）閔齊伋裁注：《國語》九卷，萬曆四十七年（1619）閔氏刻本。

23. （明）公鼐、呂邦燿：《國語髓析》，明萬曆年間刻本。

24. （明）陳仁錫：《奇賞齋古文彙編》，崇禎七年（1634）刻本。

25. 《國語合評》二十一卷，明末二乙堂刻本。

26. （三國吳）韋昭注：《國語》二十一卷，康熙間曲阜詩禮堂之孔毓圻本。

27. （三國吳）韋昭注：《國語》二十一卷，乾隆丙戌（1766）曲阜詩禮堂之
孔傳鐸本。

28. （三國吳）韋昭注：《國語》二十一卷，《摛藻堂四庫全書薈要》本。

29. （三國吳）韋昭注：《國語》二十一卷（附《國語補音》三卷），《景印文

淵閣四庫全書》本。

30.（三國吳）韋昭注：《國語》二十一卷（附《國語補音》三卷），《文津閣四庫全書》本。

31.（三國吳）韋昭注，（宋）宋庠補音，（明）穆文熙輯評：《國語》二十一卷，日本林道春訓點本。

32.（三國吳）韋昭注，（宋）宋庠補音，（明）穆文熙輯評：《國語》二十一卷，日本林道春訓點本，日本京都大學圖書館藏皆川淇園批校本。

33.（三國吳）韋昭注，（宋）宋庠補音，（明）穆文熙輯評：《國語》二十一卷，日本林道春訓點本，日本內閣文庫藏山田直溫等批校本。

34.（日）千葉玄之重校：《韋注國語》二十一卷，日本天明六年（1786）平安景古堂藏版本。

35.《重雕天聖明道本國語》二十一卷（附《札記》一卷），嘉慶五年（1800）黃丕烈讀未見書齋刊本。

36.《重雕天聖明道本國語》二十一卷（附《札記》一卷），嘉慶五年（1800）黃丕烈讀未見書齋刊本，北京國家圖書館藏陳奐校跋本。

37.（日）冢田虎：《增注國語》二十一卷，日本亨和元年（1801）刊本。

38.《天聖明道本韋注國語》二十一卷（附《札記》一卷），日本文化元年（1804）江戶葛氏上善堂覆刻黃丕烈本。

39.（日）秦鼎：《春秋外傳國語定本》二十一卷，日本文化六年（1809）刊本。

40.（日）秦鼎：《春秋外傳國語定本》二十一卷，日本文化六年（1809）刊本，日本愛知縣圖書館藏批校本。

41.《重雕天聖明道本國語》二十一卷（附《札記》一卷、《考異》三卷），同治己巳（1869）崇文書局本。

42.《重雕天聖明道本國語》二十一卷（附《札記》一卷、《考異》三卷），同治己巳（1869）崇文書局本，國家圖書館藏翁倓評點、翁同龢跋本。

43.（宋）宋庠：《國語補音》三卷，光緒二年（1876）尊經書院刊本。

44.《重雕天聖明道本國語》二十一卷（附《札記》一卷），光緒三年（1877）上海斐英館《士禮居叢書》本。

45.《重雕天聖明道本國語》二十一卷（附《札記》一卷、《考異》三卷），光緒三年（1877）永康退補齋本。

46.（清）董增齡：《國語正義》二十一卷，上海圖書館藏稿本。

47.（清）董增齡：《國語正義》二十一卷，清光緒庚辰（1880）會稽章氏式訓堂叢書本。

48. 吳韋昭先生、宋鮑彪先生合注：《重訂國語國策合注》，蘇州綠蔭堂光緒辛巳（1881）刻本。

49.（日）高木熊三郎：《標註春秋外傳國語定本》二十一卷，明治十七年（1884）溫古書屋藏版本。

50.《吳韋昭先生國語》二十一卷，蘇州綠蔭堂刊、李元度署檢本。

51.《國語》二十一卷（附《札記》一卷），光緒乙未（1895）寶善堂本。

52.《重雕天聖明道本》二十一卷（附《札記》），上海博古齋本。

53.《重雕天聖明道本》二十一卷（附《札記》），上海掃葉山房本。

54.《重雕天聖明道本》二十一卷（附《札記》），上海會文堂本。

55.《重雕天聖明道本》二十一卷（附《札記》），上海錦章書局本。

56.《重雕天聖明道本》二十一卷（附《札記》），上海鴻寶齋本。

57. 吳曾祺：《國語韋解補正》，上海：商務印書館1915年版。

58. 沈鎔：《國語詳注》，上海：文明書局1926年版。

59.《國語》，上海：商務印書館輯印《四部叢刊》本。

60.（宋）宋庠：《國語補音》，沔陽慎始基齋據《微波榭叢書》本輯印湖北先正遺書本。

61.《國語》，上海：中華書局輯印《四部備要》本。

62.《國語》，上海：商務印書館1937年輯印《叢書集成初編》本。

63. 徐元誥：《國語集解》，上海：中華書局1930年版。

64.《國語》，上海：商務印書館《國學基本叢書》本。

65. 上海師範大學古籍整理組點校：《國語》，上海古籍出版社1978年版。

66.《國語靳新校注本》，臺北：里仁書局1980年版。

67. 上海師範大學古籍整理研究所校點:《國語》,上海古籍出版社 1988 年版。

68. 李維琦點校:《國語》,長沙:嶽麓書社 1988 年版。

69. 徐元誥撰,王樹民、沈長雲點校:《國語集解》,北京:中華書局 2002 年版。

70. 徐元誥撰,王樹民、沈長雲點校:《國語集解》(修訂本),北京:中華書局 2002 年版 2006 年第 3 次印刷本。

71.《國語》胡文波點校本,上海古籍出版社 2015 年版。

72. 左丘明撰,韋昭注:《國語》,上海古籍出版社 2015 年版簡體字點校本。

二、《國語》研究著作暨刊本

1.(清)汪遠孫:《國語三君注輯存》,道光丙午(1846)振綺堂本。

2.(清)馬國翰:《玉函山房輯佚書》,上海古籍出版社 1989 年影印本。

3.(清)黃奭:《黃氏逸書考》,《續修四庫全書》第 1206～1211 冊。

4.(清)王謨:《漢魏遺書鈔》,《續修四庫全書》第 1199～1200 冊。

5. 王仁俊:《玉函山房輯佚書續編》,《續修四庫全書》第 1206 冊。

6. 張以仁:《國語舊注輯校》,《張以仁先秦史論集》,上海古籍出版社 2010 年版。

7.《甘肅藏敦煌文獻》編委會:《甘肅藏敦煌文獻》,蘭州:甘肅人民出版社 1999 年版。

8. 吉林師範大學歷史系編譯:《柳宗元〈非國語〉譯注(選)》,北京:人民出版社 1976 年版。

9. 柳宗元《非國語》評注組評注:《柳宗元〈非國語〉評注》,長沙:湖南人民出版社 1976 年版。

10.(宋)黃震:《黃氏日鈔》,《景印文淵閣四庫全書》第 707～708 冊。

11.(宋)葉適:《習學記言序目》,北京:中華書局 1977 年點校本。

12.(宋)王觀國:《學林》,北京:中華書局 1988 年點校本。

13.(明)劉城:《春秋外傳國語地名錄》,《四庫存目叢書·經部》第 128 冊。

14.(明)劉城:《春秋外傳國語人名錄》,《四庫存目叢書·經部》第 128 冊。

15.（明）鄭維岳：《國語旁訓便讀》，萬曆年間刊本。

16.（明）張邦奇：《張文定公養心亭集》，《續修四庫全書》第 1336 冊。

17.（明）鐘惺：《史懷》，《四庫存目叢書・史部》第 287 冊。

18.（明）李元吉：《讀書囈語》，《續修四庫全書》第 1143 冊。

19.（清）王鐸：《王覺斯批校國語讀本》，遼海書社 1934 年影印本。

20.（清）臧琳《經義雜記》，《續修四庫全書》第 172 冊。

21.（清）王懋竑《讀書記疑》，《續修四庫全書》第 1146 冊。

22.（清）高嵣：《國語鈔》，北京圖書館出版社 2005 年影印《華東師範大學
圖書館藏稀見圖書匯刊》第十七冊。

23.（清）孫琮：《山曉閣國語選》，南京圖書館藏清康熙間刊本。

24.（清）儲欣：《國語選》，雍正戊申（1728）受祉堂刊本。

25.（清）姚鼐：《國語補注》，南菁書院《惜抱軒全集》本。

26.（日）渡邊操：《國語解刪補》，皇都書林永田調兵衛、風月喜兵衛寶曆十
三年（1763）刊本。

27.（日）服部元雅：《國語考案》，早稻田大學圖書館藏寫本。

28.（日）谷川順：《左國易一家言》，京都：藤井左兵衛刊本。

29.（日）帆足萬里：《帆足萬里全集》，東京：帆足紀念圖書館大正十五年
（1926）版。

30.（清）朱亦棟：《群書札記》，《續修四庫全書》第 1155 冊。

31.（日）關脩齡：《國語略說》，大阪：前川嘉七寬政四年（1792）刊本。

32.（清）陳樹華：《春秋外傳考正》，北京：國家圖書館藏盧文弨抄本。

33.（清）陳樹華：《國語補音訂誤》，北京：國家圖書館藏孔廣栻校錄本。

34.（清）孔廣栻：《國語解訂譌》，北京：國家圖書館藏寫本。

35.（清）王煦：《國語釋文》，觀海樓咸豐戊午（1858）重鐫。

36.（清）王煦：《國語補補音》，觀海樓咸豐戊午（1858）重鐫。

37.（清）黃丕烈：《校刊明道本韋氏解國語札記》，黃丕烈讀未見書齋嘉慶庚
申（1800）重雕天聖明道本《國語》後附。

38. （清）黃丕烈：《校刊明道本韋氏解國語札記》，同治己巳（1869）崇文書局重雕天聖明道本《國語》後附。

39. （清）黃丕烈：《校刊明道本韋氏解國語札記》，光緒三年（1877）永康退補齋本。

40. （清）黃丕烈：《校刊明道本韋氏解國語札記》，《四部備要》本。

41. （清）黃丕烈：《校刊明道本韋氏解國語札記》，《國學基本叢書》本。

42. （日）恩田仲任：《國語備考》，日本國立國會圖書館藏寫本。

43. （清）黃模：《國語補韋》，開封：古鑒齋1935年邵瑞彭刊本。

44. （清）汪中：《經義知新記》，《皇清經解》本。

45. （清）汪中：《經義知新記》，上海：商務印書館1937年輯印《叢書集成初編》本。

46. （清）劉台拱：《國語補校》，《皇清經解》本。

47. （清）王引之：《經義述聞》，道光七年（1827）壽藤書屋刊本。

48. （清）凌迪知：《左國腴詞》，光緒辛巳（1881）八杉齋刊本。

49. （清）嚴元照：《娛親雅言》，《續修四庫全書》第1158冊。

50. （清）汪遠孫：《國語發正》，道光丙午（1846）振綺堂本。

51. （清）汪遠孫：《國語發正》，《皇清經解》本。

52. （清）汪遠孫：《國語明道本考異》，道光丙午（1846）振綺堂本。

53. （清）汪遠孫：《國語明道本考異》，同治己巳（1869）崇文書局重雕天聖明道本《國語》後附。

54. （清）汪遠孫：《國語明道本考異》，光緒三年（1877）永康退補齋本。

55. （清）汪遠孫：《國語明道本考異》，《四部備要》本。

56. （清）汪遠孫：《國語明道本考異》，《國學基本叢書》本。

57. （日）皆川淇園、谷田部等：《國語考》，弘化二年（1854）寫本。

58. （清）陳瑑：《國語翼解》，廣雅書局刊本。

59. （清）陳瑑：《國語翼解》，嚴一萍主編《百部叢書集成》本。

60. （清）錢保塘：《國語補音札記》，光緒二年（1876）成都尊經書院本。

61.（清）譚澐：《國語釋地》，光緒三年（1877）譚氏《味根齋全書》本。

62.（清）俞樾：《群經平議》，《續修四庫全書》第 178 冊。

63.（清）陳偉：《愚慮錄》，《續修四庫全書》第 1165 冊。

64.（清）于鬯：《香草校書》，北京：中華書局 1984 年點校本。

65.（清）李慈銘撰，王利器輯錄：《越縵堂讀書簡端記》，天津人民出版社 1981 年版。

66.（日）桂湖村：《國語國字解》，日本東京：早稻田大學出版部大正六年（1917）版。

67.（日）林泰輔譯：《國語》，東京：國民文庫刊行委員會《國譯漢文大成》大正十三年（1924）第四版。

68. 中華書局編輯部：《國語精華》，上海：中華書局 1924 年版。

69.（日）冢本哲三譯：《國語》，東京：有朋堂昭和二年（1927）《漢文叢書》本。

70. 李澄宇：《讀國語蠡述》，湘鄂印刷公司中華民國二十二年（1933）印行。

71. 葉玉麟選注：《國語》，上海：商務印書館 1933 年版。

72. 葉玉麟譯：《白話譯解國語》，上海：大達圖書館供應社 1935 年版。

73. 秦同培：《廣注語譯國語國策精華》，上海：世界書局 1936 年版。

74. 張寄岫選輯：《左國選讀》，上海：商務印書館 1937 年版。

75. 楊樹達：《積微居讀書記》，上海古籍出版社 2007 年版。

76. 金其源：《讀書管見》，上海；商務印書館 1957 年版。

77. 傅庚生：《國語選》，北京：人民文學出版社 1959 年版。

78. 張以仁：《國語虛詞集釋》，中央歷史語言研究所專刊之 55，1968 年版。

79.（日）新美寬編，鈴本隆一補：《本邦殘存典籍による輯佚資料集成》，京都大學人文科學研究所昭和四十三年版。

80. 張以仁：《國語斠證》，臺北市臺灣商務印書館 1969 年版。

81.（日）大野峻：《國語》，東京：明德出版社昭和四十六年版。

82.（日）大野峻：《國語》，日本東京明治書院 1979 版日本《新釋漢文大系》第 66～67 冊。

83. 張以仁：《國語左傳論集》，聯經事業出版公司 1980 年版。

84. 張以仁：《春秋史論集》，聯經出版事業公司 1990 年版。

85. 張以仁：《先秦史論集》，上海古籍出版社 2010 年版。

86. 張以仁：《張以仁語文學論集》，上海古籍出版社 2012 年版。

87. 顧立三：《國語與左傳的比較》，文史哲出版社 1983 年版。

88. 何永清：《國語語法研究》，文史哲出版社 1986 年版。

89. 顧頡剛講述、劉起釪筆記：《春秋三傳及國語之綜合研究》，中華書局香港分局 1988 年版。

90. 薛安勤、王連生：《國語譯注》，長春：吉林文史出版社 1991 年版。

91. 汪濟民等：《國語譯注》，南昌：百花洲文藝出版社 1992 年版。

92. 高振鐸、劉乾先：《國語選譯》，成都：巴蜀書社 1992 年版。

93. 董立章：《國語譯注辨析》，廣州：暨南大學出版社 1993 年版。

94. 鄔國義、胡果文、李曉璐：《國語譯注》，上海古籍出版社 1994 年版。

95. 李維琦：《白話國語》，長沙：嶽麓書社 1994 年版。

96. 黃永堂：《國語全譯》，貴陽：貴州人民出版社 1995 年版。

97. 趙望秦、張艷雲、楊軍注譯：《白話國語》，西安：三秦出版社 1998 年版。

98. 鮑思陶點校：《國語》，濟南：齊魯書社 1999 年版。

99. 來可泓：《國語直解》，上海：復旦大學出版社 2000 年版。

100.（美）David Schaberg：《A Patterned Past Form and Thought in Early Chinese Historiography》，Published by Harvard University Asia Cebter，2001.

101. 蕭漾：《國語故事》，北京：華夏出版社 2004 年版。

102. 胡果文：《國語選評》，上海古籍出版社 2005 年版。

103. 牟宗艷、董輝：《〈國語〉智慧名言故事》，濟南：齊魯書社 2006 年版。

104. 劉瑛：《〈左傳〉、〈國語〉方術研究》，北京：人民文學出版社 2006 年版。

105. 尚學鋒、夏德靠譯注：《國語》，北京：中華書局 2007 年版。

106. 王芳、丁福生譯注：《國語》，太原：山西古籍出版社 2007 年版。

107. 曹建國、張玖青注說：《國語》，開封：河南大學出版社 2008 年版。

108. 郭萬青：《〈國語〉動詞管窺》，成都：四川大學出版社 2008 年版。

109. 金良年導讀，梁谷整理：《國語》，上海古籍出版社 2008 年版。

110. 劉倩、魯竹：《國語正宗》，北京：華夏出版社 2008 年版。

111. 俞志慧：《〈國語〉韋昭注辨正》，北京：中華書局 2009 年版。

112. 李德山注評：《國語》，南京：鳳凰出版社 2009 年版。

113. 羅家湘注譯：《國語》，鄭州：中州古籍出版社 2010 年版。

114. 蕭旭：《群書校補》，揚州：廣陵書社 2011 年版。

115. 宋志英選編：《〈國語〉研究文獻輯刊》，北京：國家圖書館出版社 2012 年版。

116. 史繼東：《〈國語〉文學研究》，北京：中國社會科學出版社 2013 年版。

117. 張鶴：《國語研究》，北京：學苑出版社 2013 年版。

118. 劉偉：《史之思——〈國語〉的思想視界》，濟南：山東人民出版社 2013 年版。

119. 夏德靠：《〈國語〉研究》，北京：知識產權出版社 2013 年版。

120. 陳桐生譯注：《國語》，北京：中華書局 2013 年版。

121. 張永祥：《國語譯注》，上海：上海三聯書店 2014 年版。

122. 張華清譯注：《國語》，濟南：山東畫報出版社 2014 年版。

123. 陳長書：《〈國語〉詞彙研究》，北京：中國社會科學出版社 2014 年版。

124. 夏德靠：《〈國語〉敘事研究》，北京：知識產權出版社 2014 年版。

125. 徐仁甫：《乾惕居論學文集》，北京：中華書局 2014 年版。

126. 郭萬青：《小學要籍引〈國語〉研究》，新北：花木蘭文化出版社 2014 年版。

127. 仇利萍：《〈國語〉通釋》，成都：四川大學出版社 2015 年版。

128. 郭萬青：《〈國語補音〉異文研究》，臺北：蘭臺出版社 2015 年版。

129. 郭萬青：《〈國語〉考校——以明本四種校勘條目為對象》，新北：花木蘭文化出版社 2015 年版。

130. 李佳：《〈國語〉研究》，北京：中國社會科學出版社 2015 年版。

131. 裴登峰：《〈國語〉研究》，北京：社科文獻出版社 2016 年版。

132. 郭萬青：《近百年來〈國語〉校詁研究》，南京：鳳凰出版社 2016 年版。

133. 郭萬青：《唐代類書引〈國語〉研究》，濟南：齊魯書社 2018 年版。

三、《國語》研究論文
（一）學術期刊刊發論文

1. 陳小松：《〈國語〉「王將鑄無射而為之大林」考》，見載於《新中華》復刊第 6 卷第 12 期，頁 38～43。

2. 鄭良樹：《國語校證》（上），《幼獅學誌》第七卷第 4 期，頁 1～45。

3. 王利器：《跋敦煌寫本〈國語賈逵注〉殘卷》，《文獻》1980 年第 1 期，頁 177～181。

4. 牛龍菲：《「王將鑄無射，而為之大林」新譯》，《民族民間音樂》1986 年第 2 期，頁 47。

5. 彭益林：《〈國語·周語〉校讀記》，《華中師範大學學報》1985 年第 5 期，頁 97～103。

6. 葉國良：《關於國語「鄭伯南也」與左傳「鄭伯男也」之解釋問題》，《孔孟月刊》第 19 卷第 3 期，頁 15～20。

7. 牛龍菲：《「王將鑄無射，而為之大林」之補釋——再論有關先秦青銅器雙音鐘之樂典資料》，《中國音樂學》1991 年第 4 期，頁 108～114。

8. 苗文利、劉聿鑫：《韋昭〈國語解〉的內容、體例和特點》（山東大學古籍整理研究所編《古籍整理研究論叢》第二輯，濟南：山東文藝出版社 1993 年版。

9. 牛龍菲：《三論「王將鑄無射，而為之大林」》，《中國音樂學》1994 年第 1 期，頁 131～136。

10. 李浩：《關於「王將鑄無射，而為之大林」釋義的探討》，《中國音樂學》1999 年第 2 期，頁 106～117。

11. 李步嘉：《韋昭〈國語解〉「發正三百七事」清人說辨正》，見載於《人文論叢》2001 年卷，頁 438～448。

12. 李步嘉：《唐以前〈國語〉舊注考述》，《文史》2001 年第 4 輯，頁 85～94。

13. 張培瑜、張鍾羽：《〈國語〉天象的初步考查》，見載於宋振豪等主編《西周文明論集》，北京：朝華出版社 2004 年版，頁 273～295。

14. 郭萬青：《試說「三女為粲」之「粲」本字為「姦」》（《東南文化》2006 年第 2 期。

15. 郭珂：《〈國語·周語〉律呂名義中的「德主刑輔」政治布局》，《河南師範大學學報》2008 年第 3 期，頁 143～146。

16. 王友華：《「紀之以三，平之以六，成於十二」詳解》，《天津音樂學院學報》2008 年第 4 期，頁 32～36。

17. 黃大同：《「紀之以三，平之以六，成於十二」釋義》，《文化藝術研究》2009 年第 5 期，頁 117～128。

18. （韓）李紀勳：《朝鮮時代〈國語〉流通과活用～朝鮮王朝實錄을중.으.～》，《東方漢文學》第 42 輯，頁 278～356。

19. 李佳：《杜預〈左傳〉注、韋昭〈國語〉注比較》，《儒家典籍與思想研究》第 2 輯，北京大學出版社 2010 年版，頁 145～163。

20. 張建軍、張懷通：《〈芮良夫論榮夷公專利〉節次辨正》，《文獻》2011 年第 2 期，頁 125～130。

21. （日）池田秀三撰，金培懿譯：《韋昭之經學——尤以禮學為中心》，《中國文哲研究通訊》第 15 卷第 3 期，頁 141～152。

22. （日）小方伴子：《顧千里撰〈校刊明道本韋氏解國語札記〉成立考》，《人文學報》第 463 號（2012 年 3 月），頁 1～24。

23. 郭萬青：《李慈銘〈讀國語簡端記〉補箋》，《中央大學人文學報》第 52 期，2012 年，頁 1～35。

24. 蕭敬偉、郭鵬飛：《王引之〈經義述聞·國語上〉斠正》，《人文中國學報》第 18 輯，頁 205～220。

25. 郭萬青：《日漢文寫本類書殘卷〈秘府略〉引〈國語〉校證》，《齊魯文化研究》第 13 輯，頁 242～250。

26. 張新俊：《讀〈國語〉段札一則》，《學燈》網刊第 25 期。

27. 劉偉：《讀〈國語〉札記一則》，《文史》2013 年第 3 期，頁 287～288。

28. 辛德勇：《公序本〈國語〉「我先世后稷」文證是》，《文史》2014 年第 2

期，頁 151～174。

29. 劉立志：《韋昭〈詩經〉研究資料析論》，《南京師範大學文學院學報》2014年第 4 期，頁 174～177。

30.（日）吉本道雅：《國語成書考》，《京都大學文學部研究紀要》第 53 號，2014 年，頁 1～43。

31. 李槐子：《上古造律之研究：關注「律所以立均出度也」》，《西北民族大學學報》2015 年第 2 期，頁 159～172。

32. 項陽：《金石以動之‧絲竹以行之》，《人民音樂》2015 年第 12 期，頁 40～41。

33. 龐光華：《〈國語〉訓詁舉例》，《五邑大學學報》2016 年第 4 期，頁 68～71。

34. 林麗玲：《韋昭〈國語解〉據異文為訓詁考》，《臺北大學中文學報》第 20 期，頁 131～160。

35. 郭萬青：《日本〈國語〉主要刊本考略》，《古籍整理研究學刊》2016 年第 6 期，頁 55～60。

（二）碩博學位論文

1.（韓）李紀勳：《〈國語〉의敍述方式研究》，成均館大學校大學院中語中文學科中國文學專攻 2001 年碩士學位請求論文。

2. 張居三：《國語研究》，東北師範大學中國古代史專業 2008 屆博士學位論文。

3. 張春雷：《〈春秋〉經傳音樂史料整理與研究》，淮北師範大學 2015 屆碩士學位論文。

4. 申玉璞：《〈國語〉中的音樂史料解析》，山西師範大學 2017 屆碩士學位論文。

貳、其他傳統典籍

一、經部文獻

1.（清）阮元校刻：《十三經注疏》，北京：中華書局 1980 年影世界書局本。

2.（清）阮元校刻：《十三經注疏》，臺北：藍燈事業出版有限公司影南昌

府本。

3. （清）沈廷芳：《十三經注疏正字》，臺灣商務印書館 1986 年《景印文淵閣四庫全書》第 192 冊。

4. （宋）朱熹：《詩集傳》，上海古籍出版社 1980 年新 1 版。

5. （明）何楷：《詩經世本古義》，《景印文淵閣四庫全書》第 81 冊。

6. （清）段玉裁：《詩經小學》，《續修四庫全書》第 46 冊。

7. （清）陳奐：《詩毛氏傳疏》，北京：中國書店 1984 年影漱芳齋本。

8. （清）馬瑞辰撰，陳金生點校：《毛詩傳箋通釋》，北京：中華書局 1989 年版。

9. （清）王先謙撰，吳格點校：《詩三家義集疏》，北京：中華書局 1987 年版。

10. 聞一多：《詩經通義》，長春：時代文藝出版社 1996 年版。

11. 馮浩菲：《鄭氏詩譜訂考》，上海古籍出版社 2008 年版。

12. 林義光：《詩經通解》，上海：中西書局 2012 年版。

13. （宋）陳祥道：《禮書》，《景印文淵閣四庫全書》第 130 冊。

14. （宋）陳祥道：《禮書》，元至正七年（1347）福州路儒學刻明修本。

15. （清）惠士奇：《禮說》，《景印文淵閣四庫全書》第 101 冊。

16. （清）孫詒讓撰，王文錦、陳玉霞點校：《周禮正義》，北京：中華書局 1987 年版。

17. 錢玄注譯：《周禮》，長沙：嶽麓書社 2004 年版。

18. 方師：《大戴禮記校理》，北京：中華書局 2008 年版。

19. （清）孔廣森：《大戴禮記補注》，《續修四庫全書》第 107 冊。

20. （清）王聘珍撰，陳金生點校：《大戴禮記解詁》，北京：中華書局 1989 年版。

21. 錢玄、錢興奇：《三禮辭典》，南京：江蘇古籍出版社 1998 年版。

22. （宋）朱熹：《儀禮經傳通解》，北京：國家圖書館出版社 2006 年《中華再造善本工程》影南京圖書館藏宋嘉定十年（1217）南康道院刻元明遞修本。

23. （宋）朱熹：《儀禮經傳通解》，《景印文淵閣四庫全書》第 131～132 冊。

24. （宋）朱熹：《儀禮經傳通解》，上海古籍出版社、安徽教育出版社 2002 年版《朱子全書》本。

25. （清）朱彬撰，饒欽農點校：《禮記訓纂》，北京：中華書局 1996 年版。

26. （明）朱載堉：《律呂融通》，《續修四庫全書》第 114 冊。

27. （清）江永：《禮書綱目》，《景印文淵閣四庫全書》第 133～134 冊。

28. （清）秦蕙田：《五禮通考》，《景印文淵閣四庫全書》第 135～142 冊。

29. （清）李光地：《古樂經傳》，《景印文淵閣四庫全書》第 220 冊。

30. （清）紀大奎：《古律經傳附考》，《四庫未收書輯刊》第叁輯第 9 冊。

31. （西晉）杜預注，（唐）孔穎達疏證：《左傳正義》三十六卷，宋慶元六年（1201）紹興府刻宋元遞修本。

32. （西晉）杜預注，（唐）孔穎達疏證：《左傳正義》六十卷，日本東方文化書院藏宋刻本。

33. （西晉）杜預注，（唐）孔穎達疏證：《左傳正義》六十卷，清武英殿本。

34. （西晉）杜預注，（唐）孔穎達疏證：《左傳正義》六十卷，《摛藻堂四庫全書薈要》本。

35. （西晉）杜預注，（唐）孔穎達疏證：《左傳正義》六十卷，《景印文淵閣四庫全書》第 143～144 冊。

36. （西晉）杜預、（宋）林堯叟合注：《左傳杜林合注》，《景印文淵閣四庫全書》第 171 冊。

37. （宋）呂祖謙：《春秋左氏傳續說》，《景印文淵閣四庫全書》第 152 冊。

38. （宋）呂祖謙：《左氏傳說》，退補齋《金華叢書》本。

39. （宋）呂祖謙：《東萊先生左氏博議》，退補齋《金華叢書》本。

40. （明）王道焜、趙如源同編：《左傳杜林合注》，《景印文淵閣四庫全書》第 171 冊。

41. （清）李富孫：《春秋三傳異文釋》，《續修四庫全書》第 144 冊。

42. （清）趙坦：《春秋異文箋》，《續修四庫全書》第 144 冊。

43. （清）汪克寬：《春秋胡傳附錄纂疏》，《景印文淵閣四庫全書》第 165 冊。

44.（清）惠棟：《左傳補注》，《景印文淵閣四庫全書》第 181 冊。

45.（清）程廷祚：《春秋識小錄》，《景印文淵閣四庫全書》第 181 冊。

46.（清）陳樹華：《春秋經傳集解考正》，《續修四庫全書》第 142～143 冊。

47.（清）錢綺：《左傳札記》，《續修四庫全書》第 128 冊。

48.（清）洪亮吉撰，李解民點校：《春秋左傳詁》，北京：中華書局 1987 年版。

49.（宋）毛居正：《六經正誤》，《景印文淵閣四庫全書》第 183 冊。

50.（清）惠棟：《明堂大道錄》，《續修四庫全書》第 108 冊。

51.（清）惠棟：《九經古義》，《景印文淵閣四庫全書》第 191 冊。

52.（清）徐灝：《通介堂經說》，《續修四庫全書》第 177 冊。

53.（清）臧庸：《拜經日記》，《續修四庫全書》第 1158 冊。

54.（清）徐養原：《頑石廬經說》，《續修四庫全書》第 173 冊。

55.（清）黃以周：《羣經說》，《續修四庫全書》第 178 冊。

56.（清）王紹蘭：《王氏經說》，《續修四庫全書》第 173 冊。

57.（清）劉台拱：《經傳小記》，《續修四庫全書》第 173 冊。

58.（清）孔廣森：《經學卮言》，《續修四庫全書》第 173 冊。

59.（清）蔡孔炘：《經學提要》，《四庫未收書輯刊》第 4 輯第 10 冊。

60.（清）俞樾：《茶香室經說》，《續修四庫全書》第 177 冊。

61.（漢）許慎：《說文解字》，北京：中華書局 1963 年影陳昌治覆刻平津館本。

62.（南唐）徐鍇：《說文解字繫傳》，《四部叢刊初編》本。

63.（南唐）徐鍇：《說文解字篆韻譜》，《景印文淵閣四庫全書》第 223 冊。

64.（宋）戴侗：《六書故》，上海社會科學院出版社 2006 年影影鈔本。

65.（清）段玉裁：《說文解字注》，上海古籍出版社 1981 年影經韻樓本。

66.（清）桂馥：《說文解字義證》，上海古籍出版社 1987 年影連筠簃叢書本。

67.（清）朱駿聲：《說文通訓定聲》，武漢市古籍書店 1983 年影臨嘯閣本。

68. （清）惠棟：《惠氏讀說文記》，《續修四庫全書》第 203 冊。

69. （清）席世昌：《席氏讀說文記》，《續修四庫全書》第 223 冊。

70. （清）王筠《說文釋例》，武漢市古籍書店 1983 年影世界書局本。

71. （清）王筠：《說文解字句讀》，北京：中國書店 1983 年影尊經書局刊本。

72. （明）張自烈撰，（清）廖文英續：《正字通》，《續修四庫全書》第 234～235 冊。

73. （清）孫詒讓：《古籀拾遺》，《續修四庫全書》第 243 冊。

74. （清）黃生撰、黃承吉合按，包殿淑點校：《字詁義府合按》，北京：中華書局 1984 年版。

75. （唐）陸德明：《經典釋文》，上海古籍出版社 1985 影宋刻宋元遞修本。

76. （唐）釋玄應：《一切經音義》，《續修四庫全書》第 198 冊。

77. （唐）釋慧琳：《一切經音義》，上海古籍出版社 1986 年《正續一切經音義附索引兩種》。

78. 徐時儀：《一切經音義三種合校》，上海古籍出版社 2008 年版。

79. （宋）陳彭年等：《宋本廣韻》，北京市中國書店 1982 年影張士俊澤存堂本。

80. （宋）毛居正：《增修互注禮部韻略》，《景印文淵閣四庫全書》第 237 冊。

81. （宋）歐陽德隆：《增修校正押韻釋疑》，《景印文淵閣四庫全書》第 237 冊。

82. （宋）丁度等：《集韻》，上海古籍出版社 1985 年影述古堂影宋本。

83. （元）熊忠、黃公紹撰，甯忌浮整理：《古今韻會舉要》，北京：中華書局 2000 年影本。

84. 朱祖延主編：《爾雅詁林》，武漢：湖北教育出版社 1996 年版。

85. （清）邵晉涵：《爾雅正義》，《續修四庫全書》第 187 冊。

86. （清）郝懿行：《爾雅義疏》，上海古籍出版社 1983 年影郝氏家刻本。

87. （清）王先謙：《釋名疏證補》，上海古籍出版社 1984 年影王氏虛受堂本。

88. 任繼昉：《釋名匯校》，濟南：齊魯書社 2005 年版。

89. 陳建初：《〈釋名〉考論》，長沙：湖南師範大學出版社 2007 年版。

90.（明）方以智：《通雅》，北京：中國書店 1990 年影浮山此藏軒刊本。

91.（清）胡玉縉：《別雅》，臺灣商務印書館 1986 年《文淵閣四庫全書》第 222 冊。

92.（清）錢大昕：《恒言錄》，《續修四庫全書》第 194 冊。

93.（清）翟灝：《通俗編》，《續修四庫全書》第 194 冊。

94.（清）劉淇：《助字辨略》，北京：中華書局 1954 年章錫琛校注本。

95.（清）吳昌瑩：《經詞衍釋》，北京：中華書局 1956 年版。

96.（清）馬建忠：《馬氏文通》，北京：商務印書館 1983 年版。

97.（清）王引之：《經傳釋詞》，長沙：嶽麓書社 1987 年版黃侃、楊樹達批校本。

98. 裴學海：《古書虛字集釋》，上海：商務印書館 1936 年版。

二、史部文獻

1.（漢）司馬遷撰、（南朝宋）裴駰等注：《史記》，北京：中華書局 1959 年點校本。

2.（漢）司馬遷撰、（南朝宋）裴駰等注：《史記》，北京：中華書局 2013 年修訂本之精裝本。

3.（漢）司馬遷撰、（南朝宋）裴駰等注：《史記》，北京：中華書局 2014 年修訂本之平裝本。

4.（漢）司馬遷撰，（日）瀧川資言考證、水澤利忠校補：《史記會注考證附校補》，上海古籍出版社 1986 年版。

5.（清）張文虎：《校刊史記集解索隱正義札記》，北京：中華書局 1977 年點校本。

6.（清）梁玉繩：《史記志疑》，北京：中華書局 1981 年點校本。

7.（清）郭嵩燾：《史記札記》，上海：商務印書館 1957 年版。

8.（明）凌稚隆輯校，李光縉增補，歸有光評点，方苞增評，石川鴻齋等校：《增補評點史記評林》，東京：鳳文館明治十五年（1882）刻本。

9. 陳直：《史記新證》，北京：中華書局 1979 年版。

10. 李人鑒：《太史公書校讀記》，蘭州：甘肅人民出版社 1998 年版。

11. 吳慶峰主編：《史記虛詞通釋》，濟南：齊魯書社 2006 年版。

12. 王叔岷：《史記斠證》，北京：中華書局 2007 年版。

13. 張大可：《史記（百家匯評本）》，武漢：長江文藝出版社 2007 年版。

14. 韓兆琦：《史記箋證》，南昌：江西人民出版社 2009 年版。

15. 徐仁甫：《史記注解辨正》，北京：中華書局 2014 年版。

16. 瞿方梅：《史記三家注補正·西伯本紀第四》，《學衡》第 40 期。

17. （漢）班固撰、（唐）顏師古注：《漢書》，北京：中華書局 1962 年點校本。

18. （清）錢大昭：《漢書辨疑》，《續修四庫全書》第 267 冊。

19. （清）王先謙：《漢書補注》，北京：中華書局 1983 年版。

20. 施之勉：《漢書集釋》，臺北：三民書局股份有限公司 2003 年版。

21. （南朝宋）范曄撰，（唐）李賢注：《後漢書》，北京：中華書局 1965 年點校本。

22. （晉）陳壽撰，裴松之注：《三國志》，北京：中華書局 1959 年點校本。

23. 吳金華：《三國志校詁》，南京：江蘇古籍出版社 1990 年版。

24. 蘇傑：《〈三國志〉異文研究》，濟南：齊魯書社 2006 年版。

25. （宋）羅泌：《路史》，《景印文淵閣四庫全書》第 383 冊。

26. （宋）蘇轍：《古史》，《景印文淵閣四庫全書》第 371 冊。

27. （宋）鄭樵：《通志》，《景印文淵閣四庫全書》第 372～381 冊。

28. （宋）宋敏求編：《宋大詔令集》，北京：中華書局 1962 年版點校本。

29. （清）周廣業：《經史避名匯考》，《續修四庫全書》第 827 冊。

30. 王國維：《古本竹書紀年輯證》、《今本竹書紀年輯證》，《王國維全集》第 5 卷，杭州：浙江教育出版社 2009 年版。

31. （清）陳逢衡：《竹書紀年集注》，《續修四庫全書》第 335 冊。

32. （唐）劉知幾：《史通》，《景印文淵閣四庫全書》第 685 冊。

33. （清）徐松：《宋會要輯稿》，上海：大東書局 1935 年影印本。

34.（明）陳仁錫：《史品赤函》,《四庫存目叢書》第 148 冊。

35.（清）葉昌熾：《緣督廬日記抄》,《續修四庫全書》第 576 冊。

36.（清）江標：《黃丕烈年譜》,北京：中華書局 1988 年點校本。

37.（清）崔述：《考信錄》,《續修四庫全書》第 445 冊。

38.（宋）晁公武撰、孫猛校證：《郡齋讀書志校證》,上海古籍出版社 1990 年版。

39.（宋）陳振孫：《直齋書錄解題》,上海古籍出版社 1987 年點校本。

40.（清）朱彝尊：《經義考》,《景印文淵閣四庫全書》第 677～680 冊。

41.（清）永瑢、紀昀主持修纂：《四庫全書總目》,北京：中華書局 1965 年影印本。

42.（清）王太岳：《四庫全書考證》,上海：商務印書館 1936 年版。

43.《景印摛藻堂四庫全書薈要目錄》,臺灣世界書局影印《摛藻堂四庫全書薈要》本。

44.（清）潘祖蔭：《滂喜齋藏書記》,《續修四庫全書》第 926 冊。

45.（清）潘祖蔭撰、潘宗周編,余彥焱、柳向春點校：《滂喜齋藏書記·寶禮堂宋本書錄》,上海古籍出版社 2007 年版。

46.（清）管庭芬、章鈺：《讀書敏求記校證》,上海古籍出版社 2008 年版。

47.（日）堤朝風原輯,萬笈堂英遵補定：《近代著述目錄》,文化六年（1809）西村源六刊本。

48.（清）張之洞撰、范希曾補正：《書目答問補正》,上海古籍出版社 2001 年版。

49. 來新夏、韋力、李國慶：《書目答問匯補》,北京：中華書局 2011 年 4 月版。

50. 徐傑揚：《書目答問補訂》,武漢：湖北人民出版社 2011 年 5 月版。

51. 孫文泱：《增訂書目答問補正》,北京：中華書局 2011 年 11 月版。

52.（清）楊守敬：《日本訪書記》,《續修四庫全書》第 930 冊。

53.（清）楊守敬：《日本訪書記》,瀋陽：遼寧教育出版社 2003 年版。

54.（清）葉德輝：《書林清話》（外二種）,北京燕山出版社 1999 年版。

55. （清）瞿鏞：《鐵琴銅劍樓藏書目錄》，《續修四庫全書》第 926 冊。

56. （清）黃丕烈：《士禮居藏書題跋記》，《續修四庫全書》第 923 冊。

57. （清）李慈銘著，由雲龍輯，本社重編：《越縵堂讀書記》，上海書店出版社 2000 年版。

三、子部文獻

1. 于大成：《淮南子校釋》，國立臺灣師範大學國文研究所博士學位論文，1969 年。

2. 何寧：《淮南子集釋》，北京：中華書局 1998 年版。

3. 于大成：《淮南鴻烈論文集》，臺北：里仁書局 2005 年版。

4. 蕭旭：《淮南子校補》，新北：花木蘭文化出版社 2014 年版。

5. （唐）魏徵等：《群書治要》，東洋文化研究所藏元和二年（1616）駿河版。

6. （唐）魏徵等：《群書治要》，《四部叢刊》影天明七年（1787）本。

7. （唐）虞世南：《北堂書鈔》，《景印文淵閣四庫全書》第 899 冊。

8. （唐）虞世南：《北堂書鈔》，《續修四庫全書》第 1212～1213 冊。

9. （唐）虞世南：《北堂書鈔》，日本京都大學東洋文化研究所藏萬曆二十八年（1600）序刊本。

10. （唐）歐陽詢主持編纂，汪紹楹校：《藝文類聚》，上海古籍出版社 1965 年版。

11. （唐）歐陽詢：《藝文類聚》，《景印文淵閣四庫全書》第 887～888 冊。

12. （唐）歐陽詢：《藝文類聚》，北京：中華書局影宋紹興本。

13. （唐）歐陽詢：《藝文類聚》，東洋文化研究所藏嘉靖中天水胡瓚宗刊本。

14. （唐）白居易：《白氏六帖事類集》，北京：文物出版社 1987 年影傳增湘藏南宋紹興本。

15. （唐）徐堅：《初學記》，北京大學圖書館藏宋刻配補本。

16. （唐）徐堅：《初學記》，北京：中華書局排印本。

17. （唐）徐堅：《初學記》，《金澤文庫》本。

18. （唐）徐堅：《初學記》，《景印文淵閣四庫全書》第 890 冊。

19.（宋）王欽若等：《冊府元龜》，北京：中華書局 1960 年影明崇禎本。

20.（宋）王欽若等：《宋本冊府元龜》，北京：中華書局 1989 年影宋本。

21.（宋）王欽若等：《冊府元龜》，《景印文淵閣四庫全書》第 902～919 冊。

22.（宋）李昉等：《太平御覽》，《四部叢刊三編》影宋配補本。

23.（宋）李昉等：《太平御覽》，日本國會圖書館藏隆慶間世仁等銅活字印本。

24.（宋）李昉等：《太平御覽》，《景印文淵閣四庫全書》第 893～901 冊。

25.（宋）李昉等：《太平御覽》，日本國會圖書館藏歙城鮑崇城序刊本。

26.（清）顧大韶：《炳燭齋隨筆》，《續修四庫全書》第 1133 冊。

27.（清）李鍇：《讀書雜述》，《續修四庫全書》第 1135 冊。

28.（清）陸次雲：《析疑待正》，《續修四庫全書》第 1136 冊。

29.（清）閻若璩：《潛邱札記》，《景印文淵閣四庫全書》第 859 冊。

30.（清）方中履：《古今釋疑》，《續修四庫全書》第 1145 冊。

31.（清）趙翼：《陔餘叢考》，上海：商務印書館 1957 年版。

32.（清）顧棟：《覺非盦筆記》，《續修四庫全書》第 1154 冊。

33.（清）朱士端：《彊識編》，《續修四庫全書》第 1160 冊。

34.（清）洪亮吉：《曉讀書齋雜錄》，《續修四庫全書》第 1155 冊。

35.（清）洪頤煊：《讀書叢錄》，《續修四庫全書》第 1157 冊。

36.（清）施國祁：《禮耕堂叢說》，臺北：新文豐文化出版公司輯印《叢書集成續編》第 20 冊。

37.（清）揆敘：《隙光亭雜識》，《續修四庫全書》第 1146 冊。

38.（清）王文進撰、柳向春點校：《文祿堂訪書記》，上海古籍出版社 2006 年版。

39.（清）張文虎：《舒藝室隨筆》，瀋陽：遼寧教育出版社 2003 年版點校本。

40.（清）周中孚：《鄭堂讀書記》，上海：商務印書館 1937 年輯印《萬有文庫》本。

41.（清）沈濤：《銅熨斗齋隨筆》，《續修四庫全書》第 1158 冊。

42.（清）王筠：《菉友蛾術編》，《續修四庫全書》第 1159 冊。

43.（清）姚範：《援鶉堂筆記》，《續修四庫全書》第 1148 冊。

44.（清）姚鼐：《惜抱軒筆記》，《續修四庫全書》第 1152 冊。

45.（清）盛大士：《樸學齋筆記》，吳興劉氏嘉業堂刊本。

46.（清）王應奎：《柳南隨筆》，《續修四庫全書》第 1147 冊。

47.（日）太宰純：《紫芝園漫筆》，崇文院昭和二年～十年（1927～1935）輯印《崇文叢書》第 1 輯第 44～48 冊。

四、集部文獻

1.（明）陳仁錫：《奇賞齋古文彙編》，《四庫存目叢書》第 360 冊。

2.（明）葛鼐、葛鼒：《古文正集》，《四庫存目叢書補編》第 48 冊。

3.（清）金聖歎選評，李鎮、何宗思、李佳俊點校：《天下必讀才子書》，北京：中國國際廣播出版社 1997 年版。

4.（清）嚴可均：《全上古三代秦漢六朝文》，北京：中華書局 1995 年影印本。

5.（清）林雲銘：《增訂古文析義合編》，文選樓刻本。

6.（清）余誠：《重訂古文釋義新編》，武漢市古籍書店 1986 年影印本。

7. 陰法魯主編：《古文觀止譯注》，長春：吉林人民出版社 1982 年版。

8. 洪本建等：《解題匯評古文觀止》，上海：華東師範大學出版社 2002 年版。

9.（唐）皮日休：《皮子文藪》，《景印文淵閣四庫全書》第 1083 冊。

10.（唐）柳宗元著，尹占華、韓文奇校注：《柳宗元全集校注》，北京：中華書局 2013 年版。

11.（宋）司馬光：《溫國文正公文集》，北京圖書館出版社 2004 年版。

12.（宋）張耒：《張耒集》，北京：中華書局 1999 年版。

13.（宋）鄭善夫：《少谷集》，《景印文淵閣四庫全書》第 1269 冊。

14.（宋）余靖：《武溪集》，《景印文淵閣四庫全書》第 1089 冊。

15. （明）唐龍：《魚石集》，《四庫存目叢書‧集部》第 65 冊。

16. （清）查揆：《篔穀詩文鈔》，《續修四庫全書》第 1494 冊。

17. （日）飯室昌符輯校，（日）飯田巍朝略注：《雲閣先生文集》，日本慶應義塾大學圖書館藏安永六年（1777）序本。

18. （清）戴震撰，張岱年等主編：《戴震全集》，清華大學出版社 1992 年版。

19. （清）汪由敦：《松泉集》，《清代詩文集彙編》第 272 冊。

20. （清）胡培翬：《研六室文鈔》，《續修四庫全書》第 1507 冊。

21. （清）王泉之：《政餘書屋文鈔》，《清代詩文集彙編》第 475 冊影道光十年（1830）刻本。

22. （清）孔繼涵：《雜體文稿》，《續修四庫全書》第 1460 冊。

23. （清）劉台拱：《劉端臨先生遺書》，清道光十四年（1834）世德堂刻本。

24. （清）徐養原：《頑石廬文集》，《清代詩文集匯編》第 453 冊。

25. （日）太宰純：《紫芝園前稿、後稿》，澁川清右衛門、西村市郎右衛門、西村源六寶曆二年（1752）刊本。

參、近人論著

一、著作

（一）專著

1. 商務印書館：《縮本四部叢刊初編書錄》，上海：商務印書館 1936 年版。

2. 張心澂：《偽書通考》，上海：商務印書館 1957 年修訂本。

3. 羅振常：《善本書所見錄》，上海：商務印書館 1958 年版。

4. 章鴻釗：《中國古曆質疑》，北京：科學普及出版社 1958 年版。

5. 周法高：《周秦名字解詁彙釋補編》，臺北：中華叢書編審委員會 1964 年版。

6. （日）新美寬、鈴木隆一：《本邦殘存典籍による 輯佚資料集成》，京都大學人文科學研究所 1968 年版。

7. 蘇瑩輝：《敦煌論集》，臺北：臺灣學生書局 1969 年版。

8. 吉聯抗：《春秋戰國音樂史料》，上海：上海文藝出版社 1980 年版。

9. 屈萬里：《先秦文史資料考辨》，臺北：聯經出版事業有限公司 1983 年版。

10. 孫景琛：《中國舞蹈史（先秦部分）》，北京：文化藝術出版社 1983 年版。

11. 雷夢水：《古書經眼錄》，濟南：齊魯書社 1984 年版。

12. 馬敘倫：《讀書續記》，北京市中國書店 1986 年版。

13. 于民：《春秋前審美觀念的發展》，北京：中華書局 1984 年版。

14. 李慶：《顧千里研究》，上海古籍出版社 1989 年版。

15. 吳哲夫：《四庫全書纂修之研究》，臺北：國立故宮博物院 1990 年版。

16. 徐復：《徐復語言文字學叢稿》，南京：江蘇古籍出版社 1990 年版。

17. 江澄波等編著：《江蘇刻書》，南京：江蘇人民出版社 1993 年版。

18. 朱文瑋、呂琪昌：《先秦樂鐘之研究》，臺北：天南書局 1994 年版。

19. 中國科學院圖書館整理：《續修四庫全書總目提要》（稿本），濟南：齊魯書社 1996 年版。

20. 方建軍：《樂器：中國古代音樂文化的物質構成》，臺北：學藝出版社 1996 年版。

21. 崔憲：《曾侯乙編鐘鐘銘校釋及其律學研究》，北京：人民音樂出版社 1997 年版。

22. 劉夢溪主編：《中國現代學術經典·傅斯年卷》，石家莊：河北教育出版社 1997 年版。

23. 仲偉行、吳雍安、曾康編著：《鐵琴銅劍樓研究文獻集》，上海古籍出版社 1997 年版。

24. 王樹民：《曙庵文史雜著》，北京：中華書局 1997 年版。

25. 謝水順、李珽：《福建古代刻書》，福州：福建人民出版社 1997 年版。

26. 北京師範大學國學研究所編：《武王克商之年研究》，北京師範大學出版社 1997 年版。

27. 徐流等主編：《史籍導讀與史料運用》，重慶：西南師大出版社 1997 年版。

28. 魯唯一等主編，李學勤等主譯：《中國古代典籍導論》，沈陽：遼寧教育

出版社 1997 年版。

29. 瞿冕良：《中國古籍版刻辭典》，濟南：齊魯書社 1999 年版。

30. 杜勤：《「三」的文化符號論》，北京：國際文化出版公司 1999 年版。

31. 王暉：《商周文化比較研究》，北京：人民出版社 2000 年版。

32. 王紹曾主編：《清史藝文志拾遺》，北京：中華書局 2000 年版。

33. 蔣禮鴻：《蔣禮鴻集》，杭州：浙江教育出版社 2001 年版。

34. 曾振宇：《中國氣論哲學研究》，濟南：山東大學出版社 2001 年版。

35. 邱光明、邱隆、楊平：《中國科學技術史》（度量衡卷），北京：科學出版社 2001 年版。

36. 陳戌國：《中國禮制史（先秦卷）》，長沙：湖南教育出版社 2002 年第 2 版。

37. 汪家熔：《近代出版人的文化追求：張元濟、陸費逵、王雲五的文化貢獻》，南寧：廣西教育出版社 2003 年版。

38. 趙世超：《瓦缶集》，北京：人民出版社 2003 年版。

39. 柳州市地方志編纂委員會編：《柳州市志》第七卷，南寧：廣西人民出版社 2003 年版。

40. 張人鳳編：《張元濟古籍書目序跋彙編中》，北京：商務印書館 2003 年版。

41. 張政烺：《張政烺文史論集》，北京：中華書局 2004 年版。

42. 朱鳳瀚：《商周家族形態研究》增訂本，天津古籍出版社 2004 年版。

43. 顧德融、朱舜龍：《春秋史》，上海人民出版社 2004 年版。

44. 徐復觀：《兩漢思想史》，上海：華東師範大學出版社 2004 年版。

45. 徐復觀：《中國思想史論集》，上海書店出版社 2004 年版。

46. 王桐蓀等選注：《唐文治文選》，上海交通大學出版社 2005 年版。

47. 易孟醇：《先秦語法（修訂本）》，長沙：湖南大學出版社 2005 年版。

48. 陳先行主編：《柏克萊加州大學東亞圖書館中文古籍善本書志》，上海古籍出版社 2005 年版。

49. 張暉編：《量守廬學記續編》，北京：三聯書店 2006 年版。

50. 逄振鎬：《山東古國與姓氏》，濟南；山東人民出版社 2006 年版。

51. 劉次沅：《從天再旦到武王伐紂：西周天文年代問題》，北京：世界圖書出版公司北京公司 2006 年版。

52. 李仲立：《先秦歷史文化探微》，蘭州：甘肅人民出版社 2006 年版。

53. 張清常：《張清常文集》第一卷，北京語言大學出版社 2006 年版。

54. 韓玉濤：《書法十論》，南京：江蘇教育出版社 2007 年版。

55. 嚴紹璗：《日藏漢籍善本書錄》，北京：中華書局 2007 年版。

56. 殷寄明：《漢語同源字詞通考》，上海：東方出版中心 2007 年版。

57. 蔡仲德注譯：《中國音樂美學史資料注譯（增訂版上）》，北京：人民音樂出版社 2007 年版。

58. 黃翔鵬：《黃翔鵬文存》，濟南：山東文藝出版社 2007 年版。

59. 劉寶義：《明於陰陽──中醫的概念與邏輯》，濟南：山東大學出版社 2007 年版。

60. 譚家健：《先秦散文藝術新探（增訂本）》，濟南：齊魯書社 2007 年版。

61. 王洪軍：《鐘律研究》，上海音樂學院出版社 2007 年版。

62. 馮惠民整理：《儀顧堂書目題跋彙編》，北京：中華書局 2007 年版。

63. 鄭祖襄：《華夏舊樂新探：鄭祖襄音樂文論集》，上海音樂學院出版社 2008 年版。

64. 汝企和：《中國傳統文化探幽》，北京：商務印書館 2008 年版。

65. 陳來：《古代思想文化的世界》，北京：三聯書店 2009 年版。

66. 楊英：《祈望和諧：周秦兩漢王朝祭禮的演進及其規律》，北京：商務印書館 2009 年版。

67. 李宏峰：《禮崩樂盛：以春秋戰國為中心的禮樂關係研究》，北京：文化藝術出版社 2009 年版。

68. 瞿冕良：《中國古籍版刻辭典》（修訂版），蘇州：蘇州大學出版社 2009 年版。

69. 徐中舒：《先秦史十講》，北京：中華書局 2009 年版。

70. 王暉：《古史傳說時代新探》，北京：科學出版社 2009 年版。

71. 高文柱：《跬步集—古醫籍整理序例與研究》，北京：中華書局 2009 年版。

72. 高有鵬：《中國古史傳說的英雄時代》，北京：科學出版社 2009 年版。

73. 鄭祖襄主編：《中國古代音樂史》，上海音樂學院出版社 2009 年版。

74. 黃大同：《中國古代文化與〈夢溪筆談〉律論》，北京：人民音樂出版社 2009 年版。

75. 陸明君：《魏晉南北朝碑別字研究》，北京：文化藝術出版社 2009 年版。

76. 楊蔭瀏：《中國音樂史綱》，見載於中國藝術研究院音樂研究所編《楊蔭瀏全集》第 1 卷，南京：江蘇文藝出版社 2009 年版。

77. 中華書局編輯部編：《中央研究院歷史語言研究所集刊論文類編》，北京：中華書局 2009 年版。

78. 中共麗水市蓮都區委宣傳部、麗水市蓮都區文學藝術界聯合會編著：《蓮都歷史人物》，北京：中國文史出版社 2009 年版。

79. 于省吾：《于省吾著作集》，北京：中華書局 2009 年版。

80. 曹建墩：《先秦禮制探賾》，天津人民出版社 2010 年版。

81. 趙逵夫編：《先秦文學編年史》，北京：商務印書館 2010 年版。

82. 許兆昌：《先秦樂文化考論》，哈爾濱：黑龍江人民出版社 2010 年版。

83. 陳槃：《舊學舊史說叢》，上海古籍出版社 2010 年版。

84. 陳槃：《澗莊文錄》，上海古籍出版社 2010 年版。

85. 周昕：《中國農具通史》，濟南：山東科學技術出版社 2010 年版。

86. 馮時：《中國天文考古學》，北京：中國社會科學出版社 2010 年第 2 版。

87. 謝乃和：《古代社會與政治——周代的政體及其變遷》，哈爾濱：黑龍江人民出版社 2011 年版。

88. 張政烺：《古史講義》，北京：中華書局 2011 年版。

89. 李宗侗：《李宗侗文史論集》，北京：中華書局 2011 年版。

90. 陳其射：《中國古代樂律學概論》，杭州：浙江大學出版社 2011 年版。

91. 陳其射：《中國音樂學探微》，北京：光明日報出版社 2011 年版。

92. 陳偉：《燕說集》，北京：商務印書館 2011 年版。

93. 丁山：《古代神話與民族》，南京：江蘇文藝出版社 2011 年版。

94. 魯實先講授，王永誠編輯：《周金疏證》，臺北：藝文印書館 2011 年版。

95. 趙平安：《金文釋讀與文明探索》，上海古籍出版社 2011 年版。

96. 張國碩：《先秦人口流動民族遷徙與民族認同研究》，鄭州：大象出版社 2011 年版。

97. 清華大學出土文獻研究與保護中心編：《清華大學藏戰國竹簡（二）》，上海：中西書局 2011 年版。

98. 周柱銓：《先秦文獻音樂史料考》，哈爾濱：黑龍江人民出版社 2012 年版。

99. 白壽彝：《中國交通史》，武漢大學出版社 2012 年版。

100. 河南省文物考古研究所、平頂山市文物管理局編：《平頂山應國墓地 I 上》，鄭州：大象出版社 2012 年版。

101. 黃鳳春、黃婧：《楚器名物研究》，武漢：湖北教育出版社 2012 年版。

102. 許倬雲：《西周史》（增補 2 版），北京：生活・讀書・新知三聯書店 2012 年版。

103. 王春華：《沂蒙儒學史》，北京：中央文獻出版社 2012 年版。

104. 胡家祥：《中國哲學原理》，北京：中國社會科學出版社 2012 年版。

105. 許嘉璐：《未央集——許嘉璐文化論說》，北京：人民教育出版社 2012 年版。

106. 姚中秋：《華夏治理秩序史（封建第 2 卷上)》，海口：海南出版社 2012 年版。

107. 橋本敬造撰、王仲濤譯：《中國古代占星術的世界》，北京：商務印書館 2012 年版。

108. 劉毓慶、張小敏編著：《日本藏先秦兩漢文獻研究漢籍書目》，太原：三晉出版社 2012 年版。

109. 蔡全法：《蔡全法考古文集》，北京：科學出版社 2012 年版。

110. 張升：《四庫全書館研究》，北京師範大學出版社 2012 年版。

111. 田立剛：《先秦邏輯範疇研究》，北京：中國社會科學出版社 2012 年版。

112. 王程遠：《西周金文王年考辨》，成都：四川大學出版社 2012 年版。

113. 章啟群：《星空與帝國：秦漢思想史與星占學》，北京：商務印書館 2013 年版。

114. 郭濤：《中國古代水利科學技術史》，北京：中國建築工業出版社 2013 年版。

115. 井上靖撰、趙峻譯：《樓蘭》，北京：北京十月文藝出版社 2013 年版。

116. 盧央：《中國古代星占學》，北京：中國科學技術出版社 2013 年版。

117. 徐振韜主編：《中國古代天文學詞典》，北京：中國科學技術出版社 2013 年版。

118.（日）本田成之：《中國經學史》，桂林：灕江出版社 2013 年版。

119. 阮航：《儒家經濟倫理研究——先秦儒家經濟倫理的問題脈絡與觀念詮釋》，北京：中國社會科學出版社 2013 年版。

120. 李慶：《顧千里研究》（增訂本），臺北：臺灣學生書局有限出版公司 2013 年出版。

121. 白壽彝總主編，徐喜辰、斯維至、楊釗主編：《中國通史》第 3 卷《上古時代》（第 2 版），上海人民出版社 2013 年版。

122. 熊焰：《于鬯〈春秋〉四傳〈校書〉訓詁研究》，北京：中國社會科學出版社 2013 年版。

123. 司馬朝軍：《續修四庫全書雜家類提要》，北京：商務印書館 2013 年版。

124.（英）李約瑟原著、柯林·羅南改編，上海交通大學科學史系譯：《中華科學文明史》，上海人民出版社 2014 年版。

125. 北京大學圖書館編：《北京大學圖書館藏大倉文庫書志》，北京：中華書局 2014 年版。

126. 陸星原：《卜辭月相與商代王年》，上海社會科學院出版社 2014 年版。

127. 唐蘭：《唐蘭全集》，上海古籍出版社 2015 年版。

128. 孫克仲：《先秦樂律考拾》，上海：中西書局 2017 年版。

（二）工具書

1. 陸費逵等：《中華大字典》，上海：中華書局 1915 年版。

2. 商務印書館：《辭源》（正續合訂本），上海：商務印書館 1936 年版。

3. 舒新城等編：《辭海》，上海：中華書局 1947 年版。

4. 翦伯贊主編：《中外歷史年表》，北京：中華書局 1961 年版。

5. 林尹、高明等主編：《中文大辭典》（普及本），華岡：中國文化大學出版部 1990 年第 8 版。

6. 段干木主編：《古今地名大辭典》，臺中：人文出版有限公司 1981 年版。

7. 上海圖書館編：《中國叢書綜錄（二）》，上海古籍出版社 1982 年版。

8. 中國藝術研究院音樂研究所《中國音樂詞典》編輯部編：《中國音樂詞典》，北京：人民音樂出版社 1984 年版。

9. 《辭源》修訂組：《辭源》（修訂版），北京：商務印書館 1984 年版。

10. 朱起鳳：《辭通》，上海古籍出版社 1985 年影印本。

11. 袁珂編：《中國神話傳說詞典》，上海辭書出版社 1985 年版。

12. 葉叔華主編：《簡明天文學詞典》，上海辭書出版社 1986 年版。

13. 鍾旭元、許偉健編著：《上古漢語詞典》，海口：海天出版社 1987 年版。

14. 葉大兵、烏丙安主編：《中國風俗詞典》，上海辭書出版社 1990 年版。

15. 張政烺：《中國古代職官大詞典》，鄭州：河南人民出版社 1990 年版。

16. 漢語大字典編輯委員會：《漢語大字典》，湖北辭書出版社、四川辭書出版社 1990 年版。

17. 中國歷史大辭典·歷史地理卷編委會：《中國歷史大辭典·歷史地理卷》，上海辭書出版社 1996 年版。

18. 中國歷史大辭典·先秦史卷編委會：《中國歷史大辭典·先秦史卷》，上海辭書出版社 1996 年版。

19. 冷玉龍主編：《中華字海》，北京：中華書局 1996 年版。

20. 漢語大詞典編纂委員會：《漢語大詞典》，漢語大詞典出版社 1997 年版。

21. 許寶華、宮田一郎主編：《漢語方言大詞典》，北京：中華書局 1999 年版。

22. 中國社會科學院語言研究所古代漢語研究室編：《古代漢語虛詞詞典》，北京：商務印書館 2000 年版。

23. 徐中舒：《甲骨文字典》，成都：四川辭書出版社 2003 年版。

24. 李圃主編：《古文字詁林》，上海教育出版社 2004 年版。

25. 陳玉堂：《中國近現代人物名號大辭典》（增訂本），杭州：浙江古籍出版社 2005 年版。

26. 蔡貴華編著：《中國文獻學資料通檢》，北京：中國文史出版社 2005 年版。

27. 黃征：《敦煌俗字典》，上海教育出版社 2005 年版。

28. 龔延明編著：《中國歷代職官別名大辭典》，上海辭書出版社 2006 年版。

29. 饒尚寬編著：《春秋戰國秦漢朔閏表》，北京：商務印書館 2006 年版。

30. 何樂士：《古代漢語虛詞詞典》，北京：語文出版社 2006 年版。

31. 《辭源》修訂組：《辭源》（建國 60 週年紀念版），北京：商務印書館 2009 年版。

32. 漢語大字典編輯委員會：《漢語大字典》（修訂版），四川辭書出版社、湖北辭書出版社 2010 年版。

33. 郭錫良：《漢字古音手冊》（增訂本），北京：商務印書館 2010 年版。

34. 中國歷史大辭典·科技史卷編纂委員會編：《中國歷史大辭典·科技史卷》，上海辭書出版社 2000 年版。

35. 辭源修訂組：《辭源》（修訂三版），北京：商務印書館 2015 年版。

（二）論文

1. 齊思和：《西周地理考》，《燕京學報》第 30 期。

2. 京浦：《禹居陽城與王城崗遺址》，《文物》1984 年第 2 期，頁 67～70。

3. 許培基：《蘇州的刻書與藏書》，《文獻》1985 年第 4 期，頁 211～236。

4. 姚振武：《說「飫」》，《中國語文》1986 年第 6 期，頁 472～474。

5. 劉道遠：《中國古代十二律釋名及其與天文曆法的對應關係》，《音樂藝術》1988 年第 3 期，頁 10～16。

6. 呂季明：《「分野」考辨》，山東省語言學會編《語海新探》第 2 輯，濟南：山東教育出版社 1989 年版，頁 81～90。

7. 何幼琦：《「歲在」紀年考辨》，《西北大學學報》1990 年第 3 期，頁 86～93。

8. 甄明：《「分野」一詞始於何時》，呂季明、楊克定等主編《中國成人教育語文論集·詞彙編》，濟南出版社 1991 年版，頁 485～488。

9. 呂季明：《〈「分野」考辨〉續》，呂季明、楊克定等主編《中國成人教育語文論集·詞彙編》，濟南出版社 1991 年版，頁 489～499。

10. （日）尾崎康：《日本現在宋元版解題·史部（上）》，《斯道文庫論集》第 27 輯（1993 年），頁 235～290。

11. 王暉：《論漢本〈書·大誓〉的天象資料及其重要意義》，見載於《周秦文化研究》編委會編《周秦文化研究》，西安：陝西人民出版社 1998 年版，頁 925～932。

12. 李學勤：《伶州鳩與武王伐殷天象》，《清華漢學研究》第 3 輯，頁 158～164。

13. 江曉原、紐衛星：《〈國語〉所載武王伐紂天象及其年代與日程》，《自然科學史研究》1999 年第 4 期，頁 353～366。

14. 劉次沅、周曉陸：《武王伐紂天象解析》，《中國科學》A 輯 2001 年第 6 期，頁 567～576。

15. 武家璧：《武王伐紂天象及其年代日曆》，《古代文明》第 5 卷，頁 271～285。

16. 楊小明：《〈國語〉「武王伐殷」天象檢討——兼論江曉原、紐衛星之〈回天〉》，《科學技術與辯證法》2002 年第 6 期，頁 57～60。

17. 董立章：《關於武王伐紂之年的再研究》，《華南師範大學學報》2003 年第 2 期，頁 85～94。

18. 洛地：《六律名義》，《黃河文化論壇》編輯部《黃河文化論壇》第 15 輯，太原：山西人民出版社 2006 年版，頁 208～227。

19. 方建軍：《論周景王鑄鐘的無射和大林》，《中國音樂》2008 年第 1 期，頁 55～56。

20. 沈穎宗：《潘祖蔭及其藏書研究》，臺北大學中國古典文獻學研究所 2009 年度碩士學位論文。

21. 劉桓：《商周金文族徽「天黽」新釋》，《歷史研究》2010 年第 1 期，頁 34～43。

22. 賈晉珠：《吳勉學與明朝的刻書世界》，見載於米蓋拉、朱萬曙主編《徽州：書業與地域文化——法國漢學》第 13 輯，北京：中華書局 2010 年版，頁 20～49。

23. 許春艷：《二種の〈全體新論訳解〉》，《北海道大學大學院文學研究科研究論集》第 10 號（2014），頁 1～16。

24. 申超：《清華簡與商周若干史事考釋》，西北大學 2014 屆博士學位論文。

25. 劉成紀：《上古至春秋樂論中的樂與神通問題》，《求是學刊》2015 年第 2 期，頁 112～120。